Living Language™
ITALIAN 2

A CONVERSATIONAL
APPROACH TO VERBS

The Living Language™ Series

Living Language™ Basic Courses, Revised & Updated

Spanish *
French *
German *
Italian *
Japanese *

Russian
Portuguese (Brazilian)
Portuguese (Continental)
Inglés/English for Spanish Speakers

Living Language™ Intermediate Courses

Spanish 2
French 2

German 2
Italian 2

Living Language™ Advanced Courses

Spanish

French

Living Language All the Way™

Spanish *
French *
German *
Italian *

Spanish 2 *
French 2 *
German 2 *
Inglés/English for Spanish Speakers *

Japanese *

Living Language™ Children's Courses

Spanish

French

Living Language™ Conversational English

for Chinese Speakers
for Japanese Speakers
for Russian Speakers

for Korean Speakers
for Spanish Speakers

Living Language™ Fast & Easy

Spanish
French
German
Japanese
Arabic

Italian
Russian
Polish
Korean
Hebrew

Portuguese
Czech
Hungarian
Mandarin Chinese
Inglés/English for Spanish Speakers

Living Language™ Speak Up!® Accent Elimination Courses

American Regional
Spanish
Asian, Indian, and Middle Eastern

Living Language Traveltalk™

Spanish
French
German
Italian

Japanese
Russian
Portuguese

Living Language Multimedia™ TriplePlay *Plus!*

Spanish
French
German

English
Hebrew
Japanese

Italian

Living Language Multimedia™ Your Way

Spanish

French

Living Language Multimedia™ Let's Talk

Spanish, French, German, and Italian

*Available on Cassette and Compact Disc

Living Language™
ITALIAN 2

A CONVERSATIONAL
APPROACH TO VERBS

Conversation Manual by
Renata Rosso

Verb charts by
Vieri Samek-Lodovici, Ph.D.
Universität Konstanz

CROWN PUBLISHERS, INC.
NEW YORK

Published by Crown Publishers, Inc., 201 East 50th Street, New York, New York 10022. Member of the Crown Publishing Group.

Random House, Inc. New York, Toronto, London, Sydney, Auckland

Living Language and colophon are trademarks of Crown Publishers, Inc.

Printed in the United States of America

Library of Congress Cataloging-in-Publication Data is available upon request.

ISBN 0-517-88530-1

10 9 8 7 6 5 4 3 2 1

First Edition

ACKNOWLEDGMENTS

Thanks to Crown Publishers' Living Language™ staff: Kathy Mintz, Helga Schier, Ana Suffredini, Jessica Frankel, Christopher Warnasch, Julie Lewis, Kim Hertlein, Jane Searle, and Lenny Henderson. Special thanks to: Manuella Antonelli-McCarthy and Anthony Terrizzi.

CONTENTS

Introduction

Welcome to *Living Language*™ *Italian 2: A Conversational Approach to Verbs*. If you have already mastered the basics of Italian grammar and usage in school, while traveling abroad, or with other *Living Language*™ courses, then *Italian 2* is right for you. This intermediate-advanced program features an enjoyable conversational approach to learning one of the most troublesome aspects of any language—verbs and their conjugations. The complete program consists of this text and four hours of recordings. However, if you are already comfortable with your Italian pronunciation, this manual may also be used on its own.

Living Language™ *Italian 2* focuses on more than 150 of the most useful Italian verbs. The recordings introduce more than 75 essential verbs in a conversational context. With dialogues, explanations, and exercises that let you check your progress, you will master the verb forms quickly and easily and learn new vocabulary and idiomatic expressions along the way. This *Italian 2* manual includes the complete 40 lessons featured on the recordings, verb charts with the full conjugations of more than 150 verbs, and a reference section that includes a pronunciation chart, a guide to conjugating regular verbs, a comprehensive survey of Italian grammar, and a glossary of grammatical terms. After studying with *Living Language*™ *Italian 2* for only half an hour a day, you'll be speaking with confidence and ease in six weeks!

COURSE MATERIAL

THE MANUAL

The manual is divided into a Reference Section, Verb Charts, and a Conversation Manual. It is comprised of the following components:

Pronunciation Chart: This chart serves as a quick reference guide to the pronunciation of Italian consonants and vowels.

Glossary of Grammatical Terms: To ensure that you have no difficulty with the terminology used in the program, the glossary provides an easy explanation of the most important grammatical terms and their Italian translations. If you come across an unfamiliar term, the definition can easily be found in this section.

Grammar Summary: The grammar summary provides information on aspects of Italian grammar that are not related to verbs, such as articles, nouns, pronouns, and adjectives.

Tense Formation Guide: This guide shows you the endings and formation rules in any tense or mood. It provides the key to conjugating thousands of regular verbs on your own.

Verb Charts: More than 150 of the most common verbs, including those introduced throughout the course, are fully conjugated in the verb charts. In addition they feature words and expressions related to the verbs. These charts offer the opportunity to focus on a particular verb in detail.

Conversation Manual: The conversation manual provides a guided tour of Italian verbs and their usage in everyday conversation. The 40 lessons give in-depth explanations while offering conversational practice and correspond to the lessons on the recordings that accompany this textbook.

Index: Every verb used in the program is listed alphabetically and translated. The entries beginning with the letter *C* refer to the chart where the verb is fully conjugated; the entries beginning with the letter *M* refer to the lessons in which the verb is featured. The verb index is particularly helpful when reviewing specific verbs.

THE RECORDINGS

This manual accompanies four 60-minute cassettes. Because the recordings are in English and Italian, you can study anywhere, anytime—at home and on the go. An English narrator leads you through the program, while native Italian speakers demonstrate the relevant forms. This manual contains the complete transcript of the recordings, allowing you to read along if you wish. All English text appears in regular type; Italian phrases to be repeated appear in **boldface** type; and Italian phrases for listening only appear in *italic* type. The ☞ symbol indicates the expected response to a question.

Each of the 40 lessons is divided into three sections. Section A begins with an English introduction to the verb or verb group and an explanation of the tense or mood the lesson focuses on. Native Italian speakers conjugate a model verb that illustrates the key points of the explanation, and sample sentences show you the verb in several different contexts. To practice, simply repeat the phrases and sentences after the native speakers during the pauses provided.

Section B features the verbs "in action" in the form of a dialogue. You will first hear the entire dialogue in Italian only, at normal conversational speed. All you have to do is listen in and you'll improve your comprehension. You will then hear the dialogue a second time, repeated phrase by phrase, with English translations and pauses for you to repeat after the native speakers.

The interactive exercises in section C will help you integrate what you've learned by asking you to generate Italian sentences on your own. You will transform sentences (e.g., from the present to the past tense), answer questions, and occasionally translate from English into Italian. You will hear the correct answer after you respond.

The interactive approach of the recordings and textbook will help you master the essentials of Italian verbs and improve your fluency. With *Living Language™ Italian 2: A Conversational Approach to Verbs,* you will learn to understand, speak, and even think in Italian.

Reference Section

PRONUNCIATION CHART

VOWELS

Italian Spelling	Approximate Sound in English	Phonetic Symbol	Example (Phonetic Transcription)
a	f<u>a</u>ther	ah	*banana* (bah-NAH-nah)
e	m<u>e</u>t	eh	*breve* (BREH-veh)
i	mach<u>i</u>ne	ee	*vino* (VEE-noh)
o	h<u>o</u>pe	oh	*moto* (MOH-toh)
u	r<u>u</u>le	oo	*fumo* (FOO-moh)

VOWEL COMBINATIONS

Diphthongs A diphthong is a double vowel combination that produces a single sound. Here is a list of common diphthongs and their pronunciation:

Italian Spelling	Approximate Sound in English	Phonetic Symbol	Example (Phonetic Transcription)
ai	r<u>i</u>pe	ahy	*daino* (DAHY-noh)
au	n<u>ow</u>	ow	*auto* (OW-toh)
ei	m<u>ay</u>	ay	*sei* (SAY-ee) (stressed)
			seicento (say-CHEN-toh) (unstressed)
eu	—	ehoo	*neutro* (NEHOO-troh)
ia	<u>y</u>arn	yah	*italiano* (ee-tahl-YAH-noh)
ie	<u>y</u>et	yeh	*miele* (MYEH-leh)
io	<u>y</u>odel	yoh	*campione* (kahm-PYOH-neh)
iu	<u>you</u>	yoo	*fiume* (FYOO-meh)
oi	s<u>oy</u>	oy	*poi* (poy)
ua	<u>wa</u>nd	wah	*quando* (KWAHN-doh)

9

ue	<u>we</u>t	weh	*questo* (<u>KWEH</u>-stoh)
uo	<u>wa</u>r	woh	*suono* (<u>SWOH</u>-noh)
ui	<u>swee</u>t	wee	*guido* (<u>GWEE</u>-doh)

Words that begin, incorporate, or end in *cia, cie, cio, ciu, gia, gie, gio, giu, scia, scie, scio,* or *sciu* are pronounced as follows: if the *i* is stressed, the two vowels are pronounced separately as in *farmacia* (fahr-mah-CHEE-ah), *bugia* (boo-GEE-ah), *scia* (SHEE-ah). If the *i* is not stressed, follow this chart for pronunciation:

Italian Spelling	Phonetic Symbol	Example (Phonetic Transcription)
cia	chah	*ciambella* (<u>chah</u>m-BEHL-lah)
cie	cheh	*cielo* (<u>CHEH</u>-loh)
cio	choh	*cioccolata* (<u>choh</u>-koh-LAH-tah)
ciu	choo	*ciuffo* (<u>CHOOF</u>-foh)
gia	jah	*giacca* (<u>JAHK</u>-kah)
gie	jeh	*ciliegie* (chee-LYEH-<u>jeh</u>)
gio	joh	*giovane* (<u>JOH</u>-vah-neh)
giu	joo	*giusto* (<u>JOO</u>-stoh)
scia	shah	*fasciare* (fah-<u>SHAH</u>-reh)
scie	sheh	*scienza* (<u>SHEHN</u>-tsah)
scio	shoh	*sciopero* (<u>SHOH</u>-peh-roh)
sciu	shoo	*sciupare* (<u>shoo</u>-PAH-reh)

Hiatus A hiatus is a double vowel combination whose sounds are pronounced separately, rather than elided:

Italian Spelling	Example (Phonetic Transcription)
ae	*maestro* (mah-<u>EH</u>-stroh)
au	*paura* (pah-<u>OO</u>-rah)
ea	*reato* (reh-<u>AH</u>-toh)
ia	*bugia* (boo-<u>JEE</u>-ah)
oa	*boato* (boh-<u>AH</u>-toh)
oe	*poeta* (poh-<u>EH</u>tah)
ue	*bue* (B<u>OO</u>-eh)

Identical Vowels Any same two vowels must be pronounced separately, with the stress on the first vowel:

Italian Spelling	Example (Phonetic Transcription)
ee	*idee* (ee-DEH-eh)
ii	*addii* (ahd-DEE-ee)
oo	*zoo* (DZOH-oh)

Triphthongs A triphthong is a combination of three vowels:

Italian Spelling	Example (Phonetic Transcription)
aia	*baia* (BAH-yah)
aio	*saio* (SAH-yoh)
iei	*miei* (mee-AY)
uio	*buio* (BOO-yoh)
uoi	*buoi* (boo-OY)

CONSONANTS

Italian Spelling	Approximate Sound in English
b/d/f/k/l/m/n/p/q/t/v	similar to English

Italian Spelling	Approximate Sound in English	Phonetic Symbol	Example (Phonetic Transcription)
c (before *e/i*)	chin	ch	*cena* (CHEH-nah)
			cibo (CHEE-boh)
c (before *a/o/u*)	catch	k	*caffè* (kahf-FEH)
			conto (KOHN-toh)
			cupola (KOO-poh-lah)
ch (with *e/i*)	can	k	*amiche* (ah-MEE-keh)
			chilo (KEE-loh)
g (before *e/i*)	jelly	j	*gente* (JEHN-teh)
			gita (JEE-tah)
g (before *a/o/u*)	gold	g	*gala* (GAH-lah)
			gondola (GOHN-doh-lah)
			gusto (GOO-stoh)

gh	get	g	*spaghetti* (spah-GET-tee)
			ghiotto (GYOHT-toh)
	ghost	gh	*funghi* (FOON-ghee
gl (plus vowel followed by consonant)	globe	gl	*globo* (GLOH-boh)
			negligente (neh-glee-JEHN-teh)
gli	scallion	lyee	*gli* (lyee)
glia		lyah	*famiglia* (fah-MEE-lyah)
glie		lyeh	*moglie (MOH-lyeh)*
glio		lyoh	*aglio* (AH-lyoh)
gn	canyon	ny	*Bologna* (Boh-LOH-nyah)
h	silent	—	*hotel* (oh-TEHL)
r	trilled	r	*rumore* (roo-MOH-reh)
s (generally)	set	s	*pasta* (PAH-stah)
s (between two vowels and before b/d/ g/l/m/n/v/r)	zero	z	*rosa* (ROH-zah)
			sbaglio (ZBAH-lyah)
sc (before *e/i*)	fish	sh	*pesce* PEH-sheh)
			sci (shee)
sc (before *a/o/u*)	scout	sk	*scala* (SKAH-lah)
			disco (DEE-skoh)
sch (with *e/i*)	sky	sk	*pesche* (PEH-skeh)
			fischi (FEE-skee)
z (generally like *ts*)	pits	ts	*zucchero* (TSOOK-keh-roh)
			grazie (GRAH-tsyeh)
z (sometimes like *dz*)	toads	dz	*zingaro* (DZEEN-gah-roh)
			zanzara (dzahn-DZAH-rah)

Glossary of
Grammatical Terms

active voice—*forma attiva*: a verbal form in which the agent of an action is expressed as the grammatical subject; e.g., *Tutti leggono questo libro.* (Everyone is reading this book.)

adjective—*aggettivo*: a word that describes a noun; e.g., *grande* (large).

adverb—*avverbio*: a word that describes verbs, adjectives, or other adverbs; e.g., *rapidamente* (quickly).

agreement—*accordo*: the modification of a word according to the person, gender, or number of another word which it describes or to which it relates; e.g., *il ragazzo alto* (m.), *la ragazza alta* (f.).

auxiliary verb—*verbo ausiliare*: a helping verb used with another verb to express some facet of tense or mood.

compound—*composito*: when used in reference to verbal forms, it indicates a tense composed of two parts: an auxiliary and a main verb.

conditional—*condizionale*: the mood used for hypothetical statements and questions (depending on a possible condition or circumstance); e.g., *Mangerei se . . .* (I would eat if . . .)

conjugation—*coniugazione:* the modification of a verb according to person and tense or mood.

conjunction—*congiunzione*: a word that connects words and phrases; e.g., *e* (and), *ma* (but), etc.

definite article—*articolo determinativo*: a word linked to a noun; generally used to indicate the noun is a specific instance of a general category. In Italian, the definite articles (meaning "the") are: *il, lo, i, gli, la, le, l'*.

demonstrative—*dimostrativo*: a word used to indicate the position of a noun in relation to the speaker. Demonstrative adjectives are used together with a noun (*Mi piace questa città.*—I like this city.), and demonstrative pronouns replace the noun (*Mi piace questa.*—I like this one.).

direct object—*oggetto diretto*: the person or thing undergoing the action of a verb. For example, in the sentence "I wrote a letter to John," the direct object is a "letter."

ending—*desinenza:* a suffix added to the stem that indicates gender, number, tense, mood, or part of speech.

gender—*genero*: grammatical category for nouns, generally unrelated to physical gender and often determined by word ending. Italian has two genders—masculine and feminine—which refer to both animate and inanimate nouns, e.g., *il libro* (m.), *la città* (f.).

gerund—*gerundio:* in Italian, an invariable verbal form that always appears in dependent clauses and expresses an action taking place simultaneously with that of the main verb. Used to form the present and past progressive; e.g., *sto scherzando* (I'm joking), *stavo scherzando* (I was joking).

imperative—*imperativo*: the command form; e.g., *Fai attenzione!* (Pay attention!).

imperfect—*imperfetto*: the past tense used to describe ongoing or habitual actions or states without a specified time frame; often referred to as the descriptive past tense.

impersonal verb—*verbi impersonali:* a verb lacking a real subject; always used in the third person. In English, the subject of impersonal verbs is usually "it." Impersonal verbs are often used to indicate natural phenomena, such as weather, climate, or time (*Fa freddo in inverno.*—It's cold in winter.), as well as in various set expressions such as *Occorre che* . . . (It's necessary that . . .), *È vero che* . . . (It's true that . . .), etc.

indefinite article—*articolo indeterminativo*: a word linked to a noun; used when referring to a noun or class of nouns in a general way. In Italian the indefinite articles (meaning "a, an") are: *un, uno, una.*

indicative—*indicativo:* the mood used for factual or objective statements and questions.

indirect object—*oggetto indiretto*: the ultimate recipient of the action of a verb; often introduced by a preposition. For example, in the sentence "I wrote a letter to John," the indirect object is "John."

infinitive—*infinito*: the basic, uninflected form of a verb found in the dictionary, i.e., before the person, number, tense, or mood have been specified; e.g., *parlare* (to speak).

intransitive—*intransitivo:* a verb that is unable to take a direct object.

inversion—*inversione:* reversing the order of subject and verb, often used in question formation.

mood—*modo:* a reflection of the speaker's attitude toward what is expressed by the verb. The major moods in Italian are the Indicative, Subjunctive, and Imperative.

noun—*nome*: a word referring to a person, place, thing, or abstract idea; e.g., *città* (city), *amore* (love), etc.

number—*numero*: the distinction between singular and plural.

participle—*participio:* a verbal form that often has the function of an adjective or adverb but may have the verbal features of tense and voice; often used in the formation of compound tenses, e.g., present and past participles: *passante/passato* (passing/passed).

passive voice—*forma passiva:* a verbal form in which the recipient of the action is expressed as the grammatical subject; e.g., *Questo libro è letto da tutti.* (This book is read by everyone.).

person—*persona:* the grammatical category that distinguishes between the speaker (first person—I, we), the person spoken to (second person—you), and the people and things spoken about (third person—he, she, it, they). It is often used in reference to pronouns and verbs.

pluperfect—*trapassato prossimo:* this tense is used to describe an event that occurred prior to another event or moment in the past; also known as the past perfect.

possessive—*possessivo:* indicating ownership; e.g., *mio* (my) is a possessive adjective.

predicate—*predicato:* the part of a clause that expresses the state of the subject; it usually contains the verb with or without objects and complements.

preposition—*preposizione:* a word used to express spatial, temporal, or other relationships; e.g., *a* (to), *su* (on), etc.

present perfect—*passato prossimo:* the past tense used to describe actions that began and were completed in the past, usually at a single moment or during a specific period; useful for narration of events.

pronoun—*pronome:* a word that replaces a noun; e.g., io (I), *lo* (him/it), *questo* (this).

reflexive verb—*verbo riflessivo:* a verb conjugated with a pronoun in addition to the subject. Reflexive verbs can express an action that reflects back to the subject (*Mi* lavo la faccia.—I am washing my face.) or that is reciprocal (*Ci siamo incontrati ieri.*—We met each other yesterday.)

simple—*semplice*: one-word verbal form conjugated by adding endings to a stem.

stem—*radice*: in conjugation, the part of a verb used as the base to which endings are added. The stem used to form most simple tenses of Italian regular verbs is derived by simply dropping the infinitive ending (*-are, -ire, -ere*); e.g., *parlare → parl- → io parlo.*

subject—*soggetto:* the agent of an action or the entity experiencing the state described by a verb. For example, in the sentence "I wrote a letter to John," the subject is "I."

subjunctive—*congiuntivo*: the mood used for nonfactual or subjective statements or questions.

tense—*tempo:* the time of an action or state, i.e., past, present, future.

transitive—*transitivo:* a verb that is able to, but need not, take a direct object.

verb—*verbo*: a word expressing an action or state; e.g., *scrivere* (to write).

GRAMMAR SUMMARY

1. SUBJECT PRONOUNS

SINGULAR		PLURAL	
io	I	*noi*	we
tu	you (fam.)	*voi*	you (fam. or polite)
lui, lei	he, she	*loro*	they
Lei	you (polite)	*Loro*	you (very formal)

2. DISJUNCTIVE PRONOUNS

SINGULAR		PLURAL	
me	me	*noi*	us
te	you (fam.)	*voi*	you (fam. or polite)
lui	him	*loro*	them
lei	her		
Lei	you (polite)	*Loro*	you (very formal)

3. REFLEXIVE PRONOUNS

SINGULAR		PLURAL	
mi	myself	*ci*	ourselves
ti	yourself (fam.)	*vi*	yourselves (fam. or polite)
si	him/her/it/oneself	*si*	themselves
Si	yourself (polite)	*Si*	yourselves (very formal)

4. DIRECT OBJECT PRONOUNS

SINGULAR		PLURAL	
mi	me	*ci*	us
ti	you (fam.)	*vi*	you (fam. or polite)
lo	him, it (m.)	*li*	them (m.)
la	her, it (f.)	*le*	them (f.)
La	you (polite)	*Li*	you (very formal m.)
		Le	you (very formal f.)

5. INDIRECT OBJECT PRONOUNS

SINGULAR		PLURAL	
mi	to me	*ci*	to us
ti	to you (fam.)	*vi*	to you (fam. or polite)
gli	to him, it (m.)	*loro/gli**	to them
le	to her, it (f.)		
Le	to you (polite)	*loro/gli**	to you (very formal)

6. DOUBLE OBJECT PRONOUNS

IND. OBJ.	*+LO*	*+LA*	*+LI*	*+LE*	*+NE*
mi	*me lo*	*me la*	*me li*	*me le*	*me ne*
ti	*te lo*	*te la*	*te li*	*te le*	*te ne*
gli/le/Le	*glielo*	*gliela*	*glieli*	*gliele*	*gliene*
ci	*ce lo*	*ce la*	*ce li*	*ce le*	*ce ne*
vi	*ve lo*	*ve la*	*ve li*	*ve le*	*ve ne*
gli	*glielo*	*gliela*	*glieli*	*gliele*	*gliene*
loro	*lo...loro*	*la...loro*	*li...loro*	*le...loro*	*ne...loro*

*The indirect object pronoun *loro* generally follows the verb. It is commonly replaced in conversation by *gli*, which precedes the verb.

7. PLURAL OF NOUNS AND ADJECTIVES

	SINGULAR	PLURAL
MASCULINE	-o	-i
MASC./FEM.	-e	-i
FEMININE	-a	-e

8. INDEFINITE ARTICLES

	MASCULINE	FEMININE
before a consonant	un	una
before s+consonant or z	uno	una
before a vowel	un	un'

9. DEFINITE ARTICLES

	SINGULAR	PLURAL
MASCULINE:		
before consonants	il	i
before s+consonant or z	lo	gli
before vowels	l'	gli
FEMININE:		
before consonants	la	le
before vowels	l'	le

10. PREPOSITIONS + DEFINITE ARTICLES

PREP.	+LO	+L'	+GLI	+IL	+I	+LA	+LE
di	dello	dell'	degli	del	dei	della	delle
a	allo	all'	agli	al	ai	alla	alle
da	dallo	dall'	dagli	dal	dai	dalla	dalle
in	nello	nell'	negli	nel	nei	nella	nelle
su	sullo	sull'	sugli	sul	sui	sulla	sulle
con				col	coi		

11. POSSESSIVE ADJECTIVES

	MASCULINE SINGULAR	MASCULINE PLURAL	FEMININE SINGULAR	FEMININE PLURAL
my	*il mio*	*i miei*	*la mia*	*le mie*
your (fam.)	*il tuo*	*i tuoi*	*la tua*	*le tue*
his, her, its	*il suo*	*i suoi*	*la sua*	*le sue*
your (polite)	*il Suo*	*i Suoi*	*la Sua*	*le Sue*
our	*il nostro*	*i nostri*	*la nostra*	*le nostre*
your (fam. or polite)	*il vostro*	*i vostri*	*la vostra*	*le vostre*
their	*il loro*	*i loro*	*la loro*	*le loro*
your (very form.)	*il Loro*	*i Loro*	*la Loro*	*le Loro*

12. THE DEMONSTRATIVE ADJECTIVE "THIS"

	MASCULINE	FEMININE
singular	*questo*	*questa*
singular before vowel	*quest'*	*quest'*
plural	*questi*	*queste*

13. THE DEMONSTRATIVE ADJECTIVE "THAT"

	SINGULAR	PLURAL
MASCULINE:		
before consonants	*quel*	*quei*
before s+consonant or z	*quello*	*quegli*
before vowels	*quell'*	*quegli*
FEMININE:		
before consonants	*quella*	*quelle*
before vowels	*quell'*	*quelle*

14. DEMONSTRATIVE PRONOUNS

	SINGULAR	PLURAL
MASCULINE	*questo*	*questi*
	quello	*quelli*
FEMININE	*questa*	*queste*
	quella	*quelle*

15. COMPARATIVES

more . . . than	*più . . . di/che*
less . . . than	*meno . . . di/che*
as . . . as	*così . . . come*
as much . . . as	*tanto . . . quanto*

16. IRREGULAR COMPARATIVES AND SUPERLATIVES

ADJECTIVE	COMPARATIVE	RELATIVE SUPERLATIVE	ABSOLUTE SUPERLATIVE
buono	*migliore*	*il migliore*	*ottimo*
(good)	(better)	(the best)	(very good)
cattivo	*peggiore*	*il peggiore*	*pessimo*
(bad)	(worse)	(the worst)	(very bad)
grande	*maggiore*	*il maggiore*	*massimo*
(big)	(bigger, greater)	(the biggest, the greatest)	(very big, great)
piccolo	*minore*	*il minore*	*minimo*
(small)	(smaller)	(smallest)	(very small)

17. THE IRREGULAR ADJECTIVE: *BELLO* (BEAUTIFUL)

	SINGULAR	PLURAL
MASCULINE:		
before consonants	*bel*	*bei*
before *s*+consonant	*bello*	*begli*
or *z*		
before vowels	*bell'*	*begli*
FEMININE:		
before consonants	*bella*	*belle*
before vowels	*bell'*	*belle*

When *bello* follows a noun for emphasis, it has the following four forms:

	SINGULAR	PLURAL
MASCULINE	*bello*	*belli*
FEMININE	*bella*	*belle*

18. THE ADJECTIVE: *BUONO* (GOOD)

When *buono* follows the noun it modifies, it has the following four forms:

	SINGULAR	PLURAL
MASCULINE	*buono*	*buoni*
FEMININE	*buona*	*buone*

When it precedes the noun it modifies, the singular forms of *buono* resemble those of the indefinite articles and follow the same rules:

MASCULINE	FEMININE
before most nouns: *buon*	before nouns beginning with a consonant: *buona*
before nouns beginning with *s*+consonant or *z*: *buona*	before nouns beginning with a vowel: *buon'*

19. THE ADJECTIVE: *GRANDE* (BIG)

Grande may precede or follow the noun it modifies. When it follows the noun, it has two forms: *grande* (m., f. singular) and *grandi* (m., f. plural). When it precedes the noun, however, there are several possibilities:

	SINGULAR	PLURAL
before all nouns beginning with a consonant	*gran* or *grandi*	*grandi*
before all nouns beginning with a vowel	*grand'* or *grande*	*grandi*

20. RELATIVE PRONOUNS

RELATIVE PRONOUN	RULES OF USAGE
che	invariable, replaces subject or direct object, never used with a preposition
cui	invariable, replaces object of a preposition
il quale, la quale, i quali, le quali	may replace subject, direct object, or object of a preposition (in which case both preposition and definite article must be used); agrees with person, animal, or thing to which it refers.

21. ABBREVIATIONS OF TITLES

TRANSLATION	ABBREVIATION	TITLE
Mr.	*sig.*	*signore*
Mrs.	*sig.a*	*signora*
Miss	*sig.na*	*signorina*
Prof. (m.)	*prof.*	*professore*
Prof. (f.)	*prof.essa*	*professoressa*
Dr. (m.)	*dott.*	*dottore*
Dr. (f.)	*dott.essa*	*dottoressa*
engineer	*ing.*	*ingegnere*
lawyer	*avv.*	*avvocato*

22. DOUBLE NEGATIVES

no more, no longer	*non . . . più*
not yet	*non . . . ancora*
not at all	*non . . . affatto*
nothing	*non . . . niente/nulla*
noone, nothing	*non . . . nessuno*
never	*non . . . mai*
neither . . . nor	*non . . . nè . . . nè*

TENSE FORMATION GUIDE

The following charts provide the endings for regular verbs ending in *-are, -ere,* and *-ire.* The endings for each tense are by person and number, according to the following schema:

io	*noi*
tu	*voi*
lui / lei / Lei	*loro / Loro*

The simple tenses (in the left-hand column) are formed by adding the appropriate personal endings to the verb stem. The infinitive stem, used to form most tenses, is derived by simply dropping the *-are, -ere,* or *-ire* infinitive ending. The stem used in the formation of the future and conditional tenses is obtained by dropping the final *-e* from the infinitive in all three verb groups (and for *-are* verbs, the *-a-* in the ending changes to *-e-*). The stem used in the formation of the imperfect tense is obtained by dropping the final *-re* from the infinitive in all three verb groups.

The compound tenses (in the right-hand column) are formed with the auxiliary verb, *avere* or *essere,* conjugated in the appropriate tense and the past participle of the main verb. While most verbs take *avere* as their auxiliary, certain verbs—including all pronominal verbs and many intransitive verbs expressing movement or change of state—take *essere.* Remember that the past participle of verbs conjugated with *essere* generally agrees with the subject of the verb.

Regular Verbs Ending in *-ARE*

	io	noi
	tu	voi
	lui / lei / Lei	loro / Loro

Indicative

Present

-o	-iamo
-i	-ate
-a	-ano

Present Perfect

ho/sono + p.p.	abbiamo/siamo + p.p.
hai/sei + p.p.	avete/siete + p.p.
ha/è + p.p.	hanno/sono + p.p.

Imperfect

-vo	-vamo
-vi	-vate
-va	-vano

Past Perfect

avevo/ero + p.p.	avevamo/eravamo + p.p.
avevi/eri + p.p.	avevate/eravate + p.p.
aveva/era + p.p.	avevano/erano + p.p.

Absolute Past

-ai	-ammo
-asti	-aste
-ò	-arono

Preterite Perfect

ebbi/fui + p.p.	avemmo/fummo + p.p.
avesti/fosti + p.p.	aveste/foste + p.p.
ebbe/fu + p.p.	ebbero/furono + p.p.

Future

-ò	-emo
-ai	-ete
-à	-anno

Future Perfect

avrò/sarò + p.p.	avremo/saremo + p.p.
avrai/sarai + p.p.	avrete/sarete + p.p.
avrà/sarà + p.p.	avranno/saranno + p.p.

Subjunctive

Present

-i	-iamo
-i	-iate
-i	-ino

Past

abbia/sia + p.p.	abbiamo/siamo + p.p.
abbia/sia + p.p.	abbiate/siate + p.p.
abbia/sia + p.p.	abbiano/siano + p.p.

Imperfect

-assi	-assimo
-assi	-aste
-asse	-assero

Past Perfect

avessi/fossi + p.p.	avessimo/fossimo + p.p.
avessi/fossi + p.p.	aveste/foste + p.p.
avesse/fosse + p.p.	avessero/fossero + p.p.

Conditional

Present

-ei	-emmo
-esti	-este
-ebbe	-ebbero

Past

avrei/sarei + p.p.	avremmo/saremmo + p.p.
avresti/saresti + p.p.	avreste/sareste + p.p.
avrebbe/sarebbe + p.p.	avrebbero/sarebbero + p.p.

Imperative

—	-iamo
-a	-ate
-i	-ino

Participles

Present
-ante

Past
-ato

Gerund

-ando

Regular Verbs Ending in -*ERE*

	io	noi
	tu	voi
	lui / lei / Lei	loro / Loro

Indicative

Present
		Present Perfect		
-o	-iamo	ho/sono + p.p.	abbiamo/siamo + p.p.
-i	-ete	hai/sei + p.p.	avete/siete + p.p.
-e	-ono	ha/è + p.p.	hanno/sono + p.p.

Imperfect
		Past Perfect	
-vo	-vamo	avevo/ero + p.p.	avevamo/eravamo + p.p.
-vi	-vate	avevi/eri + p.p.	avevate/eravate + p.p.
-va	-vano	aveva/era + p.p.	avevano/erano + p.p.

Absolute Past
		Preterite Perfect	
-ei (-etti)	-emmo	ebbi/fui + p.p.	avemmo/fummo + p.p.
-esti	-este	avesti/fosti + p.p.	aveste/foste + p.p.
-è (-ette)	-erono (-ettero)	ebbe/fu + p.p.	ebbero/furono + p.p.

Future
		Future Perfect	
-ò	-emo	avrò/sarò + p.p.	avremo/saremo + p.p.
-ai	-ete	avrai/sarai + p.p.	avrete/sarete + p.p.
-à	-anno	avrà/sarà + p.p.	avranno/saranno + p.p.

Subjunctive

Present
		Past	
-a	-iamo	abbia/sia + p.p.	abbiamo/siamo + p.p.
-a	-iate	abbia/sia + p.p.	abbiate/siate + p.p.
-a	-ano	abbia/sia + p.p.	abbiano/siano + p.p.

Imperfect
		Past Perfect	
-essi	-essimo	avessi/fossi + p.p.	avessimo/fossimo + p.p.
-essi	-este	avessi/fossi + p.p.	aveste/foste + p.p.
-esse	-essero	avesse/fosse + p.p.	avessero/fossero + p.p.

Conditional

Present
		Past	
-ei	-emmo	avrei/sarei + p.p.	avremmo/saremmo + p.p.
-esti	-este	avresti/saresti + p.p.	avreste/sareste + p.p.
-ebbe	-ebbero	avrebbe/sarebbe + p.p.	avrebbero/sarebbero + p.p.

Imperative | Participles | Gerund

		Present	**Gerund**
—	-iamo	-ente	-endo
-i	-ete	**Past**	
-a	-ano	-uto	

28

Regular Verbs Ending in -IRE

	io	noi
	tu	voi
lui / lei / Lei		loro / Loro

Indicative

Present
-o/-isco	-iamo
-i/-isci	-ite
-e/-isce	-ono/-iscono

Present Perfect
ho/sono + p.p.	abbiamo/siamo + p.p.
hai/sei + p.p.	avete/siete + p.p.
ha/è + p.p.	hanno/sono + p.p.

Imperfect
-vo	-vamo
-vi	-vate
-va	-vano

Past Perfect
avevo/ero + p.p.	avevamo/eravamo + p.p.
avevi/eri + p.p.	avevate/eravate + p.p.
aveva/era + p.p.	avevano/erano + p.p.

Absolute Past
-ii	-immo
-isti	-iste
-ì	-irono

Preterite Perfect
ebbi/fui + p.p.	avemmo/fummo + p.p.
avesti/fosti + p.p.	aveste/foste + p.p.
ebbe/fu + p.p.	ebbero/furono + p.p.

Future
-ò	-emo
-ai	-ete
-à	-anno

Future Perfect
avrò/sarò + p.p.	avremo/saremo + p.p.
avrai/sarai + p.p.	avrete/sarete + p.p.
avrà/sarà + p.p.	avranno/saranno + p.p.

Subjunctive

Present
-a/-isca	-iamo
-a/-isca	-iate
-a/-isca	-ano/-iscano

Past
abbia/sia + p.p.	abbiamo/siamo + p.p.
abbia/sia + p.p.	abbiate/siate + p.p.
abbia/sia + p.p.	abbiano/siano + p.p.

Imperfect
-issi	-issimo
-issi	-iste
-isse	-issero

Past Perfect
avessi/fossi + p.p.	avessimo/fossimo + p.p.
avessi/fossi + p.p.	aveste/foste + p.p.
avesse/fosse + p.p.	avessero/fossero + p.p.

Conditional

Present
-ei	-emmo
-esti	-este
-ebbe	-ebbero

Past
avrei/sarei + p.p.	avremmo/saremmo + p.p.
avresti/saresti + p.p.	avreste/sareste + p.p.
avrebbe/sarebbe + p.p.	avrebbero/sarebbero + p.p.

Imperative
—	-iamo
-i	-ite
-a	-ano

Participles

Present
-ente

Past
-ito

Gerund
-endo

Verb Charts

1 **abitare** to inhabit, to live, to reside

Regular

Transitive

		io	noi
		tu	voi
		lui/lei	loro

Indicative

Present

abito	abitiamo
abiti	abitate
abita	abitano

Present Perfect

ho abitato	abbiamo abitato
hai abitato	avete abitato
ha abitato	hanno abitato

Imperfect

abitavo	abitavamo
abitavi	abitavate
abitava	abitavano

Past Perfect

avevo abitato	avevamo abitato
avevi abitato	avevate abitato
aveva abitato	avevano abitato

Absolute Past

abitai	abitammo
abitasti	abitaste
abitò	abitarono

Preterite Perfect

ebbi abitato	avemmo abitato
avesti abitato	aveste abitato
ebbe abitato	ebbero abitato

Future

abiterò	abiteremo
abiterai	abiterete
abiterà	abiteranno

Future Perfect

avrò abitato	avremo abitato
avrai abitato	avrete abitato
avrà abitato	avranno abitato

Subjunctive

Present

abiti	abitiamo
abiti	abitiate
abiti	abitino

Past

abbia abitato	abbiamo abitato
abbia abitato	abbiate abitato
abbia abitato	abbiano abitato

Imperfect

abitassi	abitassimo
abitassi	abitaste
abitasse	abitassero

Past Perfect

avessi abitato	avessimo abitato
avessi abitato	aveste abitato
avesse abitato	avessero abitato

Conditional

Present

abiterei	abiteremmo
abiteresti	abitereste
abiterebbe	abiterebbero

Past

avrei abitato	avremmo abitato
avresti abitato	avreste abitato
avrebbe abitato	avrebbero abitato

Imperative

—	abitiamo!
abita!	abitate!
abiti!	abitino!

Participles

Present

abitante

Past

abitato

Gerund

abitando

Related Words

abitazione	*house*	abitante	*inhabitant, resident*
abitabile	*inhabitable*		

33

2 **accompagnare** to accompany, to escort

Regular
Transitive

io	noi
tu	voi
lui/lei	loro

Indicative

Present
accompagno	accompagniamo		
accompagni	accompagnate		
accompagna	accompagnano		

Present Perfect
ho accompagnato	abbiamo accompagnato
hai accompagnato	avete accompagnato
ha accompagnato	hanno accompagnato

Imperfect
accompagnavo	accompagnavamo
accompagnavi	accompagnavate
accompagnava	accompagnavano

Past Perfect
avevo accompagnato	avevamo accompagnato
avevi accompagnato	avevate accompagnato
aveva accompagnato	avevano accompagnato

Absolute Past
accompagnai	accompagnammo
accompagnasti	accompagnaste
accompagnò	accompagnarono

Preterite Perfect
ebbi accompagnato	avemmo accompagnato
avesti accompagnato	aveste accompagnato
ebbe accompagnato	ebbero accompagnato

Future
accompagnerò	accompagneremo
accompagnerai	accompagnerete
accompagnerà	accompagneranno

Future Perfect
avrò accompagnato	avremo accompagnato
avrai accompagnato	avrete accompagnato
avrà accompagnato	avranno accompagnato

Subjunctive

Present
accompagni	accompagniamo
accompagni	accompagniate
accompagni	accompagnino

Past
abbia accompagnato	abbiamo accompagnato
abbia accompagnato	abbiate accompagnato
abbia accompagnato	abbiano accompagnato

Imperfect
accompagnassi	accompagnassimo
accompagnassi	accompagnaste
accompagnasse	accompagnassero

Past Perfect
avessi accompagnato	avessimo accompagnato
avessi accompagnato	aveste accompagnato
avesse accompagnato	avessero accompagnato

Conditional

Present
accompagnerei	accompagneremmo
accompagneresti	accompagnereste
accompagnerebbe	accompagnerebbero

Past
avrei accompagnato	avremmo accompagnato
avresti accompagnato	avreste accompagnato
avrebbe accompagnato	avrebbero accompagnato

Imperative
—	accompagniamo!
accompagna!	accompagnate!
accompagni!	accompagnino!

Participles

Present
accompagnante

Past
accompagnato

Gerund
accompagnando

Related Words

accompagnarsi	*to keep company*	accompagnatore	*companion*
accompagnamento	*accompaniment*		

34

3 aiutare to help, to aid

Regular
Transitive

io   noi
tu   voi
lui/lei   loro

Indicative

Present
		Present Perfect	
aiuto	aiutiamo	ho aiutato	abbiamo aiutato
aiuti	aiutate	hai aiutato	avete aiutato
aiuta	aiutano	ha aiutato	hanno aiutato

Imperfect
		Past Perfect	
aiutavo	aiutavamo	avevo aiutato	avevamo aiutato
aiutavi	aiutavate	avevi aiutato	avevate aiutato
aiutava	aiutavano	aveva aiutato	avevano aiutato

Absolute Past
		Preterite Perfect	
aiutai	aiutammo	ebbi aiutato	avemmo aiutato
aiutasti	aiutaste	avesti aiutato	aveste aiutato
aiutò	aiutarono	ebbe aiutato	ebbero aiutato

Future
		Future Perfect	
aiuterò	aiuteremo	avrò aiutato	avremo aiutato
aiuterai	aiuterete	avrai aiutato	avrete aiutato
aiuterà	aiuteranno	avrà aiutato	avranno aiutato

Subjunctive

Present
		Past	
aiuti	aiutiamo	abbia aiutato	abbiamo aiutato
aiuti	aiutiate	abbia aiutato	abbiate aiutato
aiuti	aiutino	abbia aiutato	abbiano aiutato

Imperfect
		Past Perfect	
aiutassi	aiutassimo	avessi aiutato	avessimo aiutato
aiutassi	aiutaste	avessi aiutato	aveste aiutato
aiutasse	aiutassero	avesse aiutato	avessero aiutato

Conditional

Present
		Past	
aiuterei	aiuteremmo	avrei aiutato	avremmo aiutato
aiuteresti	aiutereste	avresti aiutato	avreste aiutato
aiuterebbe	aiuterebbero	avrebbe aiutato	avrebbero aiutato

Imperative
—	aiutiamo!
aiuta!	aiutate!
aiuti!	aiutino!

Participles
Present
aiutante
Past
aiutato

Gerund
aiutando

Related Words
aiutarsi	*to help oneself/ each other*	aiutante	*assistant, helper*
		aiuto	*aid, assistance*
aiutato	*aided, assisted*	Aiuto	Help!

4 allarmare to alarm

Regular
Transitive

io · noi
tu · voi
lui/lei · loro

Indicative

Present
allarmo	allarmiamo
allarmi	allarmate
allarma	allarmano

Present Perfect
ho allarmato	abbiamo allarmato
hai allarmato	avete allarmato
ha allarmato	hanno allarmato

Imperfect
allarmavo	allarmavamo
allarmavi	allarmavate
allarmava	allarmavano

Past Perfect
avevo allarmato	avevamo allarmato
avevi allarmato	avevate allarmato
aveva allarmato	avevano allarmato

Absolute Past
allarmai	allarmammo
allarmasti	allarmaste
allarmò	allarmarono

Preterite Perfect
ebbi allarmato	avemmo allarmato
avesti allarmato	aveste allarmato
ebbe allarmato	ebbero allarmato

Future
allarmerò	allarmeremo
allarmerai	allarmerete
allarmerà	allarmeranno

Future Perfect
avrò allarmato	avremo allarmato
avrai allarmato	avrete allarmato
avrà allarmato	avranno allarmato

Subjunctive

Present
allarmi	allarmiamo
allarmi	allarmiate
allarmi	allarmino

Past
abbia allarmato	abbiamo allarmato
abbia allarmato	abbiate allarmato
abbia allarmato	abbiano allarmato

Imperfect
allarmassi	allarmassimo
allarmassi	allarmaste
allarmasse	allarmassero

Past Perfect
avessi allarmato	avessimo allarmato
avessi allarmato	aveste allarmato
avesse allarmato	avessero allarmato

Conditional

Present
allarmerei	allarmeremmo
allarmeresti	allarmereste
allarmerebbe	allarmerebbero

Past
avrei allarmato	avremmo allarmato
avresti allarmato	avreste allarmato
avrebbe allarmato	avrebbero allarmato

Imperative
—	allarmiamo!
allarma!	allarmate!
allarmi!	allarmino!

Participles

Present
allarmante

Past
allarmato

Gerund
allarmando

Related Words
allarme	*alarm*

5 alzarsi to stand up, to wake up

Regular
Reflexive

	io	noi
	tu	voi
	lui/lei	loro

Indicative

Present		**Present Perfect**	
mi alzo	ci alziamo	mi sono alzato(a)	ci siamo alzati(e)
ti alzi	vi alzate	ti sei alzato(a)	vi siete alzati(e)
si alza	si alzano	si è alzato(a)	si sono alzati(e)

Imperfect		**Past Perfect**	
mi alzavo	ci alzavamo	mi ero alzato(a)	ci eravamo alzati(e)
ti alzavi	vi alzavate	ti eri alzato(a)	vi eravate alzati(e)
si alzava	si alzavano	si era alzato(a)	si erano alzati(e)

Absolute Past		**Preterite Perfect**	
mi alzai	ci alzammo	mi fui alzato(a)	ci fummo alzati(e)
ti alzasti	vi alzaste	ti fosti alzato(a)	vi foste alzati(e)
si alzò	si alzarono	si fu alzato(a)	si furono alzati(e)

Future		**Future Perfect**	
mi alzerò	ci alzeremo	mi sarò alzato(a)	ci saremo alzati(e)
ti alzerai	vi alzerete	ti sarai alzato(a)	vi sarete alzati(e)
si alzerà	si alzeranno	si sarà alzato(a)	si saranno alzati(e)

Subjunctive

Present		**Past**	
mi alzi	ci alziamo	mi sia alzato(a)	ci siamo alzati(e)
ti alzi	vi alziate	ti sia alzato(a)	vi siate alzati(e)
si alzi	si alzino	si sia alzato(a)	si siano alzati(e)

Imperfect		**Past Perfect**	
mi alzassi	ci alzassimo	mi fossi alzato(a)	ci fossimo alzati(e)
ti alzassi	vi alzaste	ti fossi alzato(a)	vi foste alzati(e)
si alzasse	si alzassero	si fosse alzato(a)	si fossero alzati(e)

Conditional

Present		**Past**	
mi alzerei	ci alzeremmo	mi sarei alzato(a)	ci saremmo alzati(e)
ti alzeresti	vi alzereste	ti saresti alzato(a)	vi sareste alzati(e)
si alzerebbe	si alzerebbero	si sarebbe alzato(a)	si sarebbero alzati(e)

Imperative

—	alziamoci!
alzati!	alzatevi!
si alzi!	si alzino!

Participles

Present
alzantesi

Past
alzatosi

Gerund

alzandosi

Related Words

alzare	*to raise, to lift*	alzata	*rising, elevation*

6 amare to love

Regular

Transitive

io   noi
tu   voi
lui/lei loro

Indicative

Present

		Present Perfect	
amo	amiamo	ho amato	abbiamo amato
ami	amate	hai amato	avete amato
ama	amano	ha amato	hanno amato

Imperfect

		Past Perfect	
amavo	amavamo	avevo amato	avevamo amato
amavi	amavate	avevi amato	avevate amato
amava	amavano	aveva amato	avevano amato

Absolute Past

		Preterite Perfect	
amai	amammo	ebbi amato	avemmo amato
amasti	amaste	avesti amato	aveste amato
amò	amarono	ebbe amato	ebbero amato

Future

		Future Perfect	
amerò	ameremo	avrò amato	avremo amato
amerai	amerete	avrai amato	avrete amato
amerà	ameranno	avrà amato	avranno amato

Subjunctive

Present

		Past	
ami	amiamo	abbia amato	abbiamo amato
ami	amiate	abbia amato	abbiate amato
ami	amino	abbia amato	abbiano amato

Imperfect

		Past Perfect	
amassi	amassimo	avessi amato	avessimo amato
amassi	amaste	avessi amato	aveste amato
amasse	amassero	avesse amato	avessero amato

Conditional

Present

		Past	
amerei	ameremmo	avrei amato	avremmo amato
ameresti	amereste	avresti amato	avreste amato
amerebbe	amerebbero	avrebbe amato	avrebbero amato

Imperative

—	amiamo!
ama!	amate!
ami!	amino!

Participles

Present
amante

Past
amato

Gerund

amando

Related Words

amore	*love*	amarsi	*to love oneself,*
amabile	*lovable*		*each other*

7 **andare** to go

Irregular

Intransitive

Indicative

Present
vado	andiamo
vai *or* va'	andate
và	vanno

Present Perfect
sono andato(a)	siamo andati(e)
sei andato(a)	siete andati(e)
è andato(a)	sono andati(e)

Imperfect
andavo	andavamo
andavi	andavate
andava	andavano

Past Perfect
ero andato(a)	eravamo andati(e)
eri andato(a)	eravate andati(e)
era andato(a)	erano andati(e)

Absolute Past
andai	andammo
andasti	andaste
andò	andarono

Preterite Perfect
fui andato(a)	fummo andati(e)
fosti andato(a)	foste andati(e)
fu andato(a)	furono andati(e)

Future
andrò	andremo
andrai	andrete
andrà	andranno

Future Perfect
sarò andato(a)	saremo andati(e)
sarai andato(a)	sarete andati(e)
sarà andato(a)	saranno andati(e)

Subjunctive

Present
vada	andiamo
vada	andiate
vada	vadano

Past
sia andato(a)	siamo andati(e)
sia andato(a)	siate andati(e)
sia andato(a)	siano andati(e)

Imperfect
andassi	andassimo
andassi	andaste
andasse	andassero

Past Perfect
fossi andato(a)	fossimo andati(e)
fossi andato(a)	foste andati(e)
fosse andato(a)	fossero andati(e)

Conditional

Present
andrei	andremmo
andresti	andreste
andrebbe	andrebbero

Past
sarei andato(a)	saremmo andati(e)
saresti andato(a)	sareste andati(e)
sarebbe andato(a)	sarebbero andati(e)

Imperative
—	andiamo!
vai!	andate!
vada!	vadano!

Participles
Present

andante

Past

andato

Gerund
andando

Related Words
andatura	*gait, pace*	andata e ritorno	*round trip*

8 aprire to open, to unlock

Irregular
Transitive

	io	noi
	tu	voi
	lui/lei	loro

Indicative

Present		**Present Perfect**	
apro	apriamo	ho aperto	abbiamo aperto
apri	aprite	hai aperto	avete aperto
apre	aprono	ha aperto	hanno aperto

Imperfect		**Past Perfect**	
aprivo	aprivamo	avevo aperto	avevamo aperto
aprivi	aprivate	avevi aperto	avevate aperto
apriva	aprivano	aveva aperto	avevano aperto

Absolute Past		**Preterite Perfect**	
aprii/apersi	aprimmo	ebbi aperto	avemmo aperto
apristi/apristi	apriste	avesti aperto	aveste aperto
apri/aperse	aprirono/apersero	ebbe aperto	ebbero aperto

Future		**Future Perfect**	
aprirò	apriremo	avrò aperto	avremo aperto
aprirai	aprirete	avrai aperto	avrete aperto
aprirà	apriranno	avrà aperto	avranno aperto

Subjunctive

Present		**Past**	
apra	apriamo	abbia aperto	abbiamo aperto
apra	apriate	abbia aperto	abbiate aperto
apra	aprano	abbia aperto	abbiano aperto

Imperfect		**Past Perfect**	
aprissi	aprissimo	avessi aperto	avessimo aperto
aprissi	apriste	avessi aperto	aveste aperto
aprisse	aprissero	avesse aperto	avessero aperto

Conditional

Present		**Past**	
aprirei	apriremmo	avrei aperto	avremmo aperto
apriresti	aprireste	avresti aperto	avreste aperto
aprirebbe	aprirebbero	avrebbe aperto	avrebbero aperto

Imperative

—	apriamo!
apri!	aprite!
apra!	aprano!

Participles

Present
aprendo

Past
aperto

Gerund

aprendo

Related Words

aprirsi	to be opened, to expand	apriscatola	can opener
aprimento	opening		

9 **arrivare** to arrive

Regular
Intransitive

		io	noi
		tu	voi
		lui/lei	loro

Indicative

Present
arrivo	arriviamo
arrivi	arrivate
arriva	arrivano

Present Perfect
sono arrivato(a)	siamo arrivati(e)
sei arrivato(a)	siete arrivati(e)
è arrivato(a)	sono arrivati(e)

Imperfect
arrivavo	arrivavamo
arrivavi	arrivavate
arrivava	arrivavano

Past Perfect
ero arrivato(a)	eravamo arrivati(e)
eri arrivato(a)	eravate arrivati(e)
era arrivato(a)	erano arrivati(e)

Absolute Past
arrivai	arrivammo
arrivasti	arrivaste
arrivò	arrivarono

Preterite Perfect
fui arrivato(a)	fummo arrivati(e)
fosti arrivato(a)	foste arrivati(e)
fu arrivato(a)	furono arrivati(e)

Future
arriverò	arriveremo
arriverai	arriverete
arriverà	arriveranno

Future Perfect
sarò arrivato(a)	saremo arrivati(e)
sarai arrivato(a)	sarete arrivati(e)
sarà arrivato(a)	saranno arrivati(e)

Subjunctive

Present
arrivi	arriviamo
arrivi	arriviate
arrivi	arrivino

Past
sia arrivato(a)	siamo arrivati(e)
sia arrivato(a)	siate arrivati(e)
sia arrivato(a)	siano arrivati(e)

Imperfect
arrivassi	arrivassimo
arrivassi	arrivaste
arrivasse	arrivassero

Past Perfect
fossi arrivato(a)	fossimo arrivati(e)
fossi arrivato(a)	foste arrivati(e)
fosse arrivato(a)	fossero arrivati(e)

Conditional

Present
arriverei	arriveremmo
arriveresti	arrivereste
arriverebbe	arriverebbero

Past
sarei arrivato(a)	saremmo arrivati(e)
saresti arrivato(a)	sareste arrivati(e)
sarebbe arrivato(a)	sarebbero arrivati(e)

Imperative
—	arriviamo!
arriva!	arrivate!
arrivi!	arrivino!

Participles
Present
—
Past
arrivato

Gerund
arrivando

Related Words

arrivo	*arrival*	arrivato	*successful*
arrivista	*social climber*	arrivederla/ci	*good-bye*
			(polite/informal)

10 **ascoltare** to listen

Regular
Transitive

	io	noi
	tu	voi
	lui/lei	loro

Indicative

Present

ascolto	ascoltiamo
ascolti	ascoltate
ascolta	ascoltano

Present Perfect

ho ascoltato	abbiamo ascoltato
hai ascoltato	avete ascoltato
ha ascoltato	hanno ascoltato

Imperfect

ascoltavo	ascoltavamo
ascoltavi	ascoltavate
ascoltava	ascoltavano

Past Perfect

avevo ascoltato	avevamo ascoltato
avevi ascoltato	avevate ascoltato
aveva ascoltato	avevano ascoltato

Absolute Past

ascoltai	ascoltammo
ascoltasti	ascoltaste
ascoltò	ascoltarono

Preterite Perfect

ebbi ascoltato	avemmo ascoltato
avesti ascoltato	aveste ascoltato
ebbe ascoltato	ebbero ascoltato

Future

ascolterò	ascolteremo
ascolterai	ascolterete
ascolterà	ascolteranno

Future Perfect

avrò ascoltato	avremo ascoltato
avrai ascoltato	avrete ascoltato
avrà ascoltato	avranno ascoltato

Subjunctive

Present

ascolti	ascoltiamo
ascolti	ascoltiate
ascolti	ascoltino

Past

abbia ascoltato	abbiamo ascoltato
abbia ascoltato	abbiate ascoltato
abbia ascoltato	abbiano ascoltato

Imperfect

ascoltassi	ascoltassimo
ascoltassi	ascoltaste
ascoltasse	ascoltassero

Past Perfect

avessi ascoltato	avessimo ascoltato
avessi ascoltato	aveste ascoltato
avesse ascoltato	avessero ascoltato

Conditional

Present

ascolterei	ascolteremmo
ascolteresti	ascoltereste
ascolterebbe	ascolterebbero

Past

avrei ascoltato	avremmo ascoltato
avresti ascoltato	avreste ascoltato
avrebbe ascoltato	avrebbero ascoltato

Imperative

—	ascoltiamo!
ascolta!	ascoltate!
ascolti!	ascoltino!

Participles

Present
ascoltante

Past
ascoltato

Gerund

ascoltando

Related Words

ascolto	*listening*	ascoltatore	*listener*

11 aspettare to wait (for)

Regular
Transitive

	io	noi
	tu	voi
	lui/lei	loro

Indicative

Present		**Present Perfect**	
aspetto	aspettiamo	ho aspettato	abbiamo aspettato
aspetti	aspettate	hai aspettato	avete aspettato
aspetta	aspettano	ha aspettato	hanno aspettato

Imperfect		**Past Perfect**	
aspettavo	aspettavamo	avevo aspettato	avevamo aspettato
aspettavi	aspettavate	avevi aspettato	avevate aspettato
aspettava	aspettavano	aveva aspettato	avevano aspettato

Absolute Past		**Preterite Perfect**	
aspettai	aspettammo	ebbi aspettato	avemmo aspettato
aspettasti	aspettaste	avesti aspettato	aveste aspettato
aspettò	aspettarono	ebbe aspettato	ebbero aspettato

Future		**Future Perfect**	
aspetterò	aspetteremo	avrò aspettato	avremo aspettato
aspetterai	aspetterete	avrai aspettato	avrete aspettato
aspetterà	aspetteranno	avrà aspettato	avranno aspettato

Subjunctive

Present		**Past**	
aspetti	aspettiamo	abbia aspettato	abbiamo aspettato
aspetti	aspettiate	abbia aspettato	abbiate aspettato
aspetti	aspettino	abbia aspettato	abbiano aspettato

Imperfect		**Past Perfect**	
aspettassi	aspettassimo	avessi aspettato	avessimo aspettato
aspettassi	aspettaste	avessi aspettato	aveste aspettato
aspettasse	aspettassero	avesse aspettato	avessero aspettato

Conditional

Present		**Past**	
aspetterei	aspetteremmo	avrei aspettato	avremmo aspettato
aspetteresti	aspettereste	avresti aspettato	avreste aspettato
aspetterebbe	aspetterebbero	avrebbe aspettato	avrebbero aspettato

Imperative

—	aspettiamo!
aspetta!	aspettate!
aspetti!	aspettino!

Participles

Present
aspettante

Past
aspettato

Gerund

aspettando

Related Words

aspettarsi	*to await, to expect*	aspettativa	*anticipation*
aspettato	*waited for, expected*	aspettazione	*expectation*

12 assistere to assist, to help

Regular
Transitive

	io	noi
	tu	voi
	lui/lei	loro

Indicative

Present
assisto	assistiamo
assisti	assistete
assiste	assistono

Present Perfect
ho assistito	abbiamo assistito
hai assistito	avete assistito
ha assistito	hanno assistito

Imperfect
assistevo	assistevamo
assistevi	assistevate
assisteva	assistevano

Past Perfect
avevo assistito	avevamo assistito
avevi assistito	avevate assistito
aveva assistito	avevano assistito

Absolute Past
assistetti/ assistei	assistemmo
assistesti	assisteste
assistette/ assistè	assistettero/ assisterono

Preterite Perfect
ebbi assistito	avemmo assistito
avesti assistito	aveste assistito
ebbe assistito	ebbero assistito

Future
assisterò	assisteremo
assisterai	assisterete
assisterà	assisteranno

Future Perfect
avrò assistito	avremo assistito
avrai assistito	avrete assistito
avrà assistito	avranno assistito

Subjunctive

Present
assista	assistiamo
assista	assistiate
assista	assistano

Past
abbia assistito	abbiamo assistito
abbia assistito	abbiate assistito
abbia assistito	abbiano assistito

Imperfect
assistessi	assistessimo
assistessi	assisteste
assistesse	assistessero

Past Perfect
avessi assistito	avessimo assistito
avessi assistito	aveste assistito
avesse assistito	avessero assistito

Conditional

Present
assisterei	assisteremmo
assisteresti	assistereste
assisterebbe	assisterebbero

Past
avrei assistito	avremmo assistito
avresti assistito	avreste assistito
avrebbe assistito	avrebbero assistito

Imperative
—	assistiamo!
assisti!	assistete!
assista!	assistano!

Participles
Present
assistente
Past
assistito

Gerund
assistendo

Related Words
assistenza	*assistance, help*	assistente	*assistant*
assistere a	*to attend (e.g., show)*		

44

13 **attaccare** to attack, to stick

Regular

Transitive

	io	noi
	tu	voi
	lui/lei	loro

Indicative

Present
attacco	attacchiamo
attacchi	attaccate
attacca	attaccano

Present Perfect
ho attaccato	abbiamo attaccato
hai attaccato	avete attaccato
ha attaccato	hanno attaccato

Imperfect
attaccavo	attaccavamo
attaccavi	attaccavate
attaccava	attaccavano

Past Perfect
avevo attaccato	avevamo attaccato
avevi attaccato	avevate attaccato
aveva attaccato	avevano attaccato

Absolute Past
attaccai	attaccammo
attaccasti	attaccaste
attaccò	attaccarono

Preterite Perfect
ebbi attaccato	avemmo attaccato
avesti attaccato	aveste attaccato
ebbe attaccato	ebbero attaccato

Future
attaccherò	attaccheremo
attaccherai	attaccherete
attaccherà	attaccheranno

Future Perfect
avrò attaccato	avremo attaccato
avrai attaccato	avrete attaccato
avrà attaccato	avranno attaccato

Subjunctive

Present
attacchi	attacchiamo
attacchi	attacchiate
attacchi	attacchino

Past
abbia attaccato	abbiamo attaccato
abbia attaccato	abbiate attaccato
abbia attaccato	abbiano attaccato

Imperfect
attaccassi	attaccassimo
attaccassi	attaccaste
attaccasse	attaccassero

Past Perfect
avessi attaccato	avessimo attaccato
avessi attaccato	aveste attaccato
avesse attaccato	avessero attaccato

Conditional

Present
attaccherei	attaccheremmo
attaccheresti	attacchereste
attaccherebbe	attaccherebbero

Past
avrei attaccato	avremmo attaccato
avresti attaccato	avreste attaccato
avrebbe attaccato	avrebbero attaccato

Imperative
—	attacchiamo!
attacca!	attaccate!
attacchi!	attacchino!

Participles

Present
attaccante

Past
attaccato

Gerund
attaccando

Related Words
attacco	*attack*	attaccabrighe	*quarrelsome person*
attaccamento	*affection*	attaccapanni	*coat hanger*

14 avere to have

Irregular
Transitive
Auxiliary

<table>
<tr><td></td><td>io</td><td>noi</td></tr>
<tr><td></td><td>tu</td><td>voi</td></tr>
<tr><td></td><td>lui/lei</td><td>loro</td></tr>
</table>

Indicative

Present
ho	abbiamo
hai	avete
ha	hanno

Present Perfect
ho avuto	abbiamo avuto
hai avuto	avete avuto
ha avuto	hanno avuto

Imperfect
avevo	avevamo
avevi	avevate
aveva	avevano

Past Perfect
avevo avuto	avevamo avuto
avevi avuto	avevate avuto
aveva avuto	avevano avuto

Absolute Past
ebbi	avemmo
avesti	aveste
ebbe	ebbero

Preterite Perfect
ebbi avuto	avemmo avuto
avesti avuto	aveste avuto
ebbe avuto	ebbero avuto

Future
avrò	avremo
avrai	avrete
avrà	avranno

Future Perfect
avrò avuto	avremo avuto
avrai avuto	avrete avuto
avrà avuto	avranno avuto

Subjunctive

Present
abbia	abbiamo
abbia	abbiate
abbia	abbiano

Past
abbia avuto	abbiamo avuto
abbia avuto	abbiate avuto
abbia avuto	abbiano avuto

Imperfect
avessi	avessimo
avessi	aveste
avesse	avessero

Past Perfect
avessi avuto	avessimo avuto
avessi avuto	aveste avuto
avesse avuto	avessero avuto

Conditional

Present
avrei	avremmo
avresti	avreste
avrebbe	avrebbero

Past
avrei avuto	avremmo avuto
avresti avuto	avreste avuto
avrebbe avuto	avrebbero avuto

Imperative
—	abbiamo!
abbi!	avete!
abbia!	abbiano!

Participles
Present
avente
Past
avuto

Gerund
avendo

Related Words

avere fame	to be hungry	avere freddo	to be cold
avere . . . anni	to be . . . years old	avere bisogno di	to need
		avere fretta	to be in a hurry
avere caldo	to be hot	avere ragione	to be right
avere paura	to be afraid	avere torto	to be wrong
avere sete	to be thirsty		

15 avvertire to warn

Regular
Transitive

	io	noi
	tu	voi
	lui/lei	loro

Indicative

Present
avverto	avvertiamo
avverti	avvertite
avverte	avvertono

Present Perfect
ho avvertito	abbiamo avvertito
hai avvertito	avete avvertito
ha avvertito	hanno avvertito

Imperfect
avvertivo	avvertivamo
avvertivi	avvertivate
avvertiva	avvertivano

Past Perfect
avevo avvertito	avevamo avvertito
avevi avvertito	avevate avvertito
aveva avvertito	avevano avvertito

Absolute Past
avvertii	avvertimmo
avvertisti	avvertiste
avvertì	avvertirono

Preterite Perfect
ebbi avvertito	avemmo avvertito
avesti avvertito	aveste avvertito
ebbe avvertito	ebbero avvertito

Future
avvertirò	avvertiremo
avvertirai	avvertirete
avvertirà	avvertiranno

Future Perfect
avrò avvertito	avremo avvertito
avrai avvertito	avrete avvertito
avrà avvertito	avranno avvertito

Subjunctive

Present
avverta	avvertiamo
avverta	avvertiate
avverta	avvertano

Past
abbia avvertito	abbiamo avvertito
abbia avvertito	abbiate avvertito
abbia avvertito	abbiano avvertito

Imperfect
avvertissi	avvertissimo
avvertissi	avvertiste
avvertisse	avvertissero

Past Perfect
avessi avvertito	avessimo avvertito
avessi avvertito	aveste avvertito
avesse avvertito	avessero avvertito

Conditional

Present
avvertirei	avvertiremmo
avvertiresti	avvertireste
avvertirebbe	avvertirebbero

Past
avrei avvertito	avremmo avvertito
avresti avvertito	avreste avvertito
avrebbe avvertito	avrebbero avvertito

Imperative
—	avvertiamo!
avverti!	avvertite!
avverta!	avvertano!

Participles
Present
avvertente
Past
avvertito

Gerund
avvertendo

Related Words
avvertenza	*prudence, advice*	avvertimento	*warning*

16 avviare to start, to begin

Regular

Transitive

	io	noi
	tu	voi
	lui/lei	loro

Indicative

Present
avvio	avviamo
avvii	avviate
avvia	avviano

Present Perfect
ho avviato	abbiamo avviato
hai avviato	avete avviato
ha avviato	hanno avviato

Imperfect
avviavo	avviavamo
avviavi	avviavate
avviava	avviavano

Past Perfect
avevo avviato	avevamo avviato
avevi avviato	avevate avviato
aveva avviato	avevano avviato

Absolute Past
avviai	avviammo
avviasti	avviaste
avviò	avviarono

Preterite Perfect
ebbi avviato	avemmo avviato
avesti avviato	aveste avviato
ebbe avviato	ebbero avviato

Future
avvierò	avvieremo
avvierai	avvierete
avvierà	avvieranno

Future Perfect
avrò avviato	avremo avviato
avrai avviato	avrete avviato
avrà avviato	avranno avviato

Subjunctive

Present
avvii	avviamo
avvii	avviate
avvii	avviino

Past
abbia avviato	abbiamo avviato
abbia avviato	abbiate avviato
abbia avviato	abbiano avviato

Imperfect
avviassi	avviassimo
avviassi	avviaste
avviasse	avviassero

Past Perfect
avessi avviato	avessimo avviato
avessi avviato	aveste avviato
avesse avviato	avessero avviato

Conditional

Present
avvierei	avvieremmo
avvieresti	avviereste
avvierebbe	avvierebbero

Past
avrei avviato	avremmo avviato
avresti avviato	avreste avviato
avrebbe avviato	avrebbero avviato

Imperative
—	avviamo!
avvia!	avviate!
avvii!	avviino!

Participles
Present
avviante
Past
avviato

Gerund
avviando

Related Words
avvio	*beginning*

17 baciare to kiss

Regular
Transitive

io	noi
tu	voi
lui/lei	loro

Indicative

Present

bacio	baciamo
baci	baciate
bacia	baciano

Present Perfect

ho baciato	abbiamo baciato
hai baciato	avete baciato
ha baciato	hanno baciato

Imperfect

baciavo	baciavamo
baciavi	baciavate
baciava	baciavano

Past Perfect

avevo baciato	avevamo baciato
avevi baciato	avevate baciato
aveva baciato	avevano baciato

Absolute Past

baciai	baciammo
baciasti	baciaste
baciò	baciarono

Preterite Perfect

ebbi baciato	avemmo baciato
avesti baciato	aveste baciato
ebbe baciato	ebbero baciato

Future

bacerò	baceremo
bacerai	bacerete
bacerà	baceranno

Future Perfect

avrò baciato	avremo baciato
avrai baciato	avrete baciato
avrà baciato	avranno baciato

Subjunctive

Present

baci	baciamo
baci	baciate
baci	bacino

Past

abbia baciato	abbiamo baciato
abbia baciato	abbiate baciato
abbia baciato	abbiano baciato

Imperfect

baciassi	baciassimo
baciassi	baciaste
baciasse	baciassero

Past Perfect

avessi baciato	avessimo baciato
avessi baciato	aveste baciato
avesse baciato	avessero baciato

Conditional

Present

bacerei	baceremmo
baceresti	bacereste
bacerebbe	bacerebbero

Past

avrei baciato	avremmo baciato
avresti baciato	avreste baciato
avrebbe baciato	avrebbero baciato

Imperative

—	baciamo!
bacia!	baciate!
baci!	bacino!

Participles

Present
baciante

Past
baciato

Gerund

baciando

Related Words

bacio	*kiss*	baciarsi	*to kiss each other*
bacino	*little kiss*		

18 **ballare** to dance

Regular
Transitive

	io	noi
	tu	voi
	lui/lei	loro

Indicative

Present
ballo	balliamo
balli	ballate
balla	ballano

Present Perfect
ho ballato	abbiamo ballato
hai ballato	avete ballato
ha ballato	hanno ballato

Imperfect
ballavo	ballavamo
ballavi	ballavate
ballava	ballavano

Past Perfect
avevo ballato	avevamo ballato
avevi ballato	avevate ballato
aveva ballato	avevano ballato

Absolute Past
ballai	ballammo
ballasti	ballaste
ballò	ballarono

Preterite Perfect
ebbi ballato	avemmo ballato
avesti ballato	aveste ballato
ebbe ballato	ebbero ballato

Future
ballerò	balleremo
ballerai	ballerete
ballerà	balleranno

Future Perfect
avrò ballato	avremo ballato
avrai ballato	avrete ballato
avrà ballato	avranno ballato

Subjunctive

Present
balli	balliamo
balli	balliate
balli	ballino

Past
abbia ballato	abbiamo ballato
abbia ballato	abbiate ballato
abbia ballato	abbiano ballato

Imperfect
ballassi	ballassimo
ballassi	ballaste
ballasse	ballassero

Past Perfect
avessi ballato	avessimo ballato
avessi ballato	aveste ballato
avesse ballato	avessero ballato

Conditional

Present
ballerei	balleremmo
balleresti	ballereste
ballerebbe	ballerebbero

Past
avrei ballato	avremmo ballato
avresti ballato	avreste ballato
avrebbe ballato	avrebbero ballato

Imperative
—	balliamo!
balla!	ballate!
balli!	ballino!

Participles
Present
ballante
Past
ballato

Gerund
ballando

Related Words

ballo	*dance*	balletto	*ballet, chorus*
balera	*dance hall*	ballerino	*ballet dancer*

19 bastare to suffice

Regular
Intransitive

	io	noi
	tu	voi
	lui/lei	loro

Indicative

Present
basto	bastiamo
basti	bastate
basta	bastano

Present Perfect
sono bastato(a)	siamo bastati(e)
sei bastato(a)	siete bastati(e)
è bastato(a)	sono bastati(e)

Imperfect
bastavo	bastavamo
bastavi	bastavate
bastava	bastavano

Past Perfect
ero bastato(a)	eravamo bastati(e)
eri bastato(a)	eravate bastati(e)
era bastato(a)	erano bastati(e)

Absolute Past
bastai	bastammo
bastasti	bastaste
bastò	bastarono

Preterite Perfect
fui bastato(a)	fummo bastati(e)
fosti bastato(a)	foste bastati(e)
fu bastato(a)	furono bastati(e)

Future
basterò	basteremo
basterai	basterete
basterà	basteranno

Future Perfect
sarò bastato(a)	saremo bastati(e)
sarai bastato(a)	sarete bastati(e)
sarà bastato(a)	saranno bastati(e)

Subjunctive

Present
basti	bastiamo
basti	bastiate
basti	bastino

Past
sia bastato(a)	siamo bastati(e)
sia bastato(a)	siate bastati(e)
sia bastato(a)	siano bastati(e)

Imperfect
bastassi	bastassimo
bastassi	bastaste
bastasse	bastassero

Past Perfect
fossi bastato(a)	fossimo bastati(e)
fossi bastato(a)	foste bastati(e)
fosse bastato(a)	fossero bastati(e)

Conditional

Present
basterei	basteremmo
basteresti	bastereste
basterebbe	basterebbero

Past
sarei bastato(a)	saremmo bastati(e)
saresti bastato(a)	sareste bastati(e)
sarebbe bastato(a)	sarebbero bastati(e)

Imperative
—	bastiamo!
basta!	bastate!
basti!	bastino!

Participles
Present
bastante

Past
bastato

Gerund
bastando

Related Words

Basta!	*Enough!*	bastevole	*sufficient*

51

20 **bere** to drink

Irregular
Transitive

Indicative

Present
bevo	beviamo
bevi	bevete
beve	bevono

Present Perfect
ho bevuto	abbiamo bevuto
hai bevuto	avete bevuto
ha bevuto	hanno bevuto

Imperfect
bevevo	bevevamo
bevevi	bevevate
beveva	bevevano

Past Perfect
avevo bevuto	avevamo bevuto
avevi bevuto	avevate bevuto
aveva bevuto	avevano bevuto

Absolute Past
bevvi/bevetti	bevemmo
bevesti	beveste
bevve/bevette	bevvero/bevettero

Preterite Perfect
ebbi bevuto	avemmo bevuto
avesti bevuto	aveste bevuto
ebbe bevuto	ebbero bevuto

Future
bevrò	bevremo
bevrai	bevrete
bevrà	bevranno

Future Perfect
avrò bevuto	avremo bevuto
avrai bevuto	avrete bevuto
avrà bevuto	avranno bevuto

Subjunctive

Present
beva	beviamo
beva	beviate
beva	bevano

Past
abbia bevuto	abbiamo bevuto
abbia bevuto	abbiate bevuto
abbia bevuto	abbiano bevuto

Imperfect
bevessi	bevessimo
bevessi	beveste
bevesse	bevessero

Past Perfect
avessi bevuto	avessimo bevuto
avessi bevuto	aveste bevuto
avesse bevuto	avessero bevuto

Conditional

Present
bevrei	bevremmo
bevresti	bevreste
bevrebbe	bevrebbero

Past
avrei bevuto	avremmo bevuto
avresti bevuto	avreste bevuto
avrebbe bevuto	avrebbero bevuto

Imperative
—	beviamo!
bevi!	bevete!
beva!	bevano!

Participles

Present
bevente

Past
bevuto

Gerund
bevendo

Related Words
bibita	*soda*	bevanda	*beverage*
bevuta	*drink, drinking*	bevitore	*drinker*

21 cambiare to change, to exchange

Regular			io	noi
Transitive			tu	voi
			lui/lei	loro

Indicative

Present		**Present Perfect**	
cambio	cambiamo	ho cambiato	abbiamo cambiato
cambi	cambiate	hai cambiato	avete cambiato
cambia	cambiano	ha cambiato	hanno cambiato

Imperfect		**Past Perfect**	
cambiavo	cambiavamo	avevo cambiato	avevamo cambiato
cambiavi	cambiavate	avevi cambiato	avevate cambiato
cambiava	cambiavano	aveva cambiato	avevano cambiato

Absolute Past		**Preterite Perfect**	
cambiai	cambiammo	ebbi cambiato	avemmo cambiato
cambiasti	cambiaste	avesti cambiato	aveste cambiato
cambiò	cambiarono	ebbe cambiato	ebbero cambiato

Future		**Future Perfect**	
cambierò	cambieremo	avrò cambiato	avremo cambiato
cambierai	cambierete	avrai cambiato	avrete cambiato
cambierà	cambieranno	avrà cambiato	avranno cambiato

Subjunctive

Present		**Past**	
cambi	cambiamo	abbia cambiato	abbiamo cambiato
cambi	cambiate	abbia cambiato	abbiate cambiato
cambi	cambino	abbia cambiato	abbiano cambiato

Imperfect		**Past Perfect**	
cambiassi	cambiassimo	avessi cambiato	avessimo cambiato
cambiassi	cambiaste	avessi cambiato	aveste cambiato
cambiasse	cambiassero	avesse cambiato	avessero cambiato

Conditional

Present		**Past**	
cambierei	cambieremmo	avrei cambiato	avremmo cambiato
cambieresti	cambiereste	avresti cambiato	avreste cambiato
cambierebbe	cambierebbero	avrebbe cambiato	avrebbero cambiato

Imperative / Participles / Gerund

Imperative		**Participles**	**Gerund**
—	cambiamo!	**Present**	cambiando
cambia!	cambiate!	cambiante	
cambi!	cambino!	**Past**	
		cambiato	

Related Words

| cambio | *change, exchange* | cambiale | *bill of exchange* |
| cambiabile | *mutable, changeable* | | |

53

22 **camminare** to walk

Regular
Intransitive

io	noi
tu	voi
lui/lei	loro

Indicative

Present		**Present Perfect**	
cammino	camminiamo	ho camminato	abbiamo camminato
cammini	camminate	hai camminato	avete camminato
cammina	camminano	ha camminato	hanno camminato

Imperfect		**Past Perfect**	
camminavo	camminavamo	avevo camminato	avevamo camminato
camminavi	camminavate	avevi camminato	avevate camminato
camminava	camminavano	aveva camminato	avevano camminato

Absolute Past		**Preterite Perfect**	
camminai	camminammo	ebbi camminato	avemmo camminato
camminasti	camminaste	avesti camminato	aveste camminato
camminò	camminarono	ebbe camminato	ebbero camminato

Future		**Future Perfect**	
camminerò	cammineremo	avrò camminato	avremo camminato
camminerai	camminerete	avrai camminato	avrete camminato
camminerà	cammineranno	avrà camminato	avranno camminato

Subjunctive

Present		**Past**	
cammini	camminiamo	abbia camminato	abbiamo camminato
cammini	camminiate	abbia camminato	abbiate camminato
cammini	camminino	abbia camminato	abbiano camminato

Imperfect		**Past Perfect**	
camminassi	camminassimo	avessi camminato	avessimo camminato
camminassi	camminaste	avessi camminato	aveste camminato
camminasse	camminassero	avesse camminato	avessero camminato

Conditional

Present		**Past**	
camminerei	cammineremmo	avrei camminato	avremmo camminato
cammineresti	camminereste	avresti camminato	avreste camminato
camminerebbe	camminerebbero	avrebbe camminato	avrebbero camminato

Imperative

—	camminiamo!
cammina!	camminate!
cammini!	camminino!

Participles

Present
camminante

Past
camminato

Gerund

camminando

Related Words

cammino	*path, way, route*	cammin facendo	*on the way*
camminatore	*walker*	camminata	*walk, gait*

23 cantare to sing

Regular

Transitive

	io	noi
	tu	voi
	lui/lei	loro

Indicative

Present

canto	cantiamo
canti	cantate
canta	cantano

Present Perfect

ho cantato	abbiamo cantato
hai cantato	avete cantato
ha cantato	hanno cantato

Imperfect

cantavo	cantavamo
cantavi	cantavate
cantava	cantavano

Past Perfect

avevo cantato	avevamo cantato
avevi cantato	avevate cantato
aveva cantato	avevano cantato

Absolute Past

cantai	cantammo
cantasti	cantaste
cantò	cantarono

Preterite Perfect

ebbi cantato	avemmo cantato
avesti cantato	aveste cantato
ebbe cantato	ebbero cantato

Future

canterò	canteremo
canterai	canterete
canterà	canteranno

Future Perfect

avrò cantato	avremo cantato
avrai cantato	avrete cantato
avrà cantato	avranno cantato

Subjunctive

Present

canti	cantiamo
canti	cantiate
canti	cantino

Past

abbia cantato	abbiamo cantato
abbia cantato	abbiate cantato
abbia cantato	abbiano cantato

Imperfect

cantassi	cantassimo
cantassi	cantaste
cantasse	cantassero

Past Perfect

avessi cantato	avessimo cantato
avessi cantato	aveste cantato
avesse cantato	avessero cantato

Conditional

Present

canterei	canteremmo
canteresti	cantereste
canterebbe	canterebbero

Past

avrei cantato	avremmo cantato
avresti cantato	avreste cantato
avrebbe cantato	avrebbero cantato

Imperative

—	cantiamo!
canta!	cantate!
canti!	cantino!

Participles

Present
cantante

Past
cantato

Gerund

cantando

Related Words

canto	*song, chant*	cantante	*singer*
cantabile	*songlike*		

24 capire to understand

-isc- verb[†]
Transitive

io noi
tu voi
lui/lei loro

Indicative

Present

capisco	capiamo
capisci	capite
capisce	capiscono

Present Perfect

ho capito	abbiamo capito
hai capito	avete capito
ha capito	hanno capito

Imperfect

capivo	capivamo
capivi	capivate
capiva	capivano

Past Perfect

avevo capito	avevamo capito
avevi capito	avevate capito
aveva capito	avevano capito

Absolute Past

capii	capimmo
capisti	capiste
capì	capirono

Preterite Perfect

ebbi capito	avemmo capito
avesti capito	aveste capito
ebbe capito	ebbero capito

Future

capirò	capiremo
capirai	capirete
capirà	capiranno

Future Perfect

avrò capito	avremo capito
avrai capito	avrete capito
avrà capito	avranno capito

Subjunctive

Present

capisca	capiamo
capisca	capiate
capisca	capiscano

Past

abbia capito	abbiamo capito
abbia capito	abbiate capito
abbia capito	abbiano capito

Imperfect

capissi	capissimo
capissi	capiste
capisse	capissero

Past Perfect

avessi capito	avessimo capito
avessi capito	aveste capito
avesse capito	avessero capito

Conditional

Present

capirei	capiremmo
capiresti	capireste
capirebbe	capirebbero

Past

avrei capito	avremmo capito
avresti capito	avreste capito
avrebbe capito	avrebbero capito

Imperative

—	capiamo!
capisci!	capite!
capisca!	capiscano!

Participles

Present
capente

Past
capito

Gerund

capendo

Related Words

capire al volo	*grasp immediately*	farsi capire	*to make oneself understood*
capirsi	*to understand each other*		

[†] *Capire* inserts -isc- between its stem and the present indicative and present subjunctive endings in all but the first and second person plural forms.

25 **cenare** to have dinner

Regular
Intransitive

	io	noi
	tu	voi
	lui/lei	loro

Indicative

Present
		Present Perfect	
ceno	ceniamo	ho cenato	abbiamo cenato
ceni	cenate	hai cenato	avete cenato
cena	cenano	ha cenato	hanno cenato

Imperfect
		Past Perfect	
cenavo	cenavamo	avevo cenato	avevamo cenato
cenavi	cenavate	avevi cenato	avevate cenato
cenava	cenavano	aveva cenato	avevano cenato

Absolute Past
		Preterite Perfect	
cenai	cenammo	ebbi cenato	avemmo cenato
cenasti	cenaste	avesti cenato	aveste cenato
cenò	cenarono	ebbe cenato	ebbero cenato

Future
		Future Perfect	
cenerò	ceneremo	avrò cenato	avremo cenato
cenerai	cenerete	avrai cenato	avrete cenato
cenerà	ceneranno	avrà cenato	avranno cenato

Subjunctive

Present
		Past	
ceni	ceniamo	abbia cenato	abbiamo cenato
ceni	ceniate	abbia cenato	abbiate cenato
ceni	cenino	abbia cenato	abbiano cenato

Imperfect
		Past Perfect	
cenassi	cenassimo	avessi cenato	avessimo cenato
cenassi	cenaste	avessi cenato	aveste cenato
cenasse	cenassero	avesse cenato	avessero cenato

Conditional

Present
		Past	
cenerei	ceneremmo	avrei cenato	avremmo cenato
ceneresti	cenereste	avresti cenato	avreste cenato
cenerebbe	cenerebbero	avrebbe cenato	avrebbero cenato

Imperative

—	ceniamo!
cena!	cenate!
ceni!	cenino!

Participles
Present
cenante
Past
cenato

Gerund
cenando

Related Words

cena	*dinner*	cenacolo	*coterie, clique*

26 cercare to look for, to seek

Regular
Transitive

<table>
<tr><td></td><td>io</td><td>noi</td></tr>
<tr><td></td><td>tu</td><td>voi</td></tr>
<tr><td></td><td>lui/lei</td><td>loro</td></tr>
</table>

Indicative

Present
cerco	cerchiamo
cerchi	cercate
cerca	cercano

Present Perfect
ho cercato	abbiamo cercato
hai cercato	avete cercato
ha cercato	hanno cercato

Imperfect
cercavo	cercavamo
cercavi	cercavate
cercava	cercavano

Past Perfect
avevo cercato	avevamo cercato
avevi cercato	avevate cercato
aveva cercato	avevano cercato

Absolute Past
cercai	cercammo
cercasti	cercaste
cercò	cercarono

Preterite Perfect
ebbi cercato	avemmo cercato
avesti cercato	aveste cercato
ebbe cercato	ebbero cercato

Future
cercherò	cercheremo
cercherai	cercherete
cercherà	cercheranno

Future Perfect
avrò cercato	avremo cercato
avrai cercato	avrete cercato
avrà cercato	avranno cercato

Subjunctive

Present
cerchi	cerchiamo
cerchi	cerchiate
cerchi	cerchino

Past
abbia cercato	abbiamo cercato
abbia cercato	abbiate cercato
abbia cercato	abbiano cercato

Imperfect
cercassi	cercassimo
cercassi	cercaste
cercasse	cercassero

Past Perfect
avessi cercato	avessimo cercato
avessi cercato	aveste cercato
avesse cercato	avessero cercato

Conditional

Present
cercherei	cercheremmo
cercheresti	cerchereste
cercherebbe	cercherebbero

Past
avrei cercato	avremmo cercato
avresti cercato	avreste cercato
avrebbe cercato	avrebbero cercato

Imperative
—	cerchiamo!
cerca!	cercate!
cerchi!	cerchino!

Participles

Present
cercante

Past
cercato

Gerund
cercando

Related Words
cercabile	*searchable*	cercata	*search*

27 chiamare to name, to call

Regular
Transitive

	io	noi
	tu	voi
	lui/lei	loro

Indicative

Present
chiamo	chiamiamo
chiami	chiamate
chiama	chiamano

Present Perfect
ho chiamato	abbiamo chiamato
hai chiamato	avete chiamato
ha chiamato	hanno chiamato

Imperfect
chiamavo	chiamavamo
chiamavi	chiamavate
chiamava	chiamavano

Past Perfect
avevo chiamato	avevamo chiamato
avevi chiamato	avevate chiamato
aveva chiamato	avevano chiamato

Absolute Past
chiamai	chiamammo
chiamasti	chiamaste
chiamò	chiamarono

Preterite Perfect
ebbi chiamato	avemmo chiamato
avesti chiamato	aveste chiamato
ebbe chiamato	ebbero chiamato

Future
chiamerò	chiameremo
chiamerai	chiamerete
chiamerà	chiameranno

Future Perfect
avrò chiamato	avremo chiamato
avrai chiamato	avrete chiamato
avrà chiamato	avranno chiamato

Subjunctive

Present
chiami	chiamiamo
chiami	chiamiate
chiami	chiamino

Past
abbia chiamato	abbiamo chiamato
abbia chiamato	abbiate chiamato
abbia chiamato	abbiano chiamato

Imperfect
chiamassi	chiamassimo
chiamassi	chiamaste
chiamasse	chiamassero

Past Perfect
avessi chiamato	avessimo chiamato
avessi chiamato	aveste chiamato
avesse chiamato	avessero chiamato

Conditional

Present
chiamerei	chiameremmo
chiameresti	chiamereste
chiamerebbe	chiamerebbero

Past
avrei chiamato	avremmo chiamato
avresti chiamato	avreste chiamato
avrebbe chiamato	avrebbero chiamato

Imperative
—	chiamiamo!
chiama!	chiamate!
chiami!	chiamino!

Participles
Present
chiamante
Past
chiamato

Gerund
chiamando

Related Words
chiamarsi	to be named	chiama	call, cry, roll call
chiamata	call, summons		

28 chiarire to clarify

-isc- verb[†]
Transitive

io   noi
tu   voi
lui/lei   loro

Indicative

Present
		Present Perfect	
chiarisco	chiariamo	ho chiarito	abbiamo chiarito
chiarisci	chiarite	hai chiarito	avete chiarito
chiarisce	chiariscono	ha chiarito	hanno chiarito

Imperfect
		Past Perfect	
chiarivo	chiarivamo	avevo chiarito	avevamo chiarito
chiarivi	chiarivate	avevi chiarito	avevate chiarito
chiariva	chiarivano	aveva chiarito	avevano chiarito

Absolute Past
		Preterite Perfect	
chiarii	chiarimmo	ebbi chiarito	avemmo chiarito
chiaristi	chiariste	avesti chiarito	aveste chiarito
chiarì	chiarirono	ebbe chiarito	ebbero chiarito

Future
		Future Perfect	
chiarirò	chiariremo	avrò chiarito	avremo chiarito
chiarirai	chiarirete	avrai chiarito	avrete chiarito
chiarirà	chiariranno	avrà chiarito	avranno chiarito

Subjunctive

Present
		Past	
chiarisca	chiariamo	abbia chiarito	abbiamo chiarito
chiarisca	chiariate	abbia chiarito	abbiate chiarito
chiarisca	chiariscano	abbia chiarito	abbiano chiarito

Imperfect
		Past Perfect	
chiarissi	chiarissimo	avessi chiarito	avessimo chiarito
chiarissi	chiariste	avessi chiarito	aveste chiarito
chiarisse	chiarissero	avesse chiarito	avessero chiarito

Conditional

Present
		Past	
chiarirei	chiariremmo	avrei chiarito	avremmo chiarito
chiariresti	chiarireste	avresti chiarito	avreste chiarito
chiarirebbe	chiarirebbero	avrebbe chiarito	avrebbero chiarito

Imperative
—	chiariamo!
chiarisci!	chiarite!
chiarisca!	chiariscano!

Participles

Present
chiarente

Past
chiarito

Gerund
chiarendo

Related Words
chiaro	*clear*	chiarificazione	*clarification*
chiarimento	*explanation*	chiarezza	*clarity*

[†] *Chiarire* inserts *-isc-* between its stem and the present indicative and present subjunctive endings in all but the first and second person plural forms.

29 chiedere to ask

Irregular
Transitive

		io	noi
		tu	voi
		lui/lei	loro

Indicative

Present
		### Present Perfect	
chiedo	chiediamo	ho chiesto	abbiamo chiesto
chiedi	chiedete	hai chiesto	avete chiesto
chiede	chiedono	ha chiesto	hanno chiesto

Imperfect
		### Past Perfect	
chiedevo	chiedevamo	avevo chiesto	avevamo chiesto
chiedevi	chiedevate	avevi chiesto	avevate chiesto
chiedeva	chiedevano	aveva chiesto	avevano chiesto

Absolute Past
		### Preterite Perfect	
chiesi	chiedemmo	ebbi chiesto	avemmo chiesto
chiedesti	chiedeste	avesti chiesto	aveste chiesto
chiese	chiesero	ebbe chiesto	ebbero chiesto

Future
		### Future Perfect	
chiederò	chiederemo	avrò chiesto	avremo chiesto
chiederai	chiederete	avrai chiesto	avrete chiesto
chiederà	chiederanno	avrà chiesto	avranno chiesto

Subjunctive

Present
		### Past	
chieda	chiediamo	abbia chiesto	abbiamo chiesto
chieda	chiediate	abbia chiesto	abbiate chiesto
chieda	chiedano	abbia chiesto	abbiano chiesto

Imperfect
		### Past Perfect	
chiedessi	chiedessimo	avessi chiesto	avessimo chiesto
chiedessi	chiedeste	avessi chiesto	aveste chiesto
chiedesse	chiedessero	avesse chiesto	avessero chiesto

Conditional

Present
		### Past	
chiederei	chiederemmo	avrei chiesto	avremmo chiesto
chiederesti	chiedereste	avresti chiesto	avreste chiesto
chiederebbe	chiederebbero	avrebbe chiesto	avrebbero chiesto

Imperative
—	chiediamo!
chiedi!	chiedete!
chieda!	chiedano!

Participles
Present
chiedente
Past
chiesto

Gerund
chiedendo

Related Words

richiedere	*to demand, to request*	richiedente	*requesting person*
richiesta	*request*	chiedere in prestito	*to borrow*

30 chiudere to close

Irregular
Transitive

	io	noi
	tu	voi
	lui/lei	loro

Indicative

Present
chiudo	chiudiamo
chiudi	chiudete
chiude	chiudono

Present Perfect
ho chiuso	abbiamo chiuso
hai chiuso	avete chiuso
ha chiuso	hanno chiuso

Imperfect
chiudevo	chiudevamo
chiudevi	chiudevate
chiudeva	chiudevano

Past Perfect
avevo chiuso	avevamo chiuso
avevi chiuso	avevate chiuso
aveva chiuso	avevano chiuso

Absolute Past
chiusi	chiudemmo
chiudesti	chiudeste
chiuse	chiusero

Preterite Perfect
ebbi chiuso	avemmo chiuso
avesti chiuso	aveste chiuso
ebbe chiuso	ebbero chiuso

Future
chiuderò	chiuderemo
chiuderai	chiuderete
chiuderà	chiuderanno

Future Perfect
avrò chiuso	avremo chiuso
avrai chiuso	avrete chiuso
avrà chiuso	avranno chiuso

Subjunctive

Present
chiuda	chiudiamo
chiuda	chiudiate
chiuda	chiudano

Past
abbia chiuso	abbiamo chiuso
abbia chiuso	abbiate chiuso
abbia chiuso	abbiano chiuso

Imperfect
chiudessi	chiudessimo
chiudessi	chiudeste
chiudesse	chiudessero

Past Perfect
avessi chiuso	avessimo chiuso
avessi chiuso	aveste chiuso
avesse chiuso	avessero chiuso

Conditional

Present
chiuderei	chiuderemmo
chiuderesti	chiudereste
chiuderebbe	chiuderebbero

Past
avrei chiuso	avremmo chiuso
avresti chiuso	avreste chiuso
avrebbe chiuso	avrebbero chiuso

Imperative
—	chiudiamo!
chiudi!	chiudete!
chiuda!	chiudano!

Participles
Present
chiudente
Past
chiuso

Gerund
chiudendo

Related Words

chiudersi	to shut oneself off	chiudenda	enclosure, fence
chiudimento	closing	chiusa	enclosure, barrier
chiusamente	covertly	chiuso	closed

31 **cogliere** to gather, to pluck

Irregular
Transitive

	io	noi
	tu	voi
	lui/lei	loro

Indicative

Present
colgo	cogliamo
cogli	cogliete
coglie	colgono

Present Perfect
ho colto	abbiamo colto
hai colto	avete colto
ha colto	hanno colto

Imperfect
coglievo	coglievamo
coglievi	coglievate
coglieva	coglievano

Past Perfect
avevo colto	avevamo colto
avevi colto	avevate colto
aveva colto	avevano colto

Absolute Past
colsi	cogliemmo
cogliesti	coglieste
colse	colsero

Preterite Perfect
ebbi colto	avemmo colto
avesti colto	aveste colto
ebbe colto	ebbero colto

Future
coglierò	coglieremo
coglierai	coglierete
coglierà	coglieranno

Future Perfect
avrò colto	avremo colto
avrai colto	avrete colto
avrà colto	avranno colto

Subjunctive

Present
colga	cogliamo
colga	cogliate
colga	colgano

Past
abbia colto	abbiamo colto
abbia colto	abbiate colto
abbia colto	abbiano colto

Imperfect
cogliessi	cogliessimo
cogliessi	coglieste
cogliesse	cogliessero

Past Perfect
avessi colto	avessimo colto
avessi colto	aveste colto
avesse colto	avessero colto

Conditional

Present
coglierei	coglieremmo
coglieresti	cogliereste
coglierebbe	coglierebbero

Past
avrei colto	avremmo colto
avresti colto	avreste colto
avrebbe colto	avrebbero colto

Imperative
—	cogliamo!
cogli!	cogliete!
colga!	colgano!

Participles

Present
cogliente

Past
colto

Gerund
cogliendo

Related Words
raccolto	*harvest*	cogliere sul fatto	*to catch in the act*
raccolta	*collection*	cogliere in fallo	*to catch someone's mistake*

32 colpire to hit, to harm

-isc- verb[†]
Transitive

	io	noi
	tu	voi
	lui/lei	loro

Indicative

Present
colpisco	colpiamo
colpisci	colpite
colpisce	colpiscono

Present Perfect
ho colpito	abbiamo colpito
hai colpito	avete colpito
ha colpito	hanno colpito

Imperfect
colpivo	colpivamo
colpivi	colpivate
colpiva	colpivano

Past Perfect
avevo colpito	avevamo colpito
avevi colpito	avevate colpito
aveva colpito	avevano colpito

Absolute Past
colpii	colpimmo
colpisti	colpiste
colpì	colpirono

Preterite Perfect
ebbi colpito	avemmo colpito
avesti colpito	aveste colpito
ebbe colpito	ebbero colpito

Future
colpirò	colpiremo
colpirai	colpirete
colpirà	colpiranno

Future Perfect
avrò colpito	avremo colpito
avrai colpito	avrete colpito
avrà colpito	avranno colpito

Subjunctive

Present
colpisca	colpiamo
colpisca	colpiate
colpisca	colpiscano

Past
abbia colpito	abbiamo colpito
abbia colpito	abbiate colpito
abbia colpito	abbiano colpito

Imperfect
colpissi	colpissimo
colpissi	colpiste
colpisse	colpissero

Past Perfect
avessi colpito	avessimo colpito
avessi colpito	aveste colpito
avesse colpito	avessero colpito

Conditional

Present
colpirei	colpiremmo
colpiresti	colpireste
colpirebbe	colpirebbero

Past
avrei colpito	avremmo colpito
avresti colpito	avreste colpito
avrebbe colpito	avrebbero colpito

Imperative
—	colpiamo!
colpisci!	colpite!
colpisca!	colpiscano!

Participles
Present
colpente
Past
colpito

Gerund
colpendo

Related Words

colpo	hit, blow, knock	colpire nel segno	to hit the mark
andare a colpo sicuro	to know where to hit	colpo di testa	sudden decision
		di colpo	all at once

[†] *Colpire* inserts -isc- between its stem and the present indicative and present subjunctive endings in all but the first and second person plural forms.

33 **cominciare** to begin

Regular
Transitive

io noi
tu voi
lui/lei loro

Indicative

Present		**Present Perfect**	
comincio	cominciamo	ho cominciato	abbiamo cominciato
cominci	cominciate	hai cominciato	avete cominciato
comincia	cominciano	ha cominciato	hanno cominciato

Imperfect		**Past Perfect**	
cominciavo	cominciavamo	avevo cominciato	avevamo cominciato
cominciavi	cominciavate	avevi cominciato	avevate cominciato
cominciava	cominciavano	aveva cominciato	avevano cominciato

Absolute Past		**Preterite Perfect**	
cominciai	cominciammo	ebbi cominciato	avemmo cominciato
cominciasti	cominciaste	avesti cominciato	aveste cominciato
cominciò	cominciarono	ebbe cominciato	ebbero cominciato

Future		**Future Perfect**	
comincerò	cominceremo	avrò cominciato	avremo cominciato
comincerai	comincerete	avrai cominciato	avrete cominciato
comincerà	cominceranno	avrà cominciato	avranno cominciato

Subjunctive

Present		**Past**	
cominci	cominciamo	abbia cominciato	abbiamo cominciato
cominci	cominciate	abbia cominciato	abbiate cominciato
cominci	comincino	abbia cominciato	abbiano cominciato

Imperfect		**Past Perfect**	
cominciassi	cominciassimo	avessi cominciato	avessimo cominciato
cominciassi	cominciaste	avessi cominciato	aveste cominciato
cominciasse	cominciassero	avesse cominciato	avessero cominciato

Conditional

Present		**Past**	
comincerei	cominceremmo	avrei cominciato	avremmo cominciato
cominceresti	comincereste	avresti cominciato	avreste cominciato
comincerebbe	comincerebbero	avrebbe cominciato	avrebbero cominciato

Imperative

—	cominciamo!
comincia!	cominciate!
cominci!	comincino!

Participles

Present
cominciante
Past
cominciato

Gerund

cominciando

Related Words

cominciamento	*beginning, start*	cominciatore	*originator*

34 comprare to buy

Regular   io   noi
Transitive   tu   voi
           lui/lei   loro

Indicative

Present
		Present Perfect	
compro	compriamo	ho comprato	abbiamo comprato
compri	comprate	hai comprato	avete comprato
compra	comprano	ha comprato	hanno comprato

Imperfect
		Past Perfect	
compravo	compravamo	avevo comprato	avevamo comprato
compravi	compravate	avevi comprato	avevate comprato
comprava	compravano	aveva comprato	avevano comprato

Absolute Past
		Preterite Perfect	
comprai	comprammo	ebbi comprato	avemmo comprato
comprasti	compraste	avesti comprato	aveste comprato
comprò	comprarono	ebbe comprato	ebbero comprato

Future
		Future Perfect	
comprerò	compreremo	avrò comprato	avremo comprato
comprerai	comprerete	avrai comprato	avrete comprato
comprerà	compreranno	avrà comprato	avranno comprato

Subjunctive

Present
		Past	
compri	compriamo	abbia comprato	abbiamo comprato
compri	compriate	abbia comprato	abbiate comprato
compri	comprino	abbia comprato	abbiano comprato

Imperfect
		Past Perfect	
comprassi	comprassimo	avessi comprato	avessimo comprato
comprassi	compraste	avessi comprato	aveste comprato
comprasse	comprassero	avesse comprato	avessero comprato

Conditional

Present
		Past	
comprerei	compreremmo	avrei comprato	avremmo comprato
compreresti	comprereste	avresti comprato	avreste comprato
comprerebbe	comprerebbero	avrebbe comprato	avrebbero comprato

Imperative
—	compriamo!
compra!	comprate!
compri!	comprino!

Participles
Present
comprante
Past
comprato

Gerund
comprando

Related Words

fare compere	*go shopping*	compratore	*buyer*
compravendita	*transaction*	compra	*purchase*

35 confondere to confuse

Irregular
Transitive

	io	noi
	tu	voi
	lui/lei	loro

Indicative

Present
confondo	confondiamo
confondi	confondete
confonde	confondono

Present Perfect
ho confuso	abbiamo confuso
hai confuso	avete confuso
ha confuso	hanno confuso

Imperfect
confondevo	confondevamo
confondevi	confondevate
confondeva	confondevano

Past Perfect
avevo confuso	avevamo confuso
avevi confuso	avevate confuso
aveva confuso	avevano confuso

Absolute Past
confusi	confondemmo
confondesti	confondeste
confuse	confusero

Preterite Perfect
ebbi confuso	avemmo confuso
avesti confuso	aveste confuso
ebbe confuso	ebbero confuso

Future
confonderò	confonderemo
confonderai	confonderete
confonderà	confonderanno

Future Perfect
avrò confuso	avremo confuso
avrai confuso	avrete confuso
avrà confuso	avranno confuso

Subjunctive

Present
confonda	confondiamo
confonda	confondiate
confonda	confondano

Past
abbia confuso	abbiamo confuso
abbia confuso	abbiate confuso
abbia confuso	abbiano confuso

Imperfect
confondessi	confondessimo
confondessi	confondeste
confondesse	confondessero

Past Perfect
avessi confuso	avessimo confuso
avessi confuso	aveste confuso
avesse confuso	avessero confuso

Conditional

Present
confonderei	confonderemmo
confonderesti	confondereste
confonderebbe	confonderebbero

Past
avrei confuso	avremmo confuso
avresti confuso	avreste confuso
avrebbe confuso	avrebbero confuso

Imperative
—	confondiamo!
confondi!	confondete!
confonda!	confondano!

Participles
Present
confondente
Past
confuso

Gerund
confondendo

Related Words
confusione	*confusion*	confuso	*vague, unclear*

36 conoscere to know

Irregular
Transitive

	io	noi
tu	voi
lui/lei	loro

Indicative

Present
conosco	conosciamo
conosci	conoscete
conosce	conoscono

Present Perfect
ho conosciuto	abbiamo conosciuto
hai conosciuto	avete conosciuto
ha conosciuto	hanno conosciuto

Imperfect
conoscevo	conoscevamo
conoscevi	conoscevate
conosceva	conoscevano

Past Perfect
avevo conosciuto	avevamo conosciuto
avevi conosciuto	avevate conosciuto
aveva conosciuto	avevano conosciuto

Absolute Past
conobbi	conoscemmo
conoscesti	conosceste
conobbe	conobbero

Preterite Perfect
ebbi conosciuto	avemmo conosciuto
avesti conosciuto	aveste conosciuto
ebbe conosciuto	ebbero conosciuto

Future
conoscerò	conosceremo
conoscerai	conoscerete
conoscerà	conosceranno

Future Perfect
avrò conosciuto	avremo conosciuto
avrai conosciuto	avrete conosciuto
avrà conosciuto	avranno conosciuto

Subjunctive

Present
conosca	conosciamo
conosca	conosciate
conosca	conoscano

Past
abbia conosciuto	abbiamo conosciuto
abbia conosciuto	abbiate conosciuto
abbia conosciuto	abbiano conosciuto

Imperfect
conoscessi	conoscessimo
conoscessi	conosceste
conoscesse	conoscessero

Past Perfect
avessi conosciuto	avessimo conosciuto
avessi conosciuto	aveste conosciuto
avesse conosciuto	avessero conosciuto

Conditional

Present
conoscerei	conosceremmo
conosceresti	conoscereste
conoscerebbe	conoscerebbero

Past
avrei conosciuto	avremmo conosciuto
avresti conosciuto	avreste conosciuto
avrebbe conosciuto	avrebbero conosciuto

Imperative
—	conosciamo!
conosci!	conoscete!
conosca!	conoscano!

Participles
Present
conoscente
Past
conosciuto

Gerund
conoscendo

Related Words

| conoscenza | *knowledge* | Piacere di fare la sua | *Pleased to meet you.* |
| conoscibile | *knowable* | conoscenza. | |

37 **contare** to count

Regular
Transitive

	io	noi
	tu	voi
	lui/lei	loro

Indicative

Present

conto	contiamo
conti	contate
conta	contano

Present Perfect

ho contato	abbiamo contato
hai contato	avete contato
ha contato	hanno contato

Imperfect

contavo	contavamo
contavi	contavate
contava	contavano

Past Perfect

avevo contato	avevamo contato
avevi contato	avevate contato
aveva contato	avevano contato

Absolute Past

contai	contammo
contasti	contaste
contò	contarono

Preterite Perfect

ebbi contato	avemmo contato
avesti contato	aveste contato
ebbe contato	ebbero contato

Future

conterò	conteremo
conterai	conterete
conterà	conteranno

Future Perfect

avrò contato	avremo contato
avrai contato	avrete contato
avrà contato	avranno contato

Subjunctive

Present

conti	contiamo
conti	contiate
conti	contino

Past

abbia contato	abbiamo contato
abbia contato	abbiate contato
abbia contato	abbiano contato

Imperfect

contassi	contassimo
contassi	contaste
contasse	contassero

Past Perfect

avessi contato	avessimo contato
avessi contato	aveste contato
avesse contato	avessero contato

Conditional

Present

conterei	conteremmo
conteresti	contereste
conterebbe	conterebbero

Past

avrei contato	avremmo contato
avresti contato	avreste contato
avrebbe contato	avrebbero contato

Imperative

—	contiamo!
conta!	contate!
conti!	contino!

Participles

Present
contante

Past
contato

Gerund

contando

Related Words

contante, in contanti	*cash*	conto	*account, bill*
contare su	*to count on*	contagocce	*eye dropper*

38 **continuare** to continue

Regular
Transitive

	io	noi
	tu	voi
	lui/lei	loro

Indicative

Present

continuo	continuiamo
continui	continuate
continua	continuano

Imperfect

continuavo	continuavamo
continuavi	continuavate
continuava	continuavano

Absolute Past

continuai	continuammo
continuasti	continuaste
continuò	continuarono

Future

continuerò	continueremo
continuerai	continuerete
continuerà	continueranno

Present Perfect

ho continuato	abbiamo continuato
hai continuato	avete continuato
ha continuato	hanno continuato

Past Perfect

avevo continuato	avevamo continuato
avevi continuato	avevate continuato
aveva continuato	avevano continuato

Preterite Perfect

ebbi continuato	avemmo continuato
avesti continuato	aveste continuato
ebbe continuato	ebbero continuato

Future Perfect

avrò continuato	avremo continuato
avrai continuato	avrete continuato
avrà continuato	avranno continuato

Subjunctive

Present

continui	continuiamo
continui	continuiate
continui	continuino

Imperfect

continuassi	continuassimo
continuassi	continuaste
continuasse	continuassero

Past

abbia continuato	abbiamo continuato
abbia continuato	abbiate continuato
abbia continuato	abbiano continuato

Past Perfect

avessi continuato	avessimo continuato
avessi continuato	aveste continuato
avesse continuato	avessero continuato

Conditional

Present

continuerei	continueremmo
continueresti	continuereste
continuerebbe	continuerebbero

Past

avrei continuato	avremmo continuato
avresti continuato	avreste continuato
avrebbe continuato	avrebbero continuato

Imperative

—	continuiamo!
continua!	continuate!
continui!	continuino!

Participles

Present
continuante

Past
continuato

Gerund

continuando

Related Words

continuabile	*continuable*	continuatamente	*continuously*
continuamente	*continually*	continuazione	*continuation*
continuità	*continuity*		

39 copiare to copy

Regular
Transitive.

io noi
tu voi
lui/lei loro

Indicative

Present

copio	copiamo
copi	copiate
copia	copiano

Present Perfect

ho copiato	abbiamo copiato
hai copiato	avete copiato
ha copiato	hanno copiato

Imperfect

copiavo	copiavamo
copiavi	copiavate
copiava	copiavano

Past Perfect

avevo copiato	avevamo copiato
avevi copiato	avevate copiato
aveva copiato	avevano copiato

Absolute Past

copiai	copiammo
copiasti	copiaste
copiò	copiarono

Preterite Perfect

ebbi copiato	avemmo copiato
avesti copiato	aveste copiato
ebbe copiato	ebbero copiato

Future

copierò	copieremo
copierai	copierete
copierà	copieranno

Future Perfect

avrò copiato	avremo copiato
avrai copiato	avrete copiato
avrà copiato	avranno copiato

Subjunctive

Present

copi	copiamo
copi	copiate
copi	copino

Past

abbia copiato	abbiamo copiato
abbia copiato	abbiate copiato
abbia copiato	abbiano copiato

Imperfect

copiassi	copiassimo
copiassi	copiaste
copiasse	copiassero

Past Perfect

avessi copiato	avessimo copiato
avessi copiato	aveste copiato
avesse copiato	avessero copiato

Conditional

Present

copierei	copieremmo
copieresti	copiereste
copierebbe	copierebbero

Past

avrei copiato	avremmo copiato
avresti copiato	avreste copiato
avrebbe copiato	avrebbero copiato

Imperative

—	copiamo!
copia!	copiate!
copi!	copino!

Participles

Present
copiante

Past
copiato

Gerund

copiando

Related Words

copia	*copy*	copisteria	*copying/typing*
copione	*theater script*		*office*

40 correre to run

Irregular
Transitive/Intransitive*

io noi
tu voi
lui/lei loro

Indicative

Present

corro	corriamo
corri	correte
corre	corrono

Present Perfect

sono corso(a)	siamo corsi(e)
sei corso(a)	siete corsi(e)
è corso(a)	sono corsi(e)

Imperfect

correvo	correvamo
correvi	correvate
correva	correvano

Past Perfect

ero corso(a)	eravamo corsi(e)
eri corso(a)	eravate corsi(e)
era corso(a)	erano corsi(e)

Absolute Past

corsi	corremmo
corresti	correste
corse	corsero

Preterite Perfect

fui corso(a)	fummo corsi(e)
fosti corso(a)	foste corsi(e)
fu corso(a)	furono corsi(e)

Future

correrò	correremo
correrai	correrete
correrà	correranno

Future Perfect

sarò corso(a)	saremo corsi(e)
sarai corso(a)	sarete corsi(e)
sarà corso(a)	saranno corsi(e)

Subjunctive

Present

corra	corriamo
corra	corriate
corra	corrano

Past

sia corso(a)	siamo corsi(e)
sia corso(a)	siate corsi(e)
sia corso(a)	siano corsi(e)

Imperfect

corressi	corressimo
corressi	correste
corresse	corressero

Past Perfect

fossi corso(a)	fossimo corsi(e)
fossi corso(a)	foste corsi(e)
fosse corso(a)	fossero corsi(e)

Conditional

Present

correrei	correremmo
correresti	correreste
correrebbe	correrebbero

Past

sarei corso(a)	saremmo corsi(e)
saresti corso(a)	sareste corsi(e)
sarebbe corso(a)	sarebbero corsi(e)

Imperative

—	corriamo!
corri!	correte!
corra!	corrano!

Participles

Present
corrente

Past
corso

Gerund
correndo

Related Words

aver corso	*in circulation*	corridore	*racer*
corrente	*stream, current*	corriere	*courier*
conto corrente	*checking account*		

Correre is conjugated with *avere* when it takes a direct object and with *essere* when it takes no direct object.

41 costare to cost, to be worth

Regular
Intransitive

	io	noi
	tu	voi
	lui/lei	loro

Indicative

Present
costo	costiamo
costi	costate
costa	costano

Present Perfect
ho costato	abbiamo costato
hai costato	avete costato
ha costato	hanno costato

Imperfect
costavo	costavamo
costavi	costavate
costava	costavano

Past Perfect
avevo costato	avevamo costato
avevi costato	avevate costato
aveva costato	avevano costato

Absolute Past
costai	costammo
costasti	costaste
costò	costarono

Preterite Perfect
ebbi costato	avemmo costato
avesti costato	aveste costato
ebbe costato	ebbero costato

Future
costerò	costeremo
costerai	costerete
costerà	costeranno

Future Perfect
avrò costato	avremo costato
avrai costato	avrete costato
avrà costato	avranno costato

Subjunctive

Present
costi	costiamo
costi	costiate
costi	costino

Past
abbia costato	abbiamo costato
abbia costato	abbiate costato
abbia costato	abbiano costato

Imperfect
costassi	costassimo
costassi	costaste
costasse	costassero

Past Perfect
avessi costato	avessimo costato
avessi costato	aveste costato
avesse costato	avessero costato

Conditional

Present
costerei	costeremmo
costeresti	costereste
costerebbe	costerebbero

Past
avrei costato	avremmo costato
avresti costato	avreste costato
avrebbe costato	avrebbero costato

Imperative
—	costiamo!
costa!	costate!
costi!	costino!

Participles
Present
costante
Past
costato

Gerund
costando

Related Words

costare un occhio	*to cost an arm and a leg*	costo	*cost, expense*
		ad ogni costo	*at any cost*

42 costruire to construct, to build

-isc- verb[†]
Transitive

io | noi
tu | voi
lui/lei | loro

Indicative
Present
costruisco	costruiamo
costruisci	costruite
costruisce	costruiscono

Present Perfect
ho costruito	abbiamo costruito
hai costruito	avete costruito
ha costruito	hanno costruito

Imperfect
costruivo	costruivamo
costruivi	costruivate
costruiva	costruivano

Past Perfect
avevo costruito	avevamo costruito
avevi costruito	avevate costruito
aveva costruito	avevano costruito

Absolute Past
costruii	costruimmo
costruisti	costruiste
costruì	costruirono

Preterite Perfect
ebbi costruito	avemmo costruito
avesti costruito	aveste costruito
ebbe costruito	ebbero costruito

Future
costruirò	costruiremo
costruirai	costruirete
costruirà	costruiranno

Future Perfect
avrò costruito	avremo costruito
avrai costruito	avrete costruito
avrà costruito	avranno costruito

Subjunctive
Present
costruisca	costruiamo
costruisca	costruiate
costruisca	costruiscano

Past
abbia costruito	abbiamo costruito
abbia costruito	abbiate costruito
abbia costruito	abbiano costruito

Imperfect
costruissi	costruissimo
costruissi	costruiste
costruisse	costruissero

Past Perfect
avessi costruito	avessimo costruito
avessi costruito	aveste costruito
avesse costruito	avessero costruito

Conditional
Present
costruirei	costruiremmo
costruiresti	costruireste
costruirebbe	costruirebbero

Past
avrei costruito	avremmo costruito
avresti costruito	avreste costruito
avrebbe costruito	avrebbero costruito

Imperative
—	costruiamo!
costruisci!	costruite!
costruisca!	costruiscano!

Participles
Present
costruente
Past
costruito

Gerund
costruendo

Related Words
costruttore	*structure; builder*	costruzione	*construction, building*

[†] *Costruire* inserts -isc- between its stem and the present indicative and present subjunctive endings in all but the first and second person plural forms.

43 credere to believe

Regular
Transitive

	io	noi
	tu	voi
	lui/lei	loro

Indicative

Present
credo	crediamo
credi	credete
crede	credono

Present Perfect
ho creduto	abbiamo creduto
hai creduto	avete creduto
ha creduto	hanno creduto

Imperfect
credevo	credevamo
credevi	credevate
credeva	credevano

Past Perfect
avevo creduto	avevamo creduto
avevi creduto	avevate creduto
aveva creduto	avevano creduto

Absolute Past
credetti	credemmo
credesti	credeste
credette	credettero

Preterite Perfect
ebbi creduto	avemmo creduto
avesti creduto	aveste creduto
ebbe creduto	ebbero creduto

Future
crederò	crederemo
crederai	crederete
crederà	crederanno

Future Perfect
avrò creduto	avremo creduto
avrai creduto	avrete creduto
avrà creduto	avranno creduto

Subjunctive

Present
creda	crediamo
creda	crediate
creda	credano

Past
abbia creduto	abbiamo creduto
abbia creduto	abbiate creduto
abbia creduto	abbiano creduto

Imperfect
credessi	credessimo
credessi	credeste
credesse	credessero

Past Perfect
avessi creduto	avessimo creduto
avessi creduto	aveste creduto
avesse creduto	avessero creduto

Conditional

Present
crederei	crederemmo
crederesti	credereste
crederebbe	crederebbero

Past
avrei creduto	avremmo creduto
avresti creduto	avreste creduto
avrebbe creduto	avrebbero creduto

Imperative
—	crediamo!
credi!	credete!
creda!	credano!

Participles

Present
credente

Past
creduto

Gerund
credendo

Related Words
credente	*believer*	credo	*credo, creed*
credulo	*credulous*	credibile	*credible*

44 crescere to grow, to grow up

Irregular
Transitive/Intransitive*

	io	noi
	tu	voi
	lui/lei	loro

Indicative

Present
cresco	cresciamo
cresci	crescete
cresce	crescono

Present Perfect
sono cresciuto(a)	siamo cresciuti(e)
sei cresciuto(a)	siete cresciuti(e)
è cresciuto(a)	sono cresciuti(e)

Imperfect
crescevo	crescevamo
crescevi	crescevate
cresceva	crescevano

Past Perfect
ero cresciuto(a)	eravamo cresciuti(e)
eri cresciuto(a)	eravate cresciuti(e)
era cresciuto(a)	erano cresciuti(e)

Absolute Past
crebbi	crescemmo
crescesti	cresceste
crebbe	crebbero

Preterite Perfect
fui cresciuto(a)	fummo cresciuti(e)
fosti cresciuto(a)	foste cresciuti(e)
fu cresciuto(a)	furono cresciuti(e)

Future
crescerò	cresceremo
crescerai	crescerete
crescerà	cresceranno

Future Perfect
sarò cresciuto(a)	saremo cresciuti(e)
sarai cresciuto(a)	sarete cresciuti(e)
sarà cresciuto(a)	saranno cresciuti(e)

Subjunctive

Present
cresca	cresciamo
cresca	cresciate
cresca	crescano

Past
sia cresciuto(a)	siamo cresciuti(e)
sia cresciuto(a)	siate cresciuti(e)
sia cresciuto(a)	siano cresciuti(e)

Imperfect
crescessi	crescessimo
crescessi	cresceste
crescesse	crescessero

Past Perfect
fossi cresciuto(a)	fossimo cresciuti(e)
fossi cresciuto(a)	foste cresciuti(e)
fosse cresciuto(a)	fossero cresciuti(e)

Conditional

Present
crescerei	cresceremmo
cresceresti	crescereste
crescerebbe	crescerebbero

Past
sarei cresciuto(a)	saremmo cresciuti(e)
saresti cresciuto(a)	sareste cresciuti(e)
sarebbe cresciuto(a)	sarebbero cresciuti(e)

Imperative
—	cresciamo!
cresci!	crescete!
cresca!	crescano!

Participles

Present
crescente

Past
cresciuto

Gerund
crescendo

Related Words

crescita	*growth*	crescente	*rising*
crescendo	*progress, increase*		

*Crescere is conjugated with avere when it takes a direct object and with essere when it takes no direct object.

45 cucinare to cook

Regular
Transitive

io noi
tu voi
lui/lei loro

Indicative

Present

cucino	cuciniamo
cucini	cucinate
cucina	cucinano

Present Perfect

ho cucinato	abbiamo cucinato
hai cucinato	avete cucinato
ha cucinato	hanno cucinato

Imperfect

cucinavo	cucinavamo
cucinavi	cucinavate
cucinava	cucinavano

Past Perfect

avevo cucinato	avevamo cucinato
avevi cucinato	avevate cucinato
aveva cucinato	avevano cucinato

Absolute Past

cucinai	cucinammo
cucinasti	cucinaste
cucinò	cucinarono

Preterite Perfect

ebbi cucinato	avemmo cucinato
avesti cucinato	aveste cucinato
ebbe cucinato	ebbero cucinato

Future

cucinerò	cucineremo
cucinerai	cucinerete
cucinerà	cucineranno

Future Perfect

avrò cucinato	avremo cucinato
avrai cucinato	avrete cucinato
avrà cucinato	avranno cucinato

Subjunctive

Present

cucini	cuciniamo
cucini	cuciniate
cucini	cucinino

Past

abbia cucinato	abbiamo cucinato
abbia cucinato	abbiate cucinato
abbia cucinato	abbiano cucinato

Imperfect

cucinassi	cucinassimo
cucinassi	cucinaste
cucinasse	cucinassero

Past Perfect

avessi cucinato	avessimo cucinato
avessi cucinato	aveste cucinato
avesse cucinato	avessero cucinato

Conditional

Present

cucinerei	cucineremmo
cucineresti	cucinereste
cucinerebbe	cucinerebbero

Past

avrei cucinato	avremmo cucinato
avresti cucinato	avreste cucinato
avrebbe cucinato	avrebbero cucinato

Imperative

—	cuciniamo!
cucina!	cucinate!
cucini!	cucinino!

Participles

Present
cucinante

Past
cucinato

Gerund

cucinando

Related Words

cucina	*kitchen; cuisine*	cucinatura	*cooking*
capo cuoco	*chef*	cottura	*cooking*
cuciniere	*cook; chef (of an institution)*		

46 dare to give

Irregular
Transitive

	io	noi
	tu	voi
	lui/lei	loro

Indicative

Present		**Present Perfect**	
dò	diamo	ho dato	abbiamo dato
dai	date	hai dato	avete dato
dà	danno	ha dato	hanno dato

Imperfect		**Past Perfect**	
davo	davamo	avevo dato	avevamo dato
davi	davate	avevi dato	avevate dato
dava	davano	aveva dato	avevano dato

Absolute Past		**Preterite Perfect**	
diedi/detti	demmo	ebbi dato	avemmo dato
desti	deste	avesti dato	aveste dato
diede/dette	diedero/dettero	ebbe dato	ebbero dato

Future		**Future Perfect**	
darò	daremo	avrò dato	avremo dato
darai	darete	avrai dato	avrete dato
darà	daranno	avrà dato	avranno dato

Subjunctive

Present		**Past**	
dia	diamo	abbia dato	abbiamo dato
dia	diate	abbia dato	abbiate dato
dia	diano	abbia dato	abbiano dato

Imperfect		**Past Perfect**	
dessi	dessimo	avessi dato	avessimo dato
dessi	deste	avessi dato	aveste dato
desse	dessero	avesse dato	avessero dato

Conditional

Present		**Past**	
darei	daremmo	avrei dato	avremmo dato
daresti	dareste	avresti dato	avreste dato
darebbe	darebbero	avrebbe dato	avrebbero dato

Imperative

—	diamo!
dai! or da'!	date!
dia!	diano!

Participles ___ Gerund ___

Present
dante
dando

Past
dato

Related Words

datore di lavoro	*employer*	dar luogo a	*to give rise to*
dare una mano	*to lend a hand*	dar torto a	*to disagree with*
		dati	*data*

47 denunciare to denounce

Regular
Transitive

	io	noi
	tu	voi
	lui/lei	loro

Indicative

Present
denuncio	denunciamo
denunci	denunciate
denuncia	denunciano

Present Perfect
ho denunciato	abbiamo denunciato
hai denunciato	avete denunciato
ha denunciato	hanno denunciato

Imperfect
denunciavo	denunciavamo
denunciavi	denunciavate
denunciava	denunciavano

Past Perfect
avevo denunciato	avevamo denunciato
avevi denunciato	avevate denunciato
aveva denunciato	avevano denunciato

Absolute Past
denunciai	denunciammo
denunciasti	denunciaste
denunciò	denunciarono

Preterite Perfect
ebbi denunciato	avemmo denunciato
avesti denunciato	aveste denunciato
ebbe denunciato	ebbero denunciato

Future
denuncerò	denunceremo
denuncerai	denuncerete
denuncerà	denunceranno

Future Perfect
avrò denunciato	avremo denunciato
avrai denunciato	avrete denunciato
avrà denunciato	avranno denunciato

Subjunctive

Present
denunci	denunciamo
denunci	denunciate
denunci	denuncino

Past
abbia denunciato	abbiamo denunciato
abbia denunciato	abbiate denunciato
abbia denunciato	abbiano denunciato

Imperfect
denunciassi	denunciassimo
denunciassi	denunciaste
denunciasse	denunciassero

Past Perfect
avessi denunciato	avessimo denunciato
avessi denunciato	aveste denunciato
avesse denunciato	avessero denunciato

Conditional

Present
denuncerei	denunceremmo
denunceresti	denuncereste
denuncerebbe	denuncerebbero

Past
avrei denunciato	avremmo denunciato
avresti denunciato	avreste denunciato
avrebbe denunciato	avrebbero denunciato

Imperative
—	denunciamo!
denuncia!	denunciate!
denunci!	denuncino!

Participles

Present
denunciante

Past
denunciato

Gerund
denunciando

Related Words
denuncia	*denunciation*

48 dimenticare to forget

Regular
Transitive

Indicative

Present

		Present Perfect	
dimentico	dimentichiamo	ho dimenticato	abbiamo dimenticato
dimentichi	dimenticate	hai dimenticato	avete dimenticato
dimentica	dimenticano	ha dimenticato	hanno dimenticato

Imperfect

		Past Perfect	
dimenticavo	dimenticavamo	avevo dimenticato	avevamo dimenticato
dimenticavi	dimenticavate	avevi dimenticato	avevate dimenticato
dimenticava	dimenticavano	aveva dimenticato	avevano dimenticato

Absolute Past

		Preterite Perfect	
dimenticai	dimenticammo	ebbi dimenticato	avemmo dimenticato
dimenticasti	dimenticaste	avesti dimenticato	aveste dimenticato
dimenticò	dimenticarono	ebbe dimenticato	ebbero dimenticato

Future

		Future Perfect	
dimenticherò	dimenticheremo	avrò dimenticato	avremo dimenticato
dimenticherai	dimenticherete	avrai dimenticato	avrete dimenticato
dimenticherà	dimenticheranno	avrà dimenticato	avranno dimenticato

Subjunctive

Present

		Past	
dimentichi	dimentichiamo	abbia dimenticato	abbiamo dimenticato
dimentichi	dimentichiate	abbia dimenticato	abbiate dimenticato
dimentichi	dimentichino	abbia dimenticato	abbiano dimenticato

Imperfect

		Past Perfect	
dimenticassi	dimenticassimo	avessi dimenticato	avessimo dimenticato
dimenticassi	dimenticaste	avessi dimenticato	aveste dimenticato
dimenticasse	dimenticassero	avesse dimenticato	avessero dimenticato

Conditional

Present

		Past	
dimenticherei	dimenticheremmo	avrei dimenticato	avremmo dimenticato
dimenticheresti	dimentichereste	avresti dimenticato	avreste dimenticato
dimenticherebbe	dimenticherebbero	avrebbe dimenticato	avrebbero dimenticato

Imperative

—	dimentichiamo!
dimentica!	dimenticate!
dimentichi!	dimentichino!

Participles

Present
dimenticante

Past
dimenticato

Gerund

dimenticando

Related Words

dimentico	*forgetful, neglectful*	dimenticabile	*forgettable*

49 dire to say

Irregular
Transitive

	io	noi
	tu	voi
	lui/lei	loro

Indicative

Present
		Present Perfect	
dico	diciamo	ho detto	abbiamo detto
dici	dite	hai detto	avete detto
dice	dicono	ha detto	hanno detto

Imperfect
		Past Perfect	
dicevo	dicevamo	avevo detto	avevamo detto
dicevi	dicevate	avevi detto	avevate detto
diceva	dicevano	aveva detto	avevano detto

Absolute Past
		Preterite Perfect	
dissi	dicemmo	ebbi detto	avemmo detto
dicesti	diceste	avesti detto	aveste detto
disse	dissero	ebbe detto	ebbero detto

Future
		Future Perfect	
dirò	diremo	avrò detto	avremo detto
dirai	direte	avrai detto	avrete detto
dirà	diranno	avrà detto	avranno detto

Subjunctive

Present
		Past	
dica	diciamo	abbia detto	abbiamo detto
dica	diciate	abbia detto	abbiate detto
dica	dicano	abbia detto	abbiano detto

Imperfect
		Past Perfect	
dicessi	dicessimo	avessi detto	avessimo detto
dicessi	diceste	avessi detto	aveste detto
dicesse	dicessero	avesse detto	avessero detto

Conditional

Present
		Past	
direi	diremmo	avrei detto	avremmo detto
diresti	direste	avresti detto	avreste detto
direbbe	direbbero	avrebbe detto	avrebbero detto

Imperative

—	diciamo!
di'!	dite!
dica!	dicano!

Participles
Present
dicente
Past
detto

Gerund
dicendo

Related Words

per sentito dire	*by hear say*	per così dire	*so to speak*
dirlo chiaro e tondo	*to speak bluntly*	si dice	*it is said*

50 discendere to descend, to go down

Irregular
Transitive/Intransitive*

	io	noi
	tu	voi
	lui/lei	loro

Indicative

Present
discendo	discendiamo
discendi	discendete
discende	discendono

Present Perfect
ho disceso	abbiamo disceso
hai disceso	avete disceso
ha disceso	hanno disceso

Imperfect
discendevo	discendevamo
discendevi	discendevate
discendeva	discendevano

Past Perfect
avevo disceso	avevamo disceso
avevi disceso	avevate disceso
aveva disceso	avevano disceso

Absolute Past
discendetti	discendemmo
discendesti	discendeste
discendette	discendettero

Preterite Perfect
ebbi disceso	avemmo disceso
avesti disceso	aveste disceso
ebbe disceso	ebbero disceso

Future
discenderò	discenderemo
discenderai	discenderete
discenderà	discenderanno

Future Perfect
avrò disceso	avremo disceso
avrai disceso	avrete disceso
avrà disceso	avranno disceso

Subjunctive

Present
discenda	discendiamo
discenda	discendiate
discenda	discendano

Past
abbia disceso	abbiamo disceso
abbia disceso	abbiate disceso
abbia disceso	abbiano disceso

Imperfect
discendessi	discendessimo
discendessi	discendeste
discendesse	discendessero

Past Perfect
avessi disceso	avessimo disceso
avessi disceso	aveste disceso
avesse disceso	avessero disceso

Conditional

Present
discenderei	discenderemmo
discenderesti	discendereste
discenderebbe	discenderebbero

Past
avrei disceso	avremmo disceso
avresti disceso	avreste disceso
avrebbe disceso	avrebbero disceso

Imperative
—	discendiamo!
discendi!	discendete!
discenda!	discendano!

Participles

Present
discendente

Past
disceso

Gerund
discendendo

Related Words

discendente	*descendant*	discendenza	*descent, lineage*
scendere	*to descend, to go down*	discensione	*descent*
discesa	*slope*		

Discendere is conjugated with *avere* when it takes a direct object and with *essere* when it takes no direct object.

51 discutere to discuss, to debate

Irregular
Transitive

		io	noi
		tu	voi
		lui/lei	loro

Indicative

Present		**Present Perfect**	
discuto	discutiamo	ho discusso	abbiamo discusso
discuti	discutete	hai discusso	avete discusso
discute	discutono	ha discusso	hanno discusso

Imperfect		**Past Perfect**	
discutevo	discutevamo	avevo discusso	avevamo discusso
discutevi	discutevate	avevi discusso	avevate discusso
discuteva	discutevano	aveva discusso	avevano discusso

Absolute Past		**Preterite Perfect**	
discussi	discutemmo	ebbi discusso	avemmo discusso
discutesti	discuteste	avesti discusso	aveste discusso
discusse	discussero	ebbe discusso	ebbero discusso

Future		**Future Perfect**	
discuterò	discuteremo	avrò discusso	avremo discusso
discuterai	discuterete	avrai discusso	avrete discusso
discuterà	discuteranno	avrà discusso	avranno discusso

Subjunctive

Present		**Past**	
discuta	discutiamo	abbia discusso	abbiamo discusso
discuta	discutiate	abbia discusso	abbiate discusso
discuta	discutano	abbia discusso	abbiano discusso

Imperfect		**Past Perfect**	
discutessi	discutessimo	avessi discusso	avessimo discusso
discutessi	discuteste	avessi discusso	aveste discusso
discutesse	discutessero	avesse discusso	avessero discusso

Conditional

Present		**Past**	
discuterei	discuteremmo	avrei discusso	avremmo discusso
discuteresti	discutereste	avresti discusso	avreste discusso
discuterebbe	discuterebbero	avrebbe discusso	avrebbero discusso

Imperative

—	discutiamo!
discuti!	discutete!
discuta!	discutano!

Participles

Present
discutente

Past
discusso

Gerund

discutendo

Related Words

discutibile	arguable, questionable	discussione	discussion/debate
		discusso	discussed

52 diventare to become

Regular
Intransitive

	io	noi
	tu	voi
	lui/lei	loro

Indicative

Present

		Present Perfect	
divento	diventiamo	sono diventato(a)	siamo diventati(e)
diventi	diventate	sei diventato(a)	siete diventati(e)
diventa	diventano	è diventato(a)	sono diventati(e)

Imperfect

		Past Perfect	
diventavo	diventavamo	ero diventato(a)	eravamo diventati(e)
diventavi	diventavate	eri diventato(a)	eravate diventati(e)
diventava	diventavano	era diventato(a)	erano diventati(e)

Absolute Past

		Preterite Perfect	
diventai	diventammo	fui diventato(a)	fummo diventati(e)
diventasti	diventaste	fosti diventato(a)	foste diventati(e)
diventò	diventarono	fu diventato(a)	furono diventati(e)

Future

		Future Perfect	
diventerò	diventeremo	sarò diventato(a)	saremo diventati(e)
diventerai	diventerete	sarai diventato(a)	sarete diventati(e)
diventerà	diventeranno	sarà diventato(a)	saranno diventati(e)

Subjunctive

Present

		Past	
diventi	diventiamo	sia diventato(a)	siamo diventati(e)
diventi	diventiate	sia diventato(a)	siate diventati(e)
diventi	diventino	sia diventato(a)	siano diventati(e)

Imperfect

		Past Perfect	
diventassi	diventassimo	fossi diventato(a)	fossimo diventati(e)
diventassi	diventaste	fossi diventato(a)	foste diventati(e)
diventasse	diventassero	fosse diventato(a)	fossero diventati(e)

Conditional

Present

		Past	
diventerei	diventeremmo	sarei diventato(a)	saremmo diventati(e)
diventeresti	diventereste	saresti diventato(a)	sareste diventati(e)
diventerebbe	diventerebbero	sarebbe diventato(a)	sarebbero diventati(e)

Imperative

—	diventiamo!
diventa!	diventate!
diventi!	diventino!

Participles

Present

diventato

Past

diventato

Gerund

diventando

Related Words

diventar grande	*to grow up*	diventar matto	*to go mad*

53 **divertirsi** to enjoy oneself

Regular
Reflexive

	io	noi
	tu	voi
	lui/lei	loro

Indicative

Present
mi diverto	ci divertiamo
ti diverti	vi divertite
si diverte	si divertono

Present Perfect
mi sono divertito(a)	ci siamo divertiti(e)
ti sei divertito(a)	vi siete divertiti(e)
si è divertito(a)	si sono divertiti(e)

Imperfect
mi divertivo	ci divertivamo
ti divertivi	vi divertivate
si divertiva	si divertivano

Past Perfect
mi ero divertito(a)	ci eravamo divertiti(e)
ti eri divertito(a)	vi eravate divertiti(e)
si era divertito(a)	si erano divertiti(e)

Absolute Past
mi divertii	ci divertimmo
ti divertisti	vi divertiste
si divertì	si divertirono

Preterite Perfect
mi fui divertito(a)	ci fummo divertiti(e)
ti fosti divertito(a)	vi foste divertiti(e)
si fu divertito(a)	si furono divertiti(e)

Future
mi divertirò	ci divertiremo
ti divertirai	vi divertirete
si divertirà	si divertiranno

Future Perfect
mi sarò divertito(a)	ci saremo divertiti(e)
ti sarai divertito(a)	vi sarete divertiti(e)
si sarà divertito(a)	si saranno divertiti(e)

Subjunctive

Present
mi diverta	ci divertiamo
ti diverta	vi divertiate
si diverta	si divertano

Past
mi sia divertito(a)	ci siamo divertiti(e)
ti sia divertito(a)	vi siate divertiti(e)
si sia divertito(a)	si siano divertiti(e)

Imperfect
mi divertissi	ci divertissimo
ti divertissi	vi divertiste
si divertisse	si divertissero

Past Perfect
mi fossi divertito(a)	ci fossimo divertiti(e)
ti fossi divertito(a)	vi foste divertiti(e)
si fosse divertito(a)	si fossero divertiti(e)

Conditional

Present
mi divertirei	ci divertiremmo
ti divertiresti	vi divertireste
si divertirebbe	si divertirebbero

Past
mi sarei divertito(a)	ci saremmo divertiti(e)
ti saresti divertito(a)	vi sareste divertiti(e)
si sarebbe divertito(a)	si sarebbero divertiti(e)

Imperative
—	divertiamoci!
divertiti!	divertitevi!
si diverta!	si divertano!

Participles

Present
divertentesi

Past
divertitosi

Gerund
divertendosi

Related Words

divertire	to amuse, to entertain	divertimento	amusement, entertainment
divertente	amusing, pleasant		

54 domandare to ask for, to inquire

Regular
Transitive

io   noi
tu   voi
lui/lei   loro

Indicative

Present
		Present Perfect	
domando	domandiamo	ho domandato	abbiamo domandato
domandi	domandate	hai domandato	avete domandato
domanda	domandano	ha domandato	hanno domandato

Imperfect
		Past Perfect	
domandavo	domandavamo	avevo domandato	avevamo domandato
domandavi	domandavate	avevi domandato	avevate domandato
domandava	domandavano	aveva domandato	avevano domandato

Absolute Past
		Preterite Perfect	
domandai	domandammo	ebbi domandato	avemmo domandato
domandasti	domandaste	avesti domandato	aveste domandato
domandò	domandarono	ebbe domandato	ebbero domandato

Future
		Future Perfect	
domanderò	domanderemo	avrò domandato	avremo domandato
domanderai	domanderete	avrai domandato	avrete domandato
domanderà	domanderanno	avrà domandato	avranno domandato

Subjunctive

Present
		Past	
domandi	domandiamo	abbia domandato	abbiamo domandato
domandi	domandiate	abbia domandato	abbiate domandato
domandi	domandino	abbia domandato	abbiano domandato

Imperfect
		Past Perfect	
domandassi	domandassimo	avessi domandato	avessimo domandato
domandassi	domandaste	avessi domandato	aveste domandato
domandasse	domandassero	avesse domandato	avessero domandato

Conditional

Present
		Past	
domanderei	domanderemmo	avrei domandato	avremmo domandato
domanderesti	domandereste	avresti domandato	avreste domandato
domanderebbe	domanderebbero	avrebbe domandato	avrebbero domandato

Imperative
—	domandiamo!
domanda!	domandate!
domandi!	domandino!

Participles
Present
domandante
Past
domandato

Gerund
domandando

Related Words

domanda	*question, appeal*	domandare la parola	*to ask for the floor*
fare una domanda	*to ask a question*		

55 **dormire** to sleep

Regular
Intransitive

io   noi
tu   voi
lui/lei   loro

Indicative

Present
		Present Perfect	
dormo	dormiamo	ho dormito	abbiamo dormito
dormi	dormite	hai dormito	avete dormito
dorme	dormono	ha dormito	hanno dormito

Imperfect
		Past Perfect	
dormivo	dormivamo	avevo dormito	avevamo dormito
dormivi	dormivate	avevi dormito	avevate dormito
dormiva	dormivano	aveva dormito	avevano dormito

Absolute Past
		Preterite Perfect	
dormii	dormimmo	ebbi dormito	avemmo dormito
dormisti	dormiste	avesti dormito	aveste dormito
dormì	dormirono	ebbe dormito	ebbero dormito

Future
		Future Perfect	
dormirò	dormiremo	avrò dormito	avremo dormito
dormirai	dormirete	avrai dormito	avrete dormito
dormirà	dormiranno	avrà dormito	avranno dormito

Subjunctive

Present
		Past	
dorma	dormiamo	abbia dormito	abbiamo dormito
dorma	dormiate	abbia dormito	abbiate dormito
dorma	dormano	abbia dormito	abbiano dormito

Imperfect
		Past Perfect	
dormissi	dormissimo	avessi dormito	avessimo dormito
dormissi	dormiste	avessi dormito	aveste dormito
dormisse	dormissero	avesse dormito	avessero dormito

Conditional

Present
		Past	
dormirei	dormiremmo	avrei dormito	avremmo dormito
dormiresti	dormireste	avresti dormito	avreste dormito
dormirebbe	dormirebbero	avrebbe dormito	avrebbero dormito

Imperative
—	dormiamo!
dormi!	dormite!
dorma!	dormano!

Participles
Present
dormiente
Past
dormito

Gerund
dormendo

Related Words
dormita	*long sleep*	dormiente	*sleeping*
dormitorio	*dormitory*	dormiglione	*sleepyhead*
dormiveglia	*drowsiness*		

56 **dovere** must, to have to

Irregular   io   noi
Modal*   tu   voi
                                                                         lui/lei   loro

Indicative

Present		**Present Perfect**	
devo	dobbiamo	ho dovuto	abbiamo dovuto
devi	dovete	hai dovuto	avete dovuto
deve	devono	ha dovuto	hanno dovuto

Imperfect		**Past Perfect**	
dovevo	dovevamo	avevo dovuto	avevamo dovuto
dovevi	dovevate	avevi dovuto	avevate dovuto
doveva	dovevano	aveva dovuto	avevano dovuto

Absolute Past		**Preterite Perfect**	
dovetti	dovemmo	ebbi dovuto	avemmo dovuto
dovesti	doveste	avesti dovuto	aveste dovuto
dovette	dovettero	ebbe dovuto	ebbero dovuto

Future		**Future Perfect**	
dovrò	dovremo	avrò dovuto	avremo dovuto
dovrai	dovrete	avrai dovuto	avrete dovuto
dovrà	dovranno	avrà dovuto	avranno dovuto

Subjunctive

Present		**Past**	
debba	dobbiamo	abbia dovuto	abbiamo dovuto
debba	dobbiate	abbia dovuto	abbiate dovuto
debba	debbano	abbia dovuto	abbiano dovuto

Imperfect		**Past Perfect**	
dovessi	dovessimo	avessi dovuto	avessimo dovuto
dovessi	doveste	avessi dovuto	aveste dovuto
dovesse	dovessero	avesse dovuto	avessero dovuto

Conditional

Present		**Past**	
dovrei	dovremmo	avrei dovuto	avremmo dovuto
dovresti	dovreste	avresti dovuto	avreste dovuto
dovrebbe	dovrebbero	avrebbe dovuto	avrebbero dovuto

Imperative | Participles | Gerund

		Present	**Gerund**
—	dobbiamo!	dovente	dovendo
devi!	dovete!		
debba!	debbano!	**Past**	
		dovuto	

Related Words

dovuto	*due*	doveroso	*proper, right*
debito	*debt*	sentirsi in dovere di	*to feel duty-bound to*
dovere	*duty, obligation*		

*Dovere can be conjugated with *essere* when it is followed by an infinitive that is conjugated with *essere*, e.g., *sono dovuto andare*.

57 entrare to enter

Regular
Intransitive

	io	noi
	tu	voi
	lui/lei	loro

Indicative

Present		**Present Perfect**	
entro	entriamo	sono entrato(a)	siamo entrati(e)
entri	entrate	sei entrato(a)	siete entrati(e)
entra	entrano	è entrato(a)	sono entrati(e)

Imperfect		**Past Perfect**	
entravo	entravamo	ero entrato(a)	eravamo entrati(e)
entravi	entravate	eri entrato(a)	eravate entrati(e)
entrava	entravano	era entrato(a)	erano entrati(e)

Absolute Past		**Preterite Perfect**	
entrai	entrammo	fui entrato(a)	fummo entrati(e)
entrasti	entraste	fosti entrato(a)	foste entrati(e)
entrò	entrarono	fu entrato(a)	furono entrati(e)

Future		**Future Perfect**	
entrerò	entreremo	sarò entrato(a)	saremo entrati(e)
entrerai	entrerete	sarai entrato(a)	sarete entrati(e)
entrerà	entreranno	sarà entrato(a)	saranno entrati(e)

Subjunctive

Present		**Past**	
entri	entriamo	sia entrato(a)	siamo entrati(e)
entri	entriate	sia entrato(a)	siate entrati(e)
entri	entrino	sia entrato(a)	siano entrati(e)

Imperfect		**Past Perfect**	
entrassi	entrassimo	fossi entrato(a)	fossimo entrati(e)
entrassi	entraste	fossi entrato(a)	foste entrati(e)
entrasse	entrassero	fosse entrato(a)	fossero entrati(e)

Conditional

Present		**Past**	
entrerei	entreremmo	sarei entrato(a)	saremmo entrati(e)
entreresti	entrereste	saresti entrato(a)	sareste entrati(e)
entrerebbe	entrerebbero	sarebbe entrato(a)	sarebbero entrati(e)

Imperative

—	entriamo!
entra!	entrate!
entri!	entrino!

Participles

Present
entrante

Past
entrato

Gerund

entrando

Related Words

entro l'anno	*within the year*	l'anno entrante	*next year*
entrata	*entrance*	entroterra	*inland, hinterland*

58 essere to be

Irregular   io   noi
Intransitive   tu   voi
Auxiliary   lui/lei loro

Indicative

Present		**Present Perfect**	
sono	siamo	sono stato(a)	siamo stati(e)
sei	siete	sei stato(a)	siete stati(e)
è	sono	è stato(a)	sono stati(e)

Imperfect		**Past Perfect**	
ero	eravamo	ero stato(a)	eravamo stati(e)
eri	eravate	eri stato(a)	eravate stati(e)
era	erano	era stato(a)	erano stati(e)

Absolute Past		**Preterite Perfect**	
fui	fummo	fui stato(a)	fummo stati(e)
fosti	foste	fosti stato(a)	foste stati(e)
fu	furono	fu stato(a)	furono stati(e)

Future		**Future Perfect**	
sarò	saremo	sarò stato(a)	saremo stati(e)
sarai	sarete	sarai stato(a)	sarete stati(e)
sarà	saranno	sarà stato(a)	saranno stati(e)

Subjunctive

Present		**Past**	
sia	siamo	sia stato(a)	siamo stati(e)
sia	siate	sia stato(a)	siate stati(e)
sia	siano	sia stato(a)	siano stati(e)

Imperfect		**Past Perfect**	
fossi	fossimo	fossi stato(a)	fossimo stati(e)
fossi	foste	fossi stato(a)	foste stati(e)
fosse	fossero	fosse stato(a)	fossero stati(e)

Conditional

Present		**Past**	
sarei	saremmo	sarei stato(a) -	saremmo stati(e)
saresti	sareste	saresti stato(a)	sareste stati(e)
sarebbe	sarebbero	sarebbe stato(a)	sarebbero stati(e)

Imperative ___ | Participles ___ | Gerund ___

		Present	**Gerund**
—	siamo!	essente	essendo
sii!	siate!		
sia!	siano!	**Past**	
		stato	

Related Words

essenza	*essence*	esseri umani	*human beings*
essenziale	*essential*	esserci	*to be there*
ente	*being, corporation*		

59 fare to do, to make

Irregular
Transitive

		io	noi
		tu	voi
		lui/lei	loro

Indicative

Present
faccio	facciamo
fai	fate
fa	fanno

Present Perfect
ho fatto	abbiamo fatto
hai fatto	avete fatto
ha fatto	hanno fatto

Imperfect
facevo	facevamo
facevi	facevate
faceva	facevano

Past Perfect
avevo fatto	avevamo fatto
avevi fatto	avevate fatto
aveva fatto	avevano fatto

Absolute Past
feci	facemmo
facesti	faceste
fece	fecero

Preterite Perfect
ebbi fatto	avemmo fatto
avesti fatto	aveste fatto
ebbe fatto	ebbero fatto

Future
farò	faremo
farai	farete
farà	faranno

Future Perfect
avrò fatto	avremo fatto
avrai fatto	avrete fatto
avrà fatto	avranno fatto

Subjunctive

Present
faccia	facciamo
faccia	facciate
faccia	facciano

Past
abbia fatto	abbiamo fatto
abbia fatto	abbiate fatto
abbia fatto	abbiano fatto

Imperfect
facessi	facessimo
facessi	faceste
facesse	facessero

Past Perfect
avessi fatto	avessimo fatto
avessi fatto	aveste fatto
avesse fatto	avessero fatto

Conditional

Present
farei	faremmo
faresti	fareste
farebbe	farebbero

Past
avrei fatto	avremmo fatto
avresti fatto	avreste fatto
avrebbe fatto	avrebbero fatto

Imperative
—	facciamo!
fai! *or* fa'!	fate!
faccia!	facciano!

Participles

Present
facente

Past
fatto

Gerund
facendo

Related Words

fa freddo/caldo	*it's cold/hot (weather)*	fa sole	*it's sunny*
fare specie a	*to amaze*	fare silenzio	*to keep silent*
fa bel tempo	*it's beautiful out*	farsi strada	*to make one's way*
fare una passeggiata	*to take a walk*	fare la coda	*to get in line*
		fare una domanda	*to ask a question*
		fare una fotografia	*to take a picture*

60 favorire to favor

-isc- verb[†]
Transitive

	io	noi
	tu	voi
	lui/lei	loro

Indicative

Present
favorisco	favoriamo
favorisci	favorite
favorisce	favoriscono

Present Perfect
ho favorito	abbiamo favorito
hai favorito	avete favorito
ha favorito	hanno favorito

Imperfect
favorivo	favorivamo
favorivi	favorivate
favoriva	favorivano

Past Perfect
avevo favorito	avevamo favorito
avevi favorito	avevate favorito
aveva favorito	avevano favorito

Absolute Past
favorii	favorimmo
favoristi	favoriste
favorì	favorirono

Preterite Perfect
ebbi favorito	avemmo favorito
avesti favorito	aveste favorito
ebbe favorito	ebbero favorito

Future
favorirò	favoriremo
favorirai	favorirete
favorirà	favoriranno

Future Perfect
avrò favorito	avremo favorito
avrai favorito	avrete favorito
avrà favorito	avranno favorito

Subjunctive

Present
favorisca	favoriamo
favorisca	favoriate
favorisca	favoriscano

Past
abbia favorito	abbiamo favorito
abbia favorito	abbiate favorito
abbia favorito	abbiano favorito

Imperfect
favorissi	favorissimo
favorissi	favoriste
favorisse	favorissero

Past Perfect
avessi favorito	avessimo favorito
avessi favorito	aveste favorito
avesse favorito	avessero favorito

Conditional

Present
favorirei	favoriremmo
favoriresti	favorireste
favorirebbe	favorirebbero

Past
avrei favorito	avremmo favorito
avresti favorito	avreste favorito
avrebbe favorito	avrebbero favorito

Imperative
—	favoriamo!
favorisci!	favorite!
favorisca!	favoriscano!

Participles

Present
favorente

Past
favorito

Gerund
favorendo

Related Words

favore	*favor*	per favore	*please*
a favore di	*for the benefit of*	favoriti	*sideburns*

[†] *Favorire* inserts *-isc-* between its stem and the present indicative and present subjunctive endings in all but the first and second person plural forms.

61 fermare to stop, to hold

Regular				io	noi
Transitive				tu	voi
				lui/lei	loro

Indicative

Present		**Present Perfect**	
fermo	fermiamo	ho fermato	abbiamo fermato
fermi	fermate	hai fermato	avete fermato
ferma	fermano	ha fermato	hanno fermato

Imperfect		**Past Perfect**	
fermavo	fermavamo	avevo fermato	avevamo fermato
fermavi	fermavate	avevi fermato	avevate fermato
fermava	fermavano	aveva fermato	avevano fermato

Absolute Past		**Preterite Perfect**	
fermai	fermammo	ebbi fermato	avemmo fermato
fermasti	fermaste	avesti fermato	aveste fermato
fermò	fermarono	ebbe fermato	ebbero fermato

Future		**Future Perfect**	
fermerò	fermeremo	avrò fermato	avremo fermato
fermerai	fermerete	avrai fermato	avrete fermato
fermerà	fermeranno	avrà fermato	avranno fermato

Subjunctive

Present		**Past**	
fermi	fermiamo	abbia fermato	abbiamo fermato
fermi	fermiate	abbia fermato	abbiate fermato
fermi	fermino	abbia fermato	abbiano fermato

Imperfect		**Past Perfect**	
fermassi	fermassimo	avessi fermato	avessimo fermato
fermassi	fermaste	avessi fermato	aveste fermato
fermasse	fermassero	avesse fermato	avessero fermato

Conditional

Present		**Past**	
fermerei	fermeremmo	avrei fermato	avremmo fermato
fermeresti	fermereste	avresti fermato	avreste fermato
fermerebbe	fermerebbero	avrebbe fermato	avrebbero fermato

Imperative / Participles / Gerund

Imperative		**Participles**	**Gerund**
—	fermiamo!	**Present**	fermando
ferma!	fermate!	fermante	
fermi!	fermino!	**Past**	
		fermato	

Related Words

fermarsi	*to stop, to pause*	fermata	*stop (bus), halt*
fermatura	*clasp*	fermaglio	*clasp, buckle, clip*

62 finire to finish, to end

-isc- verb[†]
Transitive

	io	noi
	tu	voi
	lui/lei	loro

Indicative

Present
finisco	finiamo
finisci	finite
finisce	finiscono

Present Perfect
ho finito	abbiamo finito
hai finito	avete finito
ha finito	hanno finito

Imperfect
finivo	finivamo
finivi	finivate
finiva	finivano

Past Perfect
avevo finito	avevamo finito
avevi finito	avevate finito
aveva finito	avevano finito

Absolute Past
finii	finimmo
finisti	finiste
finì	finirono

Preterite Perfect
ebbi finito	avemmo finito
avesti finito	aveste finito
ebbe finito	ebbero finito

Future
finirò	finiremo
finirai	finirete
finirà	finiranno

Future Perfect
avrò finito	avremo finito
avrai finito	avrete finito
avrà finito	avranno finito

Subjunctive

Present
finisca	finiamo
finisca	finiate
finisca	finiscano

Past
abbia finito	abbiamo finito
abbia finito	abbiate finito
abbia finito	abbiano finito

Imperfect
finissi	finissimo
finissi	finiste
finisse	finissero

Past Perfect
avessi finito	avessimo finito
avessi finito	aveste finito
avesse finito	avessero finito

Conditional

Present
finirei	finiremmo
finiresti	finireste
finirebbe	finirebbero

Past
avrei finito	avremmo finito
avresti finito	avreste finito
avrebbe finito	avrebbero finito

Imperative
—	finiamo!
finisci!	finite!
finisca!	finiscano!

Participles
Present
finente
Past
finito

Gerund
finendo

Related Words
fine	*goal, aim*	fine settimana	*weekend*
fine	*the end*	a fin di bene	*to good purpose*

[†] *Finire* inserts *-isc-* between its stem and the present indicative and present subjunctive endings in all but the first and second person plural forms.

63 firmare to sign

Regular
Transitive

io   noi
tu   voi
lui/lei   loro

Indicative

Present		Present Perfect	
firmo	firmiamo	ho firmato	abbiamo firmato
firmi	firmate	hai firmato	avete firmato
firma	firmano	ha firmato	hanno firmato

Imperfect		Past Perfect	
firmavo	firmavamo	avevo firmato	avevamo firmato
firmavi	firmavate	avevi firmato	avevate firmato
firmava	firmavano	aveva firmato	avevano firmato

Absolute Past		Preterite Perfect	
firmai	firmammo	ebbi firmato	avemmo firmato
firmasti	firmaste	avesti firmato	aveste firmato
firmò	firmarono	ebbe firmato	ebbero firmato

Future		Future Perfect	
firmerò	firmeremo	avrò firmato	avremo firmato
firmerai	firmerete	avrai firmato	avrete firmato
firmerà	firmeranno	avrà firmato	avranno firmato

Subjunctive

Present		Past	
firmi	firmiamo	abbia firmato	abbiamo firmato
firmi	firmiate	abbia firmato	abbiate firmato
firmi	firmino	abbia firmato	abbiano firmato

Imperfect		Past Perfect	
firmassi	firmassimo	avessi firmato	avessimo firmato
firmassi	firmaste	avessi firmato	aveste firmato
firmasse	firmassero	avesse firmato	avessero firmato

Conditional

Present		Past	
firmerei	firmeremmo	avrei firmato	avremmo firmato
firmeresti	firmereste	avresti firmato	avreste firmato
firmerebbe	firmerebbero	avrebbe firmato	avrebbero firmato

Imperative

—	firmiamo!
firma!	firmate!
firmi!	firmino!

Participles

Present
firmante

Past
firmato

Gerund

firmando

Related Words

firma	*signature*	firmatario	*signer*

64 fornire to supply

-*isc*- verb†
Transitive

	io	noi
	tu	voi
	lui/lei	loro

Indicative

Present
fornisco	forniamo
fornisci	fornite
fornisce	forniscono

Present Perfect
ho fornito	abbiamo fornito
hai fornito	avete fornito
ha fornito	hanno fornito

Imperfect
fornivo	fornivamo
fornivi	fornivate
forniva	fornivano

Past Perfect
avevo fornito	avevamo fornito
avevi fornito	avevate fornito
aveva fornito	avevano fornito

Absolute Past
fornii	fornimmo
fornisti	forniste
fornì	fornirono

Preterite Perfect
ebbi fornito	avemmo fornito
avesti fornito	aveste fornito
ebbe fornito	ebbero fornito

Future
fornirò	forniremo
fornirai	fornirete
fornirà	forniranno

Future Perfect
avrò fornito	avremo fornito
avrai fornito	avrete fornito
avrà fornito	avranno fornito

Subjunctive

Present
fornisca	forniamo
fornisca	forniate
fornisca	forniscano

Past
abbia fornito	abbiamo fornito
abbia fornito	abbiate fornito
abbia fornito	abbiano fornito

Imperfect
fornissi	fornissimo
fornissi	forniste
fornisse	fornissero

Past Perfect
avessi fornito	avessimo fornito
avessi fornito	aveste fornito
avesse fornito	avessero fornito

Conditional

Present
fornirei	forniremmo
forniresti	fornireste
fornirebbe	fornirebbero

Past
avrei fornito	avremmo fornito
avresti fornito	avreste fornito
avrebbe fornito	avrebbero fornito

Imperative
—	forniamo!
fornisci!	fornite!
fornisca!	forniscano!

Participles

Present
fornente

Past
fornito

Gerund
fornendo

Related Words
fornitura	*order, delivery*
fornitore	*supplier*

† *Fornire* inserts -*isc*- between its stem and the present indicative and present subjunctive endings in all but the first and second person plural forms.

65 fumare to smoke

Regular
Transitive

			io	noi
			tu	voi
			lui/lei	loro

Indicative

Present
fumo	fumiamo
fumi	fumate
fuma	fumano

Present Perfect
ho fumato	abbiamo fumato
hai fumato	avete fumato
ha fumato	hanno fumato

Imperfect
fumavo	fumavamo
fumavi	fumavate
fumava	fumavano

Past Perfect
avevo fumato	avevamo fumato
avevi fumato	avevate fumato
aveva fumato	avevano fumato

Absolute Past
fumai	fumammo
fumasti	fumaste
fumò	fumarono

Preterite Perfect
ebbi fumato	avemmo fumato
avesti fumato	aveste fumato
ebbe fumato	ebbero fumato

Future
fumerò	fumeremo
fumerai	fumerete
fumerà	fumeranno

Future Perfect
avrò fumato	avremo fumato
avrai fumato	avrete fumato
avrà fumato	avranno fumato

Subjunctive

Present
fumi	fumiamo
fumi	fumiate
fumi	fumino

Past
abbia fumato	abbiamo fumato
abbia fumato	abbiate fumato
abbia fumato	abbiano fumato

Imperfect
fumassi	fumassimo
fumassi	fumaste
fumasse	fumassero

Past Perfect
avessi fumato	avessimo fumato
avessi fumato	aveste fumato
avesse fumato	avessero fumato

Conditional

Present
fumerei	fumeremmo
fumeresti	fumereste
fumerebbe	fumerebbero

Past
avrei fumato	avremmo fumato
avresti fumato	avreste fumato
avrebbe fumato	avrebbero fumato

Imperative
—	fumiamo!
fuma!	fumate!
fumi!	fumino!

Participles
Present
fumante
Past
fumato

Gerund
fumando

Related Words

fumacchio	*plume of smoke*	fumaiolo	*smoke stack*
fumante	*smoking*	fumata	*smoke*
vietato fumare	*no smoking*	fumicare	*to (emit) smoke*
		fumatore	*smoker*

66 giocare to play

Regular
Transitive

	io	noi
	tu	voi
	lui/lei	loro

Indicative

Present

gioco	giochiamo
giochi	giocate
gioca	giocano

Present Perfect

ho giocato	abbiamo giocato
hai giocato	avete giocato
ha giocato	hanno giocato

Imperfect

giocavo	giocavamo
giocavi	giocavate
giocava	giocavano

Past Perfect

avevo giocato	avevamo giocato
avevi giocato	avevate giocato
aveva giocato	avevano giocato

Absolute Past

giocai	giocammo
giocasti	giocaste
giocò	giocarono

Preterite Perfect

ebbi giocato	avemmo giocato
avesti giocato	aveste giocato
ebbe giocato	ebbero giocato

Future

giocherò	giocheremo
giocherai	giocherete
giocherà	giocheranno

Future Perfect

avrò giocato	avremo giocato
avrai giocato	avrete giocato
avrà giocato	avranno giocato

Subjunctive

Present

giochi	giochiamo
giochi	giochiate
giochi	giochino

Past

abbia giocato	abbiamo giocato
abbia giocato	abbiate giocato
abbia giocato	abbiano giocato

Imperfect

giocassi	giocassimo
giocassi	giocaste
giocasse	giocassero

Past Perfect

avessi giocato	avessimo giocato
avessi giocato	aveste giocato
avesse giocato	avessero giocato

Conditional

Present

giocherei	giocheremmo
giocheresti	giochereste
giocherebbe	giocherebbero

Past

avrei giocato	avremmo giocato
avresti giocato	avreste giocato
avrebbe giocato	avrebbero giocato

Imperative

—	giochiamo!
gioca!	giocate!
giochi!	giochino!

Participles

Present
giocante

Past
giocato

Gerund

giocando

Related Words

giocata	*game*	giocatore	*player, gambler*
giocattolo	*toy*	giochetto	*pastime, little game*

67 guardare to look at

Regular
Transitive

	io	noi
	tu	voi
	lui/lei	loro

Indicative

Present		**Present Perfect**	
guardo	guardiamo	ho guardato	abbiamo guardato
guardi	guardate	hai guardato	avete guardato
guarda	guardano	ha guardato	hanno guardato

Imperfect		**Past Perfect**	
guardavo	guardavamo	avevo guardato	avevamo guardato
guardavi	guardavate	avevi guardato	avevate guardato
guardava	guardavano	aveva guardato	avevano guardato

Absolute Past		**Preterite Perfect**	
guardai	guardammo	ebbi guardato	avemmo guardato
guardasti	guardaste	avesti guardato	aveste guardato
guardò	guardarono	ebbe guardato	ebbero guardato

Future		**Future Perfect**	
guarderò	guarderemo	avrò guardato	avremo guardato
guarderai	guarderete	avrai guardato	avrete guardato
guarderà	guarderanno	avrà guardato	avranno guardato

Subjunctive

Present		**Past**	
guardi	guardiamo	abbia guardato	abbiamo guardato
guardi	guardiate	abbia guardato	abbiate guardato
guardi	guardino	abbia guardato	abbiano guardato

Imperfect		**Past Perfect**	
guardassi	guardassimo	avessi guardato	avessimo guardato
guardassi	guardaste	avessi guardato	aveste guardato
guardasse	guardassero	avesse guardato	avessero guardato

Conditional

Present		**Past**	
guarderei	guarderemmo	avrei guardato	avremmo guardato
guarderesti	guardereste	avresti guardato	avreste guardato
guarderebbe	guarderebbero	avrebbe guardato	avrebbero guardato

Imperative

Imperative		**Participles**	**Gerund**
—	guardiamo!	**Present**	guardando
guarda!	guardate!	guardante	
guardi!	guardino!	**Past**	
		guardato	

Related Words

sguardo	*glance, look*	guardasigilli	*minister of Justice*
guardaroba	*wardrobe*	guardia	*watch, guard*

68 guarire to cure, to heal, to recover

-isc- verb†
Intransitive/Transitive*

Indicative

Present
guarisco	guariamo
guarisci	guarite
guarisce	guariscono

Imperfect
guarivo	guarivamo
guarivi	guarivate
guariva	guarivano

Absolute Past
guarii	guarimmo
guaristi	guariste
guarì	guarirono

Future
guarirò	guariremo
guarirai	guarirete
guarirà	guariranno

Present Perfect
ho guarito	abbiamo guarito
hai guarito	avete guarito
ha guarito	hanno guarito

Past Perfect
avevo guarito	avevamo guarito
avevi guarito	avevate guarito
aveva guarito	avevano guarito

Preterite Perfect
ebbi guarito	avemmo guarito
avesti guarito	aveste guarito
ebbe guarito	ebbero guarito

Future Perfect
avrò guarito	avremo guarito
avrai guarito	avrete guarito
avrà guarito	avranno guarito

Subjunctive

Present
guarisca	guariamo
guarisca	guariate
guarisca	guariscano

Imperfect
guarissi	guarissimo
guarissi	guariste
guarisse	guarissero

Past
abbia guarito	abbiamo guarito
abbia guarito	abbiate guarito
abbia guarito	abbiano guarito

Past Perfect
avessi guarito	avessimo guarito
avessi guarito	aveste guarito
avesse guarito	avessero guarito

Conditional

Present
guarirei	guariremmo
guariresti	guarireste
guarirebbe	guarirebbero

Past
avrei guarito	avremmo guarito
avresti guarito	avreste guarito
avrebbe guarito	avrebbero guarito

Imperative
—	guariamo!
guarisci!	guarite!
guarisca!	guariscano!

Participles
Present
guarente
Past
guarito

Gerund
guarendo

Related Words
guaribile	*curable*	guarigione	*recovery*

† *Guarire* inserts *-isc-* between its stem and the present indicative and present subjunctive endings in all but the first and second person plural forms.
* *Guarire* is conjugated with *avere* when it takes a direct object (meaning "to cure") and *essere* when it takes no direct object (meaning "to heal" or "to recover").

69 **guidare** to guide, to lead, to drive

Regular
Transitive

	io	noi
	tu	voi
	lui/lei	loro

Indicative

Present		**Present Perfect**	
guido	guidiamo	ho guidato	abbiamo guidato
guidi	guidate	hai guidato	avete guidato
guida	guidano	ha guidato	hanno guidato

Imperfect		**Past Perfect**	
guidavo	guidavamo	avevo guidato	avevamo guidato
guidavi	guidavate	avevi guidato	avevate guidato
guidava	guidavano	aveva guidato	avevano guidato

Absolute Past		**Preterite Perfect**	
guidai	guidammo	ebbi guidato	avemmo guidato
guidasti	guidaste	avesti guidato	aveste guidato
guidò	guidarono	ebbe guidato	ebbero guidato

Future		**Future Perfect**	
guiderò	guideremo	avrò guidato	avremo guidato
guiderai	guiderete	avrai guidato	avrete guidato
guiderà	guideranno	avrà guidato	avranno guidato

Subjunctive

Present		**Past**	
guidi	guidiamo	abbia guidato	abbiamo guidato
guidi	guidiate	abbia guidato	abbiate guidato
guidi	guidino	abbia guidato	abbiano guidato

Imperfect		**Past Perfect**	
guidassi	guidassimo	avessi guidato	avessimo guidato
guidassi	guidaste	avessi guidato	aveste guidato
guidasse	guidassero	avesse guidato	avessero guidato

Conditional

Present		**Past**	
guiderei	guideremmo	avrei guidato	avremmo guidato
guideresti	guidereste	avresti guidato	avreste guidato
guiderebbe	guiderebbero	avrebbe guidato	avrebbero guidato

Imperative

—	guidiamo!
guida!	guidate!
guidi!	guidino!

Participles

Present
guidante

Past
guidato

Gerund

guidando

Related Words

guida	*guide, leader*	guidamento	*guiding, driving*
guidatore	*guide, leader, driver*	guidarsi	*to guide oneself*

101

70 gustare to taste, to enjoy

Regular   io   noi
Transitive   tu   voi
                                    lui/lei   loro

Indicative

Present

		Present Perfect	
gusto	gustiamo	ho gustato	abbiamo gustato
gusti	gustate	hai gustato	avete gustato
gusta	gustano	ha gustato	hanno gustato

Imperfect

		Past Perfect	
gustavo	gustavamo	avevo gustato	avevamo gustato
gustavi	gustavate	avevi gustato	avevate gustato
gustava	gustavano	aveva gustato	avevano gustato

Absolute Past

		Preterite Perfect	
gustai	gustammo	ebbi gustato	avemmo gustato
gustasti	gustaste	avesti gustato	aveste gustato
gustò	gustarono	ebbe gustato	ebbero gustato

Future

		Future Perfect	
gusterò	gusteremo	avrò gustato	avremo gustato
gusterai	gusterete	avrai gustato	avrete gustato
gusterà	gusteranno	avrà gustato	avranno gustato

Subjunctive

Present

		Past	
gusti	gustiamo	abbia gustato	abbiamo gustato
gusti	gustiate	abbia gustato	abbiate gustato
gusti	gustino	abbia gustato	abbiano gustato

Imperfect

		Past Perfect	
gustassi	gustassimo	avessi gustato	avessimo gustato
gustassi	gustaste	avessi gustato	aveste gustato
gustasse	gustassero	avesse gustato	avessero gustato

Conditional

Present

		Past	
gusterei	gusteremmo	avrei gustato	avremmo gustato
gusteresti	gustereste	avresti gustato	avreste gustato
gusterebbe	gusterebbero	avrebbe gustato	avrebbero gustato

Imperative

—	gustiamo!
gusta!	gustate!
gusti!	gustino!

Participles

Present
gustante

Past
gustato

Gerund

gustando

Related Words

gusto	*taste, savor*	gustoso	*pleasant tasting*
gustabile	*enjoyable*	gustaccio	*bad taste*
gustamento	*tasting*	degustazione	*tasting, gustation*

71 imparare to learn

Regular

Transitive

	io	noi
	tu	voi
	lui/lei	loro

Indicative

Present
imparo	impariamo
impari	imparate
impara	imparano

Present Perfect
ho imparato	abbiamo imparato
hai imparato	avete imparato
ha imparato	hanno imparato

Imperfect
imparavo	imparavamo
imparavi	imparavate
imparava	imparavano

Past Perfect
avevo imparato	avevamo imparato
avevi imparato	avevate imparato
aveva imparato	avevano imparato

Absolute Past
imparai	imparammo
imparasti	imparaste
imparò	impararono

Preterite Perfect
ebbi imparato	avemmo imparato
avesti imparato	aveste imparato
ebbe imparato	ebbero imparato

Future
imparerò	impareremo
imparerai	imparerete
imparerà	impareranno

Future Perfect
avrò imparato	avremo imparato
avrai imparato	avrete imparato
avrà imparato	avranno imparato

Subjunctive

Present
impari	impariamo
impari	impariate
impari	imparino

Past
abbia imparato	abbiamo imparato
abbia imparato	abbiate imparato
abbia imparato	abbiano imparato

Imperfect
imparassi	imparassimo
imparassi	imparaste
imparasse	imparassero

Past Perfect
avessi imparato	avessimo imparato
avessi imparato	aveste imparato
avesse imparato	avessero imparato

Conditional

Present
imparerei	impareremmo
impareresti	imparereste
imparerebbe	imparerebbero

Past
avrei imparato	avremmo imparato
avresti imparato	avreste imparato
avrebbe imparato	avrebbero imparato

Imperative
—	impariamo!
impara!	imparate!
impari!	imparino!

Participles

Present
imparante

Past
imparato

Gerund
imparando

Related Words

imparare a memoria	*to learn by heart*

72 incontrare to meet

Regular
Transitive

io noi
tu voi
lui/lei loro

Indicative

Present

		Present Perfect	
incontro	incontriamo	ho incontrato	abbiamo incontrato
incontri	incontrate	hai incontrato	avete incontrato
incontra	incontrano	ha incontrato	hanno incontrato

Imperfect

		Past Perfect	
incontravo	incontravamo	avevo incontrato	avevamo incontrato
incontravi	incontravate	avevi incontrato	avevate incontrato
incontrava	incontravano	aveva incontrato	avevano incontrato

Absolute Past

		Preterite Perfect	
incontrai	incontrammo	ebbi incontrato	avemmo incontrato
incontrasti	incontraste	avesti incontrato	aveste incontrato
incontrò	incontrarono	ebbe incontrato	ebbero incontrato

Future

		Future Perfect	
incontrerò	incontreremo	avrò incontrato	avremo incontrato
incontrerai	incontrerete	avrai incontrato	avrete incontrato
incontrerà	incontreranno	avrà incontrato	avranno incontrato

Subjunctive

Present

		Past	
incontri	incontriamo	abbia incontrato	abbiamo incontrato
incontri	incontriate	abbia incontrato	abbiate incontrato
incontri	incontrino	abbia incontrato	abbiano incontrato

Imperfect

		Past Perfect	
incontrassi	incontrassimo	avessi incontrato	avessimo incontrato
incontrassi	incontraste	avessi incontrato	aveste incontrato
incontrasse	incontrassero	avesse incontrato	avessero incontrato

Conditional

Present

		Past	
incontrerei	incontreremmo	avrei incontrato	avremmo incontrato
incontreresti	incontrereste	avresti incontrato	avreste incontrato
incontrerebbe	incontrerebbero	avrebbe incontrato	avrebbero incontrato

Imperative

—	incontriamo!
incontra!	incontrate!
incontri!	incontrino!

Participles

Present
incontrante

Past
incontrato

Gerund

incontrando

Related Words

incontro	meeting, encounter	andare incontro a	to face, to accommodate
incontro	game, fight, match	incontrarsi	to meet each other

73 insegnare to teach

Regular
Transitive

	io	noi
	tu	voi
	lui/lei	loro

Indicative

Present
insegno	insegniamo
insegni	insegnate
insegna	insegnano

Present Perfect
ho insegnato	abbiamo insegnato
hai insegnato	avete insegnato
ha insegnato	hanno insegnato

Imperfect
insegnavo	insegnavamo
insegnavi	insegnavate
insegnava	insegnavano

Past Perfect
avevo insegnato	avevamo insegnato
avevi insegnato	avevate insegnato
aveva insegnato	avevano insegnato

Absolute Past
insegnai	insegnammo
insegnasti	insegnaste
insegnò	insegnarono

Preterite Perfect
ebbi insegnato	avemmo insegnato
avesti insegnato	aveste insegnato
ebbe insegnato	ebbero insegnato

Future
insegnerò	insegneremo
insegnerai	insegnerete
insegnerà	insegneranno

Future Perfect
avrò insegnato	avremo insegnato
avrai insegnato	avrete insegnato
avrà insegnato	avranno insegnato

Subjunctive

Present
insegni	insegniamo
insegni	insegniate
insegni	insegnino

Past
abbia insegnato	abbiamo insegnato
abbia insegnato	abbiate insegnato
abbia insegnato	abbiano insegnato

Imperfect
insegnassi	insegnassimo
insegnassi	insegnaste
insegnasse	insegnassero

Past Perfect
avessi insegnato	avessimo insegnato
avessi insegnato	aveste insegnato
avesse insegnato	avessero insegnato

Conditional

Present
insegnerei	insegneremmo
insegneresti	insegnereste
insegnerebbe	insegnerebbero

Past
avrei insegnato	avremmo insegnato
avresti insegnato	avreste insegnato
avrebbe insegnato	avrebbero insegnato

Imperative
—	insegniamo!
insegna!	insegnate!
insegni!	insegnino!

Participles

Present
insegnante

Past
insegnato

Gerund
insegnando

Related Words

insegnante	*teacher*	insegnabile	*teachable*
insegnamento	*instruction, teaching*	insegnativo	*instructive*

74 insultare to insult

Regular
Transitive

		io	noi
		tu	voi
		lui/lei	loro

Indicative

Present
insulto	insultiamo
insulti	insultate
insulta	insultano

Present Perfect
ho insultato	abbiamo insultato
hai insultato	avete insultato
ha insultato	hanno insultato

Imperfect
insultavo	insultavamo
insultavi	insultavate
insultava	insultavano

Past Perfect
avevo insultato	avevamo insultato
avevi insultato	avevate insultato
aveva insultato	avevano insultato

Absolute Past
insultai	insultammo
insultasti	insultaste
insultò	insultarono

Preterite Perfect
ebbi insultato	avemmo insultato
avesti insultato	aveste insultato
ebbe insultato	ebbero insultato

Future
insulterò	insulteremo
insulterai	insulterete
insulterà	insulteranno

Future Perfect
avrò insultato	avremo insultato
avrai insultato	avrete insultato
avrà insultato	avranno insultato

Subjunctive

Present
insulti	insultiamo
insulti	insultiate
insulti	insultino

Past
abbia insultato	abbiamo insultato
abbia insultato	abbiate insultato
abbia insultato	abbiano insultato

Imperfect
insultassi	insultassimo
insultassi	insultaste
insultasse	insultassero

Past Perfect
avessi insultato	avessimo insultato
avessi insultato	aveste insultato
avesse insultato	avessero insultato

Conditional

Present
insulterei	insulteremmo
insulteresti	insultereste
insulterebbe	insulterebbero

Past
avrei insultato	avremmo insultato
avresti insultato	avreste insultato
avrebbe insultato	avrebbero insultato

Imperative
—	insultiamo!
insulta!	insultate!
insulti!	insultino!

Participles

Present
insultante

Past
insultato

Gerund
insultando

Related Words
insulto	*insult*	insultante	*insulting*

75 inviare to send

Regular
Transitive

	io	noi
	tu	voi
	lui/lei	loro

Indicative

Present		Present Perfect	
invio	inviamo	ho inviato	abbiamo inviato
invii	inviate	hai inviato	avete inviato
invia	inviano	ha inviato	hanno inviato

Imperfect		Past Perfect	
inviavo	inviavamo	avevo inviato	avevamo inviato
inviavi	inviavate	avevi inviato	avevate inviato
inviava	inviavano	aveva inviato	avevano inviato

Absolute Past		Preterite Perfect	
inviai	inviammo	ebbi inviato	avemmo inviato
inviasti	inviaste	avesti inviato	aveste inviato
inviò	inviarono	ebbe inviato	ebbero inviato

Future		Future Perfect	
invierò	invieremo	avrò inviato	avremo inviato
invierai	invierete	avrai inviato	avrete inviato
invierà	invieranno	avrà inviato	avranno inviato

Subjunctive

Present		Past	
invii	inviamo	abbia inviato	abbiamo inviato
invii	inviate	abbia inviato	abbiate inviato
invii	inviino	abbia inviato	abbiano inviato

Imperfect		Past Perfect	
inviassi	inviassimo	avessi inviato	avessimo inviato
inviassi	inviaste	avessi inviato	aveste inviato
inviasse	inviassero	avesse inviato	avessero inviato

Conditional

Present		Past	
invierei	invieremmo	avrei inviato	avremmo inviato
invieresti	inviereste	avresti inviato	avreste inviato
invierebbe	invierebbero	avrebbe inviato	avrebbero inviato

Imperative

—	inviamo!
invia!	inviate!
invii!	inviino!

Participles
Present
inviante
Past
inviato

Gerund
inviando

Related Words

invio	dispatch, shipment	inviato	envoy, correspondent
		per via aerea	air mail

76 invidiare to envy

Regular
Transitive

	io	noi
	tu	voi
	lui/lei	loro

Indicative

Present
invidio	invidiamo
invidi	invidiate
invidia	invidiano

Present Perfect
ho invidiato	abbiamo invidiato
hai invidiato	avete invidiato
ha invidiato	hanno invidiato

Imperfect
invidiavo	invidiavamo
invidiavi	invidiavate
invidiava	invidiavano

Past Perfect
avevo invidiato	avevamo invidiato
avevi invidiato	avevate invidiato
aveva invidiato	avevano invidiato

Absolute Past
invidiai	invidiammo
invidiasti	invidiaste
invidiò	invidiarono

Preterite Perfect
ebbi invidiato	avemmo invidiato
avesti invidiato	aveste invidiato
ebbe invidiato	ebbero invidiato

Future
invidierò	invidieremo
invidierai	invidierete
invidierà	invidieranno

Future Perfect
avrò invidiato	avremo invidiato
avrai invidiato	avrete invidiato
avrà invidiato	avranno invidiato

Subjunctive

Present
invidi	invidiamo
invidi	invidiate
invidi	invidino

Past
abbia invidiato	abbiamo invidiato
abbia invidiato	abbiate invidiato
abbia invidiato	abbiano invidiato

Imperfect
invidiassi	invidiassimo
invidiassi	invidiaste
invidiasse	invidiassero

Past Perfect
avessi invidiato	avessimo invidiato
avessi invidiato	aveste invidiato
avesse invidiato	avessero invidiato

Conditional

Present
invidierei	invidieremmo
invidieresti	invidiereste
invidierebbe	invidierebbero

Past
avrei invidiato	avremmo invidiato
avresti invidiato	avreste invidiato
avrebbe invidiato	avrebbero invidiato

Imperative
—	invidiamo!
invidia!	invidiate!
invidi!	invidino!

Participles
Present
invidiante

Past
invidiato

Gerund
invidiando

Related Words
invidia	*envy*	invidiabile	*enviable*
invidioso	*envious*		

77 **lasciare** to leave

Regular
Transitive

	io	noi
	tu	voi
	lui/lei	loro

Indicative

Present
lascio	lasciamo
lasci	lasciate
lascia	lasciano

Present Perfect
ho lasciato	abbiamo lasciato
hai lasciato	avete lasciato
ha lasciato	hanno lasciato

Imperfect
lasciavo	lasciavamo
lasciavi	lasciavate
lasciava	lasciavano

Past Perfect
avevo lasciato	avevamo lasciato
avevi lasciato	avevate lasciato
aveva lasciato	avevano lasciato

Absolute Past
lasciai	lasciammo
lasciasti	lasciaste
lasciò	lasciarono

Preterite Perfect
ebbi lasciato	avemmo lasciato
avesti lasciato	aveste lasciato
ebbe lasciato	ebbero lasciato

Future
lascerò	lasceremo
lascerai	lascerete
lascerà	lasceranno

Future Perfect
avrò lasciato	avremo lasciato
avrai lasciato	avrete lasciato
avrà lasciato	avranno lasciato

Subjunctive

Present
lasci	lasciamo
lasci	lasciate
lasci	lascino

Past
abbia lasciato	abbiamo lasciato
abbia lasciato	abbiate lasciato
abbia lasciato	abbiano lasciato

Imperfect
lasciassi	lasciassimo
lasciassi	lasciaste
lasciasse	lasciassero

Past Perfect
avessi lasciato	avessimo lasciato
avessi lasciato	aveste lasciato
avesse lasciato	avessero lasciato

Conditional

Present
lascerei	lasceremmo
lasceresti	lascereste
lascerebbe	lascerebbero

Past
avrei lasciato	avremmo lasciato
avresti lasciato	avreste lasciato
avrebbe lasciato	avrebbero lasciato

Imperative
—	lasciamo!
lascia!	lasciate!
lasci!	lascino!

Participles
Present
lasciante
Past
lasciato

Gerund
lasciando

Related Words

lascito	*bequest*	lasciar detto	*to leave word*
lascivo	*lascivious*	lasciare in pace	*to leave alone*
lasciar correre	*to let go*	lasciarci le penne	*to die*

78 laurearsi to graduate

Regular

Reflexive

io noi
tu voi
lui/lei loro

Indicative

Present

mi laureo	ci laureiamo
ti laurei	vi laureate
si laurea	si laureano

Present Perfect

mi sono laureato(a)	ci siamo laureati(e)
ti sei laureato(a)	vi siete laureati(e)
si è laureato(a)	si sono laureati(e)

Imperfect

mi laureavo	ci laureavamo
ti laureavi	vi laureavate
si laureava	si laureavano

Past Perfect

mi ero laureato(a)	ci eravamo laureati(e)
ti eri laureato(a)	vi eravate laureati(e)
si era laureato(a)	si erano laureati(e)

Absolute Past

mi laureai	ci laureammo
ti laureasti	vi laureaste
si laureò	si laurearono

Preterite Perfect

mi fui laureato(a)	ci fummo laureati(e)
ti fosti laureato(a)	vi foste laureati(e)
si fu laureato(a)	si furono laureati(e)

Future

mi laurerò	ci laureremo
ti laurerai	vi laurerete
si laurerà	si laureranno

Future Perfect

mi sarò laureato(a)	ci saremo laureati(e)
ti sarai laureato(a)	vi sarete laureati(e)
si sarà laureato(a)	si saranno laureati(e)

Subjunctive

Present

mi laurei	ci laureiamo
ti laurei	vi laureiate
si laurei	si laureino

Past

mi sia laureato(a)	ci siamo laureati(e)
ti sia laureato(a)	vi siate laureati(e)
si sia laureato(a)	si siano laureati(e)

Imperfect

mi laureassi	ci laureassimo
ti laureassi	vi laureaste
si laureasse	si laureassero

Past Perfect

mi fossi laureato(a)	ci fossimo laureati(e)
ti fossi laureato(a)	vi foste laureati(e)
si fosse laureato(a)	si fossero laureati(e)

Conditional

Present

mi laurerei	ci laureremmo
ti laureresti	vi laurereste
si laurerebbe	si laurerebbero

Past

mi sarei laureato(a)	ci saremmo laureati(e)
ti saresti laureato(a)	vi sareste laureati(e)
si sarebbe laureato(a)	si sarebbero laureati(e)

Imperative

—	laureiamoci!
laureati!	laureatevi!
si laurei!	si laureino!

Participles

Present

laureantesi

Past

laureatosi

Gerund

laureandosi

Related Words

laurea	*degree*
laureato	*graduate*
laureando	*degree candidate*

79 lavarsi to wash oneself

Regular
Reflexive

	io	noi
	tu	voi
	lui/lei	loro

Indicative

Present
mi lavo	ci laviamo
ti lavi	vi lavate
si lava	si lavano

Present Perfect
mi sono lavato(a)	ci siamo lavati(e)
ti sei lavato(a)	vi siete lavati(e)
si è lavato(a)	si sono lavati(e)

Imperfect
mi lavavo	ci lavavamo
ti lavavi	vi lavavate
si lavava	si lavavano

Past Perfect
mi ero lavato(a)	ci eravamo lavati(e)
ti eri lavato(a)	vi eravate lavati(e)
si era lavato(a)	si erano lavati(e)

Absolute Past
mi lavai	ci lavammo
ti lavasti	vi lavaste
si lavò	si lavarono

Preterite Perfect
mi fui lavato(a)	ci fummo lavati(e)
ti fosti lavato(a)	vi foste lavati(e)
si fu lavato(a)	si furono lavati(e)

Future
mi laverò	ci laveremo
ti laverai	vi laverete
si laverà	si laveranno

Future Perfect
mi sarò lavato(a)	ci saremo lavati(e)
ti sarai lavato(a)	vi sarete lavati(e)
si sarà lavato(a)	si saranno lavati(e)

Subjunctive

Present
mi lavi	ci laviamo
ti lavi	vi laviate
si lavi	si lavino

Past
mi sia lavato(a)	ci siamo lavati(e)
ti sia lavato(a)	vi siate lavati(e)
si sia lavato(a)	si siano lavati(e)

Imperfect
mi lavassi	ci lavassimo
ti lavassi	vi lavaste
si lavasse	si lavassero

Past Perfect
mi fossi lavato(a)	ci fossimo lavati(e)
ti fossi lavato(a)	vi foste lavati(e)
si fosse lavato(a)	si fossero lavati(e)

Conditional

Present
mi laverei	ci laveremmo
ti laveresti	vi lavereste
si laverebbe	si laverebbero

Past
mi sarei lavato(a)	ci saremmo lavati(e)
ti saresti lavato(a)	vi sareste lavati(e)
si sarebbe lavato(a)	si sarebbero lavati(e)

Imperative
—	laviamoci!
lavati!	lavatevi!
si lavi!	si lavino!

Participles
Present
lavantesi
Past
lavatosi

Gerund
lavandosi

Related Words

lavare	*to wash (something)*	lavastoviglie	*dishwasher*
lavanderia	*laundry*	lavello	*basin, sink*
lavatrice	*washing machine*	lavata di capo	*scolding*

80 lavorare to work

Regular

Transitive

io   noi
tu   voi
lui/lei   loro

Indicative

Present

lavoro	lavoriamo
lavori	lavorate
lavora	lavorano

Present Perfect

ho lavorato	abbiamo lavorato
hai lavorato	avete lavorato
ha lavorato	hanno lavorato

Imperfect

lavoravo	lavoravamo
lavoravi	lavoravate
lavorava	lavoravano

Past Perfect

avevo lavorato	avevamo lavorato
avevi lavorato	avevate lavorato
aveva lavorato	avevano lavorato

Absolute Past

lavorai	lavorammo
lavorasti	lavoraste
lavorò	lavorarono

Preterite Perfect

ebbi lavorato	avemmo lavorato
avesti lavorato	aveste lavorato
ebbe lavorato	ebbero lavorato

Future

lavorerò	lavoreremo
lavorerai	lavorerete
lavorerà	lavoreranno

Future Perfect

avrò lavorato	avremo lavorato
avrai lavorato	avrete lavorato
avrà lavorato	avranno lavorato

Subjunctive

Present

lavori	lavoriamo
lavori	lavoriate
lavori	lavorino

Past

abbia lavorato	abbiamo lavorato
abbia lavorato	abbiate lavorato
abbia lavorato	abbiano lavorato

Imperfect

lavorassi	lavorassimo
lavorassi	lavoraste
lavorasse	lavorassero

Past Perfect

avessi lavorato	avessimo lavorato
avessi lavorato	aveste lavorato
avesse lavorato	avessero lavorato

Conditional

Present

lavorerei	lavoreremmo
lavoreresti	lavorereste
lavorerebbe	lavorerebbero

Past

avrei lavorato	avremmo lavorato
avresti lavorato	avreste lavorato
avrebbe lavorato	avrebbero lavorato

Imperative

—	lavoriamo!
lavora!	lavorate!
lavori!	lavorino!

Participles

Present

lavorante

Past

lavorato

Gerund

lavorando

Related Words

lavoro	job, work, occupation	lavorativo	working, workable
		lavorazione	manufacturing
lavorio	bustle, steady work	lavoratore	worker

81 leggere to read

Irregular
Transitive

	io	noi
	tu	voi
	lui/lei	loro

Indicative

Present
leggo	leggiamo
leggi	leggete
legge	leggono

Present Perfect
ho letto	abbiamo letto
hai letto	avete letto
ha letto	hanno letto

Imperfect
leggevo	leggevamo
leggevi	leggevate
leggeva	leggevano

Past Perfect
avevo letto	avevamo letto
avevi letto	avevate letto
aveva letto	avevano letto

Absolute Past
lessi	leggemmo
leggesti	leggeste
lesse	lessero

Preterite Perfect
ebbi letto	avemmo letto
avesti letto	aveste letto
ebbe letto	ebbero letto

Future
leggerò	leggeremo
leggerai	leggerete
leggerà	leggeranno

Future Perfect
avrò letto	avremo letto
avrai letto	avrete letto
avrà letto	avranno letto

Subjunctive

Present
legga	leggiamo
legga	leggiate
legga	leggano

Past
abbia letto	abbiamo letto
abbia letto	abbiate letto
abbia letto	abbiano letto

Imperfect
leggessi	leggessimo
leggessi	leggeste
leggesse	leggessero

Past Perfect
avessi letto	avessimo letto
avessi letto	aveste letto
avesse letto	avessero letto

Conditional

Present
leggerei	leggeremmo
leggeresti	leggereste
leggerebbe	leggerebbero

Past
avrei letto	avremmo letto
avresti letto	avreste letto
avrebbe letto	avrebbero letto

Imperative
—	leggiamo!
leggi!	leggete!
legga!	leggano!

Participles
Present
leggente
Past
letto

Gerund
leggendo

Related Words

legge	*law*	leggìo	*lectern, music stand*
fuorilegge	*outlaw*	leggenda	*legend*
lettura	*reading*	leggibile	*readable*

82 mancare to miss

Regular
Intransitive

io   noi
tu   voi
lui/lei   loro

Indicative

Present
manco	manchiamo
manchi	mancate
manca	mancano

Present Perfect
sono mancato(a)	siamo mancati(e)
sei mancato(a)	siete mancati(e)
è mancato(a)	sono mancati(e)

Imperfect
mancavo	mancavamo
mancavi	mancavate
mancava	mancavano

Past Perfect
ero mancato(a)	eravamo mancati(e)
eri mancato(a)	eravate mancati(e)
era mancato(a)	erano mancati(e)

Absolute Past
mancai	mancammo
mancasti	mancaste
mancò	mancarono

Preterite Perfect
fui mancato(a)	fummo mancati(e)
fosti mancato(a)	foste mancati(e)
fu mancato(a)	furono mancati(e)

Future
mancherò	mancheremo
mancherai	mancherete
mancherà	mancheranno

Future Perfect
sarò mancato(a)	saremo mancati(e)
sarai mancato(a)	sarete mancati(e)
sarà mancato(a)	saranno mancati(e)

Subjunctive

Present
manchi	manchiamo
manchi	manchiate
manchi	manchino

Past
sia mancato(a)	siamo mancati(e)
sia mancato(a)	siate mancati(e)
sia mancato(a)	siano mancati(e)

Imperfect
mancassi	mancassimo
mancassi	mancaste
mancasse	mancassero

Past Perfect
fossi mancato(a)	fossimo mancati(e)
fossi mancato(a)	foste mancati(e)
fosse mancato(a)	fossero mancati(e)

Conditional

Present
mancherei	mancheremmo
mancheresti	manchereste
mancherebbe	mancherebbero

Past
sarei mancato(a)	saremmo mancati(e)
saresti mancato(a)	sareste mancati(e)
sarebbe mancato(a)	sarebbero mancati(e)

Imperative
—	manchiamo!
manca!	mancate!
manchi!	manchino!

Participles
Present
mancante
Past
mancato

Gerund
mancando

Related Words

| Manco per idea! | *Not at all!* |
| in mancanza di | *for lack of* |

| manchevolezza | *fault, shortcoming* |
| Mi manca Pietro. | *I miss Pietro.* |

114

83 mandare to send

Regular

Transitive

	io	noi
	tu	voi
	lui/lei	loro

Indicative

Present
mando	mandiamo
mandi	mandate
manda	mandano

Present Perfect
ho mandato	abbiamo mandato
hai mandato	avete mandato
ha mandato	hanno mandato

Imperfect
mandavo	mandavamo
mandavi	mandavate
mandava	mandavano

Past Perfect
avevo mandato	avevamo mandato
avevi mandato	avevate mandato
aveva mandato	avevano mandato

Absolute Past
mandai	mandammo
mandasti	mandaste
mandò	mandarono

Preterite Perfect
ebbi mandato	avemmo mandato
avesti mandato	aveste mandato
ebbe mandato	ebbero mandato

Future
manderò	manderemo
manderai	manderete
manderà	manderanno

Future Perfect
avrò mandato	avremo mandato
avrai mandato	avrete mandato
avrà mandato	avranno mandato

Subjunctive

Present
mandi	mandiamo
mandi	mandiate
mandi	mandino

Past
abbia mandato	abbiamo mandato
abbia mandato	abbiate mandato
abbia mandato	abbiano mandato

Imperfect
mandassi	mandassimo
mandassi	mandaste
mandasse	mandassero

Past Perfect
avessi mandato	avessimo mandato
avessi mandato	aveste mandato
avesse mandato	avessero mandato

Conditional

Present
manderei	manderemmo
manderesti	mandereste
manderebbe	manderebbero

Past
avrei mandato	avremmo mandato
avresti mandato	avreste mandato
avrebbe mandato	avrebbero mandato

Imperative
—	mandiamo!
manda!	mandate!
mandi!	mandino!

Participles

Present
mandante

Past
mandato

Gerund
mandando

Related Words

mandante	*principal*	mandatario	*mandatory, trustee*
mandato di cattura	*arrest warrant*	mandare a quel paese	*to send to the devil*
doppia mandata	*double lock*	mandar giù	*to swallow*

84 mangiare to eat

Regular   io   noi
Transitive   tu   voi
                                               lui/lei   loro

Indicative

Present
		Present Perfect	
mangio	mangiamo	ho mangiato	abbiamo mangiato
mangi	mangiate	hai mangiato	avete mangiato
mangia	mangiano	ha mangiato	hanno mangiato

Imperfect
		Past Perfect	
mangiavo	mangiavamo	avevo mangiato	avevamo mangiato
mangiavi	mangiavate	avevi mangiato	avevate mangiato
mangiava	mangiavano	aveva mangiato	avevano mangiato

Absolute Past
		Preterite Perfect	
mangiai	mangiammo	ebbi mangiato	avemmo mangiato
mangiasti	mangiaste	avesti mangiato	aveste mangiato
mangiò	mangiarono	ebbe mangiato	ebbero mangiato

Future
		Future Perfect	
mangerò	mangeremo	avrò mangiato	avremo mangiato
mangerai	mangerete	avrai mangiato	avrete mangiato
mangerà	mangeranno	avrà mangiato	avranno mangiato

Subjunctive

Present
		Past	
mangi	mangiamo	abbia mangiato	abbiamo mangiato
mangi	mangiate	abbia mangiato	abbiate mangiato
mangi	mangino	abbia mangiato	abbiano mangiato

Imperfect
		Past Perfect	
mangiassi	mangiassimo	avessi mangiato	avessimo mangiato
mangiassi	mangiaste	avessi mangiato	aveste mangiato
mangiasse	mangiassero	avesse mangiato	avessero mangiato

Conditional

Present
		Past	
mangerei	mangeremmo	avrei mangiato	avremmo mangiato
mangeresti	mangereste	avresti mangiato	avreste mangiato
mangerebbe	mangerebbero	avrebbe mangiato	avrebbero mangiato

Imperative

—	mangiamo!
mangia!	mangiate!
mangi!	mangino!

Participles

Present
mangiante

Past
mangiato

Gerund

mangiando

Related Words

mangiabile	*edible*	mangiata	*hearty meal*
mangione	*great eater*	mangime	*fodder, poultry feed*

85 mantenere to keep

Irregular
Transitive

		io	noi
		tu	voi
		lui/lei	loro

Indicative

Present
mantengo	manteniamo
mantieni	mantenete
mantiene	mantengono

Present Perfect
ho mantenuto	abbiamo mantenuto
hai mantenuto	avete mantenuto
ha mantenuto	hanno mantenuto

Imperfect
mantenevo	mantenevamo
mantenevi	mantenevate
manteneva	mantenevano

Past Perfect
avevo mantenuto	avevamo mantenuto
avevi mantenuto	avevate mantenuto
aveva mantenuto	avevano mantenuto

Absolute Past
mantenni	mantenemmo
mantenesti	manteneste
mantenne	mantennero

Preterite Perfect
ebbi mantenuto	avemmo mantenuto
avesti mantenuto	aveste mantenuto
ebbe mantenuto	ebbero mantenuto

Future
manterrò	manterremo
manterrai	manterrete
manterrà	manterranno

Future Perfect
avrò mantenuto	avremo mantenuto
avrai mantenuto	avrete mantenuto
avrà mantenuto	avranno mantenuto

Subjunctive

Present
mantenga	manteniamo
mantenga	manteniate
mantenga	mantengano

Past
abbia mantenuto	abbiamo mantenuto
abbia mantenuto	abbiate mantenuto
abbia mantenuto	abbiano mantenuto

Imperfect
mantenessi	mantenessimo
mantenessi	manteneste
mantenesse	mantenessero

Past Perfect
avessi mantenuto	avessimo mantenuto
avessi mantenuto	aveste mantenuto
avesse mantenuto	avessero mantenuto

Conditional

Present
manterrei	manterremmo
manterresti	manterreste
manterrebbe	manterrebbero

Past
avrei mantenuto	avremmo mantenuto
avresti mantenuto	avreste mantenuto
avrebbe mantenuto	avrebbero mantenuto

Imperative
—	manteniamo!
mantieni!	mantenete!
mantenga!	mantengano!

Participles

Present
mantenente

Past
mantenuto

Gerund
mantenendo

Related Words

mantenimento	*maintenance, preservation*	manutenzione	*upkeep, maintenance*

86 mettere to put, to place

Irregular
Transitive

	io	noi
	tu	voi
	lui/lei	loro

Indicative

Present
metto	mettiamo
metti	mettete
mette	mettono

Present Perfect
ho messo	abbiamo messo
hai messo	avete messo
ha messo	hanno messo

Imperfect
mettevo	mettevamo
mettevi	mettevate
metteva	mettevano

Past Perfect
avevo messo	avevamo messo
avevi messo	avevate messo
aveva messo	avevano messo

Absolute Past
misi	mettemmo
mettesti	metteste
mise	misero

Preterite Perfect
ebbi messo	avemmo messo
avesti messo	aveste messo
ebbe messo	ebbero messo

Future
metterò	metteremo
metterai	metterete
metterà	metteranno

Future Perfect
avrò messo	avremo messo
avrai messo	avrete messo
avrà messo	avranno messo

Subjunctive

Present
metta	mettiamo
metta	mettiate
metta	mettano

Past
abbia messo	abbiamo messo
abbia messo	abbiate messo
abbia messo	abbiano messo

Imperfect
mettessi	mettessimo
mettessi	metteste
mettesse	mettessero

Past Perfect
avessi messo	avessimo messo
avessi messo	aveste messo
avesse messo	avessero messo

Conditional

Present
metterei	metteremmo
metteresti	mettereste
metterebbe	metterebbero

Past
avrei messo	avremmo messo
avresti messo	avreste messo
avrebbe messo	avrebbero messo

Imperative
—	mettiamo!
metti!	mettete!
metta!	mettano!

Participles
Present
mettente
Past
messo

Gerund
mettendo

Related Words

promettere	*to promise*	permettere	*to permit, to allow*
mettere a fuoco	*to focus*	mettere in onda	*to broadcast*
mettere a punto	*to adjust, to tune up*	mettere in conto	*to charge to an account*

87 **morire** to die

Irregular
Intransitive

	io	noi
	tu	voi
	lui/lei	loro

Indicative

Present

		Present Perfect	
muoio	moriamo	sono morto(a)	siamo morti(e)
muori	morite	sei morto(a)	siete morti(e)
muore	muoiono	è morto(a)	sono morti(e)

Imperfect

		Past Perfect	
morivo	morivamo	ero morto(a)	eravamo morti(e)
morivi	morivate	eri morto(a)	eravate morti(e)
moriva	morivano	era morto(a)	erano morti(e)

Absolute Past

		Preterite Perfect	
morii	morimmo	fui morto(a)	fummo morti(e)
moristi	moriste	fosti morto(a)	foste morti(e)
mori	morirono	fu morto(a)	furono morti(e)

Future

		Future Perfect	
morirò	moriremo	sarò morto(a)	saremo morti(e)
morirai	morirete	sarai morto(a)	sarete morti(e)
morirà	moriranno	sarà morto(a)	saranno morti(e)

Subjunctive

Present

		Past	
muoia	moriamo	sia morto(a)	siamo morti(e)
muoia	moriate	sia morto(a)	siate morti(e)
muoia	muoiano	sia morto(a)	siano morti(e)

Imperfect

		Past Perfect	
morissi	morissimo	fossi morto(a)	fossimo morti(e)
morissi	moriste	fossi morto(a)	foste morti(e)
morisse	morissero	fosse morto(a)	fossero morti(e)

Conditional

Present

		Past	
morirei	moriremmo	sarei morto(a)	saremmo morti(e)
moriresti	morireste	saresti morto(a)	sareste morti(e)
morirebbe	morirebbero	sarebbe morto(a)	sarebbero morti(e)

Imperative

—	moriamo!
muori!	morite!
muoia!	muoiano!

Participles

Present
morente

Past
messo

Gerund

morendo

Related Words

morto	*dead*	morte	*death*
morente	*dying*		

88 mostrare to show

Regular
Transitive

		io	noi
		tu	voi
		lui/lei	loro

Indicative

Present
		Present Perfect	
mostro	mostriamo	ho mostrato	abbiamo mostrato
mostri	mostrate	hai mostrato	avete mostrato
mostra	mostrano	ha mostrato	hanno mostrato

Imperfect
		Past Perfect	
mostravo	mostravamo	avevo mostrato	avevamo mostrato
mostravi	mostravate	avevi mostrato	avevate mostrato
mostrava	mostravano	aveva mostrato	avevano mostrato

Absolute Past
		Preterite Perfect	
mostrai	mostrammo	ebbi mostrato	avemmo mostrato
mostrasti	mostraste	avesti mostrato	aveste mostrato
mostrò	mostrarono	ebbe mostrato	ebbero mostrato

Future
		Future Perfect	
mostrerò	mostreremo	avrò mostrato	avremo mostrato
mostrerai	mostrerete	avrai mostrato	avrete mostrato
mostrerà	mostreranno	avrà mostrato	avranno mostrato

Subjunctive

Present
		Past	
mostri	mostriamo	abbia mostrato	abbiamo mostrato
mostri	mostriate	abbia mostrato	abbiate mostrato
mostri	mostrino	abbia mostrato	abbiano mostrato

Imperfect
		Past Perfect	
mostrassi	mostrassimo	avessi mostrato	avessimo mostrato
mostrassi	mostraste	avessi mostrato	aveste mostrato
mostrasse	mostrassero	avesse mostrato	avessero mostrato

Conditional

Present
		Past	
mostrerei	mostreremmo	avrei mostrato	avremmo mostrato
mostreresti	mostrereste	avresti mostrato	avreste mostrato
mostrerebbe	mostrerebbero	avrebbe mostrato	avrebbero mostrato

Imperative

—	mostriamo!
mostra!	mostrate!
mostri!	mostrino!

Participles
Present
mostrante
Past
mostrato

Gerund
mostrando

Related Words

dimostrazione	*demonstration*	mostra	*exhibition*

89 nascere to originate, to be born

Irregular
Intransitive

		io	noi
		tu	voi
		lui/lei	loro

Indicative

Present
nasco	nasciamo
nasci	nascete
nasce	nascono

Present Perfect
sono nato(a)	siamo nati(e)
sei nato(a)	siete nati(e)
è nato(a)	sono nati(e)

Imperfect
nascevo	nascevamo
nascevi	nascevate
nasceva	nascevano

Past Perfect
ero nato(a)	eravamo nati(e)
eri nato(a)	eravate nati(e)
era nato(a)	erano nati(e)

Absolute Past
nacqui	nascemmo
nascesti	nasceste
nacque	nacquero

Preterite Perfect
fui nato(a)	fummo nati(e)
fosti nato(a)	foste nati(e)
fu nato(a)	furono nati(e)

Future
nascerò	nasceremo
nascerai	nascerete
nascerà	nasceranno

Future Perfect
sarò nato(a)	saremo nati(e)
sarai nato(a)	sarete nati(e)
sarà nato(a)	saranno nati(e)

Subjunctive

Present
nasca	nasciamo
nasca	nasciate
nasca	nascano

Past
sia nato(a)	siamo nati(e)
sia nato(a)	siate nati(e)
sia nato(a)	siano nati(e)

Imperfect
nascessi	nascessimo
nascessi	nasceste
nascesse	nascessero

Past Perfect
fossi nato(a)	fossimo nati(e)
fossi nato(a)	foste nati(e)
fosse nato(a)	fossero nati(e)

Conditional

Present
nascerei	nasceremmo
nasceresti	nascereste
nascerebbe	nascerebbero

Past
sarei nato(a)	saremmo nati(e)
saresti nato(a)	sareste nati(e)
sarebbe nato(a)	sarebbero nati(e)

Imperative
—	nasciamo!
nasci!	nascete!
nasca!	nascano!

Participles
Present
nascente
Past
nato

Gerund
nascendo

Related Words
nascita	*birth*	nascente	*budding, rising*

90 nascondere to hide

Irregular
Transitive

	io	noi
	tu	voi
	lui/lei	loro

Indicative

Present
nascondo	nascondiamo
nascondi	nascondete
nasconde	nascondono

Present Perfect
ho nascosto	abbiamo nascosto
hai nascosto	avete nascosto
ha nascosto	hanno nascosto

Imperfect
nascondevo	nascondevamo
nascondevi	nascondevate
nascondeva	nascondevano

Past Perfect
avevo nascosto	avevamo nascosto
avevi nascosto	avevate nascosto
aveva nascosto	avevano nascosto

Absolute Past
nascosi	nascondemmo
nascondesti	nascondeste
nascose	nascosero

Preterite Perfect
ebbi nascosto	avemmo nascosto
avesti nascosto	aveste nascosto
ebbe nascosto	ebbero nascosto

Future
nasconderò	nasconderemo
nasconderai	nasconderete
nasconderà	nasconderanno

Future Perfect
avrò nascosto	avremo nascosto
avrai nascosto	avrete nascosto
avrà nascosto	avranno nascosto

Subjunctive

Present
nasconda	nascondiamo
nasconda	nascondiate
nasconda	nascondano

Past
abbia nascosto	abbiamo nascosto
abbia nascosto	abbiate nascosto
abbia nascosto	abbiano nascosto

Imperfect
nascondessi	nascondessimo
nascondessi	nascondeste
nascondesse	nascondessero

Past Perfect
avessi nascosto	avessimo nascosto
avessi nascosto	aveste nascosto
avesse nascosto	avessero nascosto

Conditional

Present
nasconderei	nasconderemmo
nasconderesti	nascondereste
nasconderebbe	nasconderebbero

Past
avrei nascosto	avremmo nascosto
avresti nascosto	avreste nascosto
avrebbe nascosto	avrebbero nascosto

Imperative
—	nascondiamo!
nascondi!	nascondete!
nasconda!	nascondano!

Participles
Present
nascondente
Past
nascosto

Gerund
nascondendo

Related Words
nascondiglio	*hiding place*	giocare a nascondino	*to play hide-and-seek*

91 **nevicare** to snow

Regular
Intransitive
Impersonal

io   noi
tu   voi
lui/lei   loro

Indicative

Present		Present Perfect	
—	—	—	—
—	—	—	—
nevica	—	è/ha nevicato	—

Imperfect		Past Perfect	
—	—	—	—
—	—	—	—
nevicava	—	era/aveva nevicato	—

Absolute Past		Preterite Perfect	
—	—	—	—
—	—	—	—
nevicò	—	fu/ebbe nevicato	—

Future		Future Perfect	
—	—	—	—
—	—	—	—
nevicherà	—	sarà/avrà nevicato	—

Subjunctive

Present		Past	
—	—	—	—
—	—	—	—
nevichi	—	sia/abbia nevicato	—

Imperfect		Past Perfect	
—	—	—	—
—	—	—	—
nevicasse	—	fosse/avesse nevicato	—

Conditional

Present		Past	
—	—	—	—
—	—	—	—
nevicherebbe	—	sarebbe/avrebbe nevicato	—

Imperative

—	—
nevichi!	—

Participles
Present

Gerund
nevicando

Past
nevicato

Related Words

neve	*snow*	nevischio	*sleet*
nevaio	*snowfield*	nevoso	*snowy*

92 occorrere to be necessary

Irregular
Intransitive
Impersonal

io   noi
tu   voi
lui/lei   loro

Indicative

Present		Present Perfect	
—	—	—	—
—	—	—	—
occorre	—	è occorso	—

Imperfect		Past Perfect	
—	—	—	—
—	—	—	—
occorreva	—	era occorso	—

Absolute Past		Preterite Perfect	
—	—	—	—
—	—	—	—
occorse	—	fu occorso	—

Future		Future Perfect	
—	—	—	—
—	—	—	—
occorrerà	—	sarà occorso	—

Subjunctive

Present		Past	
—	—	—	—
—	—	—	—
occorra	—	sia occorso	—

Imperfect		Past Perfect	
—	—	—	—
—	—	—	—
occorresse	—	fosse occorso	—

Conditional

Present		Past	
—	—	—	—
—	—	—	—
occorrerebbe	—	sarebbe occorso	—

Imperative

—	—
—	—
occorra!	—

Participles

Present
occorrente

Past
occorso

Gerund

occorrendo

Related Words

all'occorrenza	if need be	occorrente	necessary
occorrenza	occurrence, emergency		

93 offrire to offer

Irregular
Transitive

	io	noi
	tu	voi
	lui/lei	loro

Indicative

Present
offro	offriamo
offri	offrite
offre	offrono

Present Perfect
ho offerto	abbiamo offerto
hai offerto	avete offerto
ha offerto	hanno offerto

Imperfect
offrivo	offrivamo
offrivi	offrivate
offriva	offrivano

Past Perfect
avevo offerto	avevamo offerto
avevi offerto	avevate offerto
aveva offerto	avevano offerto

Absolute Past
offrii	offrimmo
offristi	offriste
offrì	offrirono

Preterite Perfect
ebbi offerto	avemmo offerto
avesti offerto	aveste offerto
ebbe offerto	ebbero offerto

Future
offrirò	offriremo
offrirai	offrirete
offrirà	offriranno

Future Perfect
avrò offerto	avremo offerto
avrai offerto	avrete offerto
avrà offerto	avranno offerto

Subjunctive

Present
offra	offriamo
offra	offriate
offra	offrano

Past
abbia offerto	abbiamo offerto
abbia offerto	abbiate offerto
abbia offerto	abbiano offerto

Imperfect
offrissi	offrissimo
offrissi	offriste
offrisse	offrissero

Past Perfect
avessi offerto	avessimo offerto
avessi offerto	aveste offerto
avesse offerto	avessero offerto

Conditional

Present
offrirei	offriremmo
offriresti	offrireste
offrirebbe	offrirebbero

Past
avrei offerto	avremmo offerto
avresti offerto	avreste offerto
avrebbe offerto	avrebbero offerto

Imperative
—	offriamo!
offri!	offrite!
offra!	offrano!

Participles

Present
offrente

Past
offerto

Gerund
offrendo

Related Words
offerta	*offer*	offribile	*offerable*

94 **organizzare** to organize

Regular
Transitive

	io	noi
	tu	voi
	lui/lei	loro

Indicative

Present
organizzo	organizziamo
organizzi	organizzate
organizza	organizzano

Present Perfect
ho organizzato	abbiamo organizzato
hai organizzato	avete organizzato
ha organizzato	hanno organizzato

Imperfect
organizzavo	organizzavamo
organizzavi	organizzavate
organizzava	organizzavano

Past Perfect
avevo organizzato	avevamo organizzato
avevi organizzato	avevate organizzato
aveva organizzato	avevano organizzato

Absolute Past
organizzai	organizzammo
organizzasti	organizzaste
organizzò	organizzarono

Preterite Perfect
ebbi organizzato	avemmo organizzato
avesti organizzato	aveste organizzato
ebbe organizzato	ebbero organizzato

Future
organizzerò	organizzeremo
organizzerai	organizzerete
organizzerà	organizzeranno

Future Perfect
avrò organizzato	avremo organizzato
avrai organizzato	avrete organizzato
avrà organizzato	avranno organizzato

Subjunctive

Present
organizzi	organizziamo
organizzi	organizziate
organizzi	organizzino

Past
abbia organizzato	abbiamo organizzato
abbia organizzato	abbiate organizzato
abbia organizzato	abbiano organizzato

Imperfect
organizzassi	organizzassimo
organizzassi	organizzaste
organizzasse	organizzassero

Past Perfect
avessi organizzato	avessimo organizzato
avessi organizzato	aveste organizzato
avesse organizzato	avessero organizzato

Conditional

Present
organizzerei	organizzeremmo
organizzeresti	organizzereste
organizzerebbe	organizzerebbero

Past
avrei organizzato	avremmo organizzato
avresti organizzato	avreste organizzato
avrebbe organizzato	avrebbero organizzato

Imperative
—	organizziamo!
organizza!	organizzate!
organizzi!	organizzino!

Participles
Present
organizzante
Past
organizzato

Gerund
organizzando

Related Words

organigramma	*organization chart*	organizzatore	*organizer*
organismo	*organism*	organizzazione	*organization*

95 pagare to pay

Regular
Transitive

io noi
tu voi
lui/lei loro

Indicative

Present

pago	paghiamo
paghi	pagate
paga	pagano

Present Perfect

ho pagato	abbiamo pagato
hai pagato	avete pagato
ha pagato	hanno pagato

Imperfect

pagavo	pagavamo
pagavi	pagavate
pagava	pagavano

Past Perfect

avevo pagato	avevamo pagato
avevi pagato	avevate pagato
aveva pagato	avevano pagato

Absolute Past

pagai	pagammo
pagasti	pagaste
pagò	pagarono

Preterite Perfect

ebbi pagato	avemmo pagato
avesti pagato	aveste pagato
ebbe pagato	ebbero pagato

Future

pagherò	pagheremo
pagherai	pagherete
pagherà	pagheranno

Future Perfect

avrò pagato	avremo pagato
avrai pagato	avrete pagato
avrà pagato	avranno pagato

Subjunctive

Present

paghi	paghiamo
paghi	paghiate
paghi	paghino

Past

abbia pagato	abbiamo pagato
abbia pagato	abbiate pagato
abbia pagato	abbiano pagato

Imperfect

pagassi	pagassimo
pagassi	pagaste
pagasse	pagassero

Past Perfect

avessi pagato	avessimo pagato
avessi pagato	aveste pagato
avesse pagato	avessero pagato

Conditional

Present

pagherei	pagheremmo
pagheresti	paghereste
pagherebbe	pagherebbero

Past

avrei pagato	avremmo pagato
avresti pagato	avreste pagato
avrebbe pagato	avrebbero pagato

Imperative

—	paghiamo!
paga!	pagate!
paghi!	paghino!

Participles

Present
pagante

Past
pagato

Gerund

pagando

Related Words

paga	salary, wages	pago	satisfied
pagatore	payer		

96 **parlare** to speak

Regular
Transitive

		io	noi
		tu	voi
		lui/lei	loro

Indicative

Present

parlo	parliamo
parli	parlate
parla	parlano

Present Perfect

ho parlato	abbiamo parlato
hai parlato	avete parlato
ha parlato	hanno parlato

Imperfect

parlavo	parlavamo
parlavi	parlavate
parlava	parlavano

Past Perfect

avevo parlato	avevamo parlato
avevi parlato	avevate parlato
aveva parlato	avevano parlato

Absolute Past

parlai	parlammo
parlasti	parlaste
parlò	parlarono

Preterite Perfect

ebbi parlato	avemmo parlato
avesti parlato	aveste parlato
ebbe parlato	ebbero parlato

Future

parlerò	parleremo
parlerai	parlerete
parlerà	parleranno

Future Perfect

avrò parlato	avremo parlato
avrai parlato	avrete parlato
avrà parlato	avranno parlato

Subjunctive

Present

parli	parliamo
parli	parliate
parli	parlino

Past

abbia parlato	abbiamo parlato
abbia parlato	abbiate parlato
abbia parlato	abbiano parlato

Imperfect

parlassi	parlassimo
parlassi	parlaste
parlasse	parlassero

Past Perfect

avessi parlato	avessimo parlato
avessi parlato	aveste parlato
avesse parlato	avessero parlato

Conditional

Present

parlerei	parleremmo
parleresti	parlereste
parlerebbe	parlerebbero

Past

avrei parlato	avremmo parlato
avresti parlato	avreste parlato
avrebbe parlato	avrebbero parlato

Imperative

—	parliamo!
parla!	parlate!
parli!	parlino!

Participles

Present
parlante

Past
parlato

Gerund

parlando

Related Words

parlamento	*parliament*	parlatorio	*visiting room*
parlante	*speaker*	parola	*word*
parlantina	*glibness*	parolaccia	*dirty word*

97 **partire** to leave, to depart

Regular
Intransitive

	io	noi
	tu	voi
	lui/lei	loro

Indicative

Present		**Present Perfect**	
parto	partiamo	sono partito(a)	siamo partiti(e)
parti	partite	sei partito(a)	siete partiti(e)
parte	partono	è partito(a)	sono partiti(e)

Imperfect		**Past Perfect**	
partivo	partivamo	ero partito(a)	eravamo partiti(e)
partivi	partivate	eri partito(a)	eravate partiti(e)
partiva	partivano	era partito(a)	erano partiti(e)

Absolute Past		**Preterite Perfect**	
partii	partimmo	fui partito(a)	fummo partiti(e)
partisti	partiste	fosti partito(a)	foste partiti(e)
parti	partirono	fu partito(a)	furono partiti(e)

Future		**Future Perfect**	
partirò	partiremo	sarò partito(a)	saremo partiti(e)
partirai	partirete	sarai partito(a)	sarete partiti(e)
partirà	partiranno	sarà partito(a)	saranno partiti(e)

Subjunctive

Present		**Past**	
parta	partiamo	sia partito(a)	siamo partiti(e)
parta	partiate	sia partito(a)	siate partiti(e)
parta	partano	sia partito(a)	siano partiti(e)

Imperfect		**Past Perfect**	
partissi	partissimo	fossi partito(a)	fossimo partiti(e)
partissi	partiste	fossi partito(a)	foste partiti(e)
partisse	partissero	fosse partito(a)	fossero partiti(e)

Conditional

Present		**Past**	
partirei	partiremmo	sarei partito(a)	saremmo partiti(e)
partiresti	partireste	saresti partito(a)	sareste partiti(e)
partirebbe	partirebbero	sarebbe partito(a)	sarebbero partiti(e)

Imperative

—	partiamo!
parti!	partite!
parta!	partano!

Participles

Present
partente

Past
partito

Gerund

partendo

Related Words

partenza   *departure*

98 passare to pass, to elapse, to spend

Regular   io   noi
Transitive   tu   voi
                                                                lui/lei   loro

Indicative
Present
		Present Perfect	
passo	passiamo	ho passato	abbiamo passato
passi	passate	hai passato	avete passato
passa	passano	ha passato	hanno passato

Imperfect
		Past Perfect	
passavo	passavamo	avevo passato	avevamo passato
passavi	passavate	avevi passato	avevate passato
passava	passavano	aveva passato	avevano passato

Absolute Past
		Preterite Perfect	
passai	passammo	ebbi passato	avemmo passato
passasti	passaste	avesti passato	aveste passato
passò	passarono	ebbe passato	ebbero passato

Future
		Future Perfect	
passerò	passeremo	avrò passato	avremo passato
passerai	passerete	avrai passato	avrete passato
passerà	passeranno	avrà passato	avranno passato

Subjunctive
Present
		Past	
passi	passiamo	abbia passato	abbiamo passato
passi	passiate	abbia passato	abbiate passato
passi	passino	abbia passato	abbiano passato

Imperfect
		Past Perfect	
passassi	passassimo	avessi passato	avessimo passato
passassi	passaste	avessi passato	aveste passato
passasse	passassero	avesse passato	avessero passato

Conditional
Present
		Past	
passerei	passeremmo	avrei passato	avremmo passato
passeresti	passereste	avresti passato	avreste passato
passerebbe	passerebbero	avrebbe passato	avrebbero passato

Imperative
—	passiamo!
passa!	passate!
passi!	passino!

Participles
Present
passante
Past
passato

Gerund
passando

Related Words
passaggio	*passage, crossing*	passante	*passerby*
passata	*passing, glance*	passatempo	*pastime, hobby*
passato	*past*	passaggero	*passenger*

99 **pensare** to think

Regular
Transitive

	io	noi
	tu	voi
	lui/lei	loro

Indicative

Present
penso	pensiamo
pensi	pensate
pensa	pensano

Present Perfect
ho pensato	abbiamo pensato
hai pensato	avete pensato
ha pensato	hanno pensato

Imperfect
pensavo	pensavamo
pensavi	pensavate
pensava	pensavano

Past Perfect
avevo pensato	avevamo pensato
avevi pensato	avevate pensato
aveva pensato	avevano pensato

Absolute Past
pensai	pensammo
pensasti	pensaste
pensò	pensarono

Preterite Perfect
ebbi pensato	avemmo pensato
avesti pensato	aveste pensato
ebbe pensato	ebbero pensato

Future
penserò	penseremo
penserai	penserete
penserà	penseranno

Future Perfect
avrò pensato	avremo pensato
avrai pensato	avrete pensato
avrà pensato	avranno pensato

Subjunctive

Present
pensi	pensiamo
pensi	pensiate
pensi	pensino

Past
abbia pensato	abbiamo pensato
abbia pensato	abbiate pensato
abbia pensato	abbiano pensato

Imperfect
pensassi	pensassimo
pensassi	pensaste
pensasse	pensassero

Past Perfect
avessi pensato	avessimo pensato
avessi pensato	aveste pensato
avesse pensato	avessero pensato

Conditional

Present
penserei	penseremmo
penseresti	pensereste
penserebbe	penserebbero

Past
avrei pensato	avremmo pensato
avresti pensato	avreste pensato
avrebbe pensato	avrebbero pensato

Imperative
—	pensiamo!
pensa!	pensate!
pensi!	pensino!

Participles
Present
pensante
Past
pensato

Gerund
pensando

Related Words

pensabile	*thinkable*	pensata	*thought*
pensatamente	*on purpose*	pensieroso	*thoughtful, pensive*
Ci penso io.	*I'll take care of it.*		

100 perdere to lose

Irregular
Transitive

	io	noi
	tu	voi
	lui/lei	loro

Indicative

Present

perdo	perdiamo
perdi	perdete
perde	perdono

Present Perfect

ho perso	abbiamo perso
hai perso	avete perso
ha perso	hanno perso

Imperfect

perdevo	perdevamo
perdevi	perdevate
perdeva	perdevano

Past Perfect

avevo perso	avevamo perso
avevi perso	avevate perso
aveva perso	avevano perso

Absolute Past

perdei/persi	perdemmo
perdesti	perdeste
perdette/perse	perdettero/persero

Preterite Perfect

ebbi perso	avemmo perso
avesti perso	aveste perso
ebbe perso	ebbero perso

Future

perderò	perderemo
perderai	perderete
perderà	perderanno

Future Perfect

avrò perso	avremo perso
avrai perso	avrete perso
avrà perso	avranno perso

Subjunctive

Present

perda	perdiamo
perda	perdiate
perda	perdano

Past

abbia perso	abbiamo perso
abbia perso	abbiate perso
abbia perso	abbiano perso

Imperfect

perdessi	perdessimo
perdessi	perdeste
perdesse	perdessero

Past Perfect

avessi perso	avessimo perso
avessi perso	aveste perso
avesse perso	avessero perso

Conditional

Present

perderei	perderemmo
perderesti	perdereste
perderebbe	perderebbero

Past

avrei perso	avremmo perso
avresti perso	avreste perso
avrebbe perso	avrebbero perso

Imperative

—	perdiamo!
perdi!	perdete!
perda!	perdano!

Participles

Present
perdente

Past
perso/perduto

Gerund

perdendo

Related Words

perdente	*loser*	perder tempo	*to waste time*
perdita	*loss*		

101 **permettere** to let, to permit

Irregular
Transitive

io   noi
tu   voi
lui/lei   loro

Indicative

Present
permetto	permettiamo	
permetti	permettete	
permette	permettono	

Present Perfect
ho permesso	abbiamo permesso
hai permesso	avete permesso
ha permesso	hanno permesso

Imperfect
permettevo	permettevamo
permettevi	permettevate
permetteva	permettevano

Past Perfect
avevo permesso	avevamo permesso
avevi permesso	avevate permesso
aveva permesso	avevano permesso

Absolute Past
permisi	permettemmo
permettesti	permetteste
permise	permisero

Preterite Perfect
ebbi permesso	avemmo permesso
avesti permesso	aveste permesso
ebbe permesso	ebbero permesso

Future
permetterò	permetteremo
permetterai	permetterete
permetterà	permetteranno

Future Perfect
avrò permesso	avremo permesso
avrai permesso	avrete permesso
avrà permesso	avranno permesso

Subjunctive

Present
permetta	permettiamo
permetta	permettiate
permetta	permettano

Past
abbia permesso	abbiamo permesso
abbia permesso	abbiate permesso
abbia permesso	abbiano permesso

Imperfect
permettessi	permettessimo
permettessi	permetteste
permettesse	permettessero

Past Perfect
avessi permesso	avessimo permesso
avessi permesso	aveste permesso
avesse permesso	avessero permesso

Conditional

Present
permetterei	permetteremmo
permetteresti	permettereste
permetterebbe	permetterebbero

Past
avrei permesso	avremmo permesso
avresti permesso	avreste permesso
avrebbe permesso	avrebbero permesso

Imperative
—	permettiamo!
permetti!	permettete!
permetta!	permettano!

Participles
Present
permettente
Past
permesso

Gerund
permettendo

Related Words
permesso	*permit*	permissibile	*permissible*

102 pettinarsi to comb oneself

Regular
Reflexive

	io	noi
	tu	voi
	lui/lei	loro

Indicative

Present

mi pettino	ci pettiniamo
ti pettini	vi pettinate
si pettina	si pettinano

Present Perfect

mi sono pettinato(a)	ci siamo pettinati(e)
ti sei pettinato(a)	vi siete pettinati(e)
si è pettinato(a)	si sono pettinati(e)

Imperfect

mi pettinavo	ci pettinavamo
ti pettinavi	vi pettinavate
si pettinava	si pettinavano

Past Perfect

mi ero pettinato(a)	ci eravamo pettinati(e)
ti eri pettinato(a)	vi eravate pettinati(e)
si era pettinato(a)	si erano pettinati(e)

Absolute Past

mi pettinai	ci pettinammo
ti pettinasti	vi pettinaste
si pettinò	si pettinarono

Preterite Perfect

mi fui pettinato(a)	ci fummo pettinati(e)
ti fosti pettinato(a)	vi foste pettinati(e)
si fu pettinato(a)	si furono pettinati(e)

Future

mi pettinerò	ci pettineremo
ti pettinerai	vi pettinerete
si pettinerà	si pettineranno

Future Perfect

mi sarò pettinato(a)	ci saremo pettinati(e)
ti sarai pettinato(a)	vi sarete pettinati(e)
si sarà pettinato(a)	si saranno pettinati(e)

Subjunctive

Present

mi pettini	ci pettiniamo
ti pettini	vi pettiniate
si pettini	si pettinino

Past

mi sia pettinato(a)	ci siamo pettinati(e)
ti sia pettinato(a)	vi siate pettinati(e)
si sia pettinato(a)	si siano pettinati(e)

Imperfect

mi pettinassi	ci pettinassimo
ti pettinassi	vi pettinaste
si pettinasse	si pettinassero

Past Perfect

mi fossi pettinato(a)	ci fossimo pettinati(e)
ti fossi pettinato(a)	vi foste pettinati(e)
si fosse pettinato(a)	si fossero pettinati(e)

Conditional

Present

mi pettinerei	ci pettineremmo
ti pettineresti	vi pettinereste
si pettinerebbe	si pettinerebbero

Past

mi sarei pettinato(a)	ci saremmo pettinati(e)
ti saresti pettinato(a)	vi sareste pettinati(e)
si sarebbe pettinato(a)	si sarebbero pettinati(e)

Imperative

—	pettiniamoci!
pettinati!	pettinatevi!
si pettini!	si pettinino!

Participles

Present
pettinantesi

Past
pettinatosi

Gerund

pettinandosi

Related Words

pettinatura	*hairstyling*	pettine	*comb*

103 piacere to like, to be pleasing

Irregular
Intransitive

	io	noi
	tu	voi
	lui/lei	loro

Indicative

Present		Present Perfect	
piaccio	piacciamo	ho piaciuto	abbiamo piaciuto
piaci	piacete	hai piaciuto	avete piaciuto
piace	piacciono	ha piaciuto	hanno piaciuto

Imperfect		Past Perfect	
piacevo	piacevamo	avevo piaciuto	avevamo piaciuto
piacevi	piacevate	avevi piaciuto	avevate piaciuto
piaceva	piacevano	aveva piaciuto	avevano piaciuto

Absolute Past		Preterite Perfect	
piacqui	piacemmo	ebbi piaciuto	avemmo piaciuto
piacesti	piaceste	avesti piaciuto	aveste piaciuto
piacque	piacquero	ebbe piaciuto	ebbero piaciuto

Future		Future Perfect	
piacerò	piaceremo	avrò piaciuto	avremo piaciuto
piacerai	piacerete	avrai piaciuto	avrete piaciuto
piacerà	piaceranno	avrà piaciuto	avranno piaciuto

Subjunctive

Present		Past	
piaccia	piacciamo	abbia piaciuto	abbiamo piaciuto
piaccia	piacciate	abbia piaciuto	abbiate piaciuto
piaccia	piacciano	abbia piaciuto	abbiano piaciuto

Imperfect		Past Perfect	
piacessi	piacessimo	avessi piaciuto	avessimo piaciuto
piacesti	piaceste	avessi piaciuto	aveste piaciuto
piacesse	piacessero	avesse piaciuto	avessero piaciuto

Conditional

Present		Past	
piacerei	piaceremmo	avrei piaciuto	avremmo piaciuto
piaceresti	piacereste	avresti piaciuto	avreste piaciuto
piacerebbe	piacerebbero	avrebbe piaciuto	avrebbero piaciuto

Imperative

—	piacciamoci!
piacci!	piacetevi!
piaccia!	piacciano!

Participles
Present
piacente
Past
piaciuto

Gerund
piacendo

Related Words

piacente	*attractive*	per piacere	*please*
piacere	*pleasure*	piacevole	*pleasing*
Mi piace la frutta.	*I like fruit.*	Mi piacciono Anna e Maria.	*I like Anna and Maria.*

104 piangere to cry, to weep

Irregular
Intransitive

	io	noi
	tu	voi
	lui/lei	loro

Indicative

Present
piango	piangiamo
piangi	piangete
piange	piangono

Present Perfect
ho pianto	abbiamo pianto
hai pianto	avete pianto
ha pianto	hanno pianto

Imperfect
piangevo	piangevamo
piangevi	piangevate
piangeva	piangevano

Past Perfect
avevo pianto	avevamo pianto
avevi pianto	avevate pianto
aveva pianto	avevano pianto

Absolute Past
piansi	piangemmo
piangesti	piangeste
pianse	piansero

Preterite Perfect
ebbi pianto	avemmo pianto
avesti pianto	aveste pianto
ebbe pianto	ebbero pianto

Future
piangerò	piangeremo
piangerai	piangerete
piangerà	piangeranno

Future Perfect
avrò pianto	avremo pianto
avrai pianto	avrete pianto
avrà pianto	avranno pianto

Subjunctive

Present
pianga	piangiamo
pianga	piangiate
pianga	piangano

Past
abbia pianto	abbiamo pianto
abbia pianto	abbiate pianto
abbia pianto	abbiano pianto

Imperfect
piangessi	piangessimo
piangessi	piangeste
piangesse	piangessero

Past Perfect
avessi pianto	avessimo pianto
avessi pianto	aveste pianto
avesse pianto	avessero pianto

Conditional

Present
piangerei	piangeremmo
piangeresti	piangereste
piangerebbe	piangerebbero

Past
avrei pianto	avremmo pianto
avresti pianto	avreste pianto
avrebbe pianto	avrebbero pianto

Imperative
—	piangiamo!
piangi!	piangete!
pianga!	piangano!

Participles
Present
piangente
Past
pianto

Gerund
piangendo

Related Words

pianto	*weeping*

105 piovere to rain

Irregular
Intransitive
Impersonal

	io	noi
	tu	voi
	lui/lei	loro

Indicative

Present
—	—
—	—
piove	—

Present Perfect
—	—
—	—
è/ha piovuto	—

Imperfect
—	—
—	—
pioveva	—

Past Perfect
—	—
—	—
era/aveva piovuto	—

Absolute Past
—	—
—	—
piovve	—

Preterite Perfect
—	—
—	—
fu/ebbe piovuto	—

Future
—	—
—	—
pioverà	—

Future Perfect
—	—
—	—
sarà/avrà piovuto	—

Subjunctive

Present
—	—
—	—
piova	—

Past
—	—
—	—
sia/abbia piovuto	—

Imperfect
—	—
—	—
piovesse	—

Past Perfect
—	—
—	—
fosse/avesse piovuto	—

Conditional

Present
—	—
—	—
pioverebbe	—

Past
—	—
—	—
sarebbe/avrebbe piovuto	—

Imperative
—	—
—	—
piova!	—

Participles
Present
piovente
Past
piovuto

Gerund
piovendo

Related Words

pioggia	*rain*	spiovente	*drooping, sloping*
piovoso	*rainy*		

106 portare to wear, to carry

Regular
Transitive

io noi
tu voi
lui/lei loro

Indicative

Present
porto	portiamo
porti	portate
porta	portano

Present Perfect
ho portato	abbiamo portato
hai portato	avete portato
ha portato	hanno portato

Imperfect
portavo	portavamo
portavi	portavate
portava	portavano

Past Perfect
avevo portato	avevamo portato
avevi portato	avevate portato
aveva portato	avevano portato

Absolute Past
portai	portammo
portasti	portaste
portò	portarono

Preterite Perfect
ebbi portato	avemmo portato
avesti portato	aveste portato
ebbe portato	ebbero portato

Future
porterò	porteremo
porterai	porterete
porterà	porteranno

Future Perfect
avrò portato	avremo portato
avrai portato	avrete portato
avrà portato	avranno portato

Subjunctive

Present
porti	portiamo
porti	portiate
porti	portino

Past
abbia portato	abbiamo portato
abbia portato	abbiate portato
abbia portato	abbiano portato

Imperfect
portassi	portassimo
portassi	portaste
portasse	portassero

Past Perfect
avessi portato	avessimo portato
avessi portato	aveste portato
avesse portato	avessero portato

Conditional

Present
porterei	porteremmo
porteresti	portereste
porterebbe	porterebbero

Past
avrei portato	avremmo portato
avresti portato	avreste portato
avrebbe portato	avrebbero portato

Imperative
—	portiamo!
porta!	portate!
porti!	portino!

Participles

Present
portante

Past
portato

Gerund
portando

Related Words

portabile	*portable*	portacenere	*ashtray*
portafogli	*wallet*	portalettere	*postman*
portarsi	*to move, to behave*	portata	*reach, range*

138

107 potere can, to be able

Irregular
Modal*

	io	noi
	tu	voi
	lui/lei	loro

Indicative

Present

posso	possiamo
puoi	potete
può	possono

Present Perfect

ho potuto	abbiamo potuto
hai potuto	avete potuto
ha potuto	hanno potuto

Imperfect

potevo	potevamo
potevi	potevate
poteva	potevano

Past Perfect

avevo potuto	avevamo potuto
avevi potuto	avevate potuto
aveva potuto	avevano potuto

Absolute Past

potei	potemmo
potesti	poteste
potè	poterono

Preterite Perfect

ebbi potuto	avemmo potuto
avesti potuto	aveste potuto
ebbe potuto	ebbero potuto

Future

potrò	potremo
potrai	potreste
potrà	potranno

Future Perfect

avrò potuto	avremo potuto
avrai potuto	avrete potuto
avrà potuto	avranno potuto

Subjunctive

Present

possa	possiamo
possa	possiate
possa	possano

Past

abbia potuto	abbiamo potuto
abbia potuto	abbiate potuto
abbia potuto	abbiano potuto

Imperfect

potessi	potessimo
potessi	poteste
potesse	potessero

Past Perfect

avessi potuto	avessimo potuto
avessi potuto	aveste potuto
avesse potuto	avessero potuto

Conditional

Present

potrei	potremmo
potresti	potreste
potrebbe	potrebbero

Past

avrei potuto	avremmo potuto
avresti potuto	avreste potuto
avrebbe potuto	avrebbero potuto

Imperative

—	possiamo!
puoi!	possiate!
possa!	possano!

Participles

Present

potente

Past

potuto

Gerund

potendo

Related Words

possibile	*possible*	potenziale	*potential*
potente	*powerful, influential*	potere	*power, authority*
		potenza	*might, power*

*Potere is conjugated with *essere* when it is followed by an infinitive that is conjugated with *essere*, e.g., *sono potuto andare*.

108 **pranzare** to dine

Regular
Intransitive

	io	noi
	tu	voi
	lui/lei	loro

Indicative

Present
pranzo	pranziamo
pranzi	pranzate
pranza	pranzano

Present Perfect
ho pranzato	abbiamo pranzato
hai pranzato	avete pranzato
ha pranzato	hanno pranzato

Imperfect
pranzavo	pranzavamo
pranzavi	pranzavate
pranzava	pranzavano

Past Perfect
avevo pranzato	avevamo pranzato
avevi pranzato	avevate pranzato
aveva pranzato	avevano pranzato

Absolute Past
pranzai	pranzammo
pranzasti	pranzaste
pranzò	pranzarono

Preterite Perfect
ebbi pranzato	avemmo pranzato
avesti pranzato	aveste pranzato
ebbe pranzato	ebbero pranzato

Future
pranzerò	pranzeremo
pranzerai	pranzerete
pranzerà	pranzeranno

Future Perfect
avrò pranzato	avremo pranzato
avrai pranzato	avrete pranzato
avrà pranzato	avranno pranzato

Subjunctive

Present
pranzi	pranziamo
pranzi	pranziate
pranzi	pranzino

Past
abbia pranzato	abbiamo pranzato
abbia pranzato	abbiate pranzato
abbia pranzato	abbiano pranzato

Imperfect
pranzassi	pranzassimo
pranzassi	pranzaste
pranzasse	pranzassero

Past Perfect
avessi pranzato	avessimo pranzato
avessi pranzato	aveste pranzato
avesse pranzato	avessero pranzato

Conditional

Present
pranzerei	pranzeremmo
pranzeresti	pranzereste
pranzerebbe	pranzerebbero

Past
avrei pranzato	avremmo pranzato
avresti pranzato	avreste pranzato
avrebbe pranzato	avrebbero pranzato

Imperative
—	pranziamo!
pranza!	pranzate!
pranzi!	pranzino!

Participles
Present
pranzante
Past
pranzato

Gerund
pranzando

Related Words
pranzo	*lunch*	dopo pranzo	*early afternoon*

109 preferire to prefer

-isc- verb[†]
Transitive

io   noi
tu   voi
lui/lei   loro

Indicative

Present
		Present Perfect	
preferisco	preferiamo	ho preferito	abbiamo preferito
preferisci	preferite	hai preferito	avete preferito
preferisce	preferiscono	ha preferito	hanno preferito

Imperfect
		Past Perfect	
preferivo	preferivamo	avevo preferito	avevamo preferito
preferivi	preferivate	avevi preferito	avevate preferito
preferiva	preferivano	aveva preferito	avevano preferito

Absolute Past
		Preterite Perfect	
preferii	preferimmo	ebbi preferito	avemmo preferito
preferisti	preferiste	avesti preferito	aveste preferito
preferì	preferirono	ebbe preferito	ebbero preferito

Future
		Future Perfect	
preferirò	preferiremo	avrò preferito	avremo preferito
preferirai	preferirete	avrai preferito	avrete preferito
preferirà	preferiranno	avrà preferito	avranno preferito

Subjunctive

Present
		Past	
preferisca	preferiamo	abbia preferito	abbiamo preferito
preferisca	preferiate	abbia preferito	abbiate preferito
preferisca	preferiscano	abbia preferito	abbiano preferito

Imperfect
		Past Perfect	
preferissi	preferissimo	avessi preferito	avessimo preferito
preferissi	preferiste	avessi preferito	aveste preferito
preferisse	preferissero	avesse preferito	avessero preferito

Conditional

Present
		Past	
preferirei	preferiremmo	avrei preferito	avremmo preferito
preferiresti	preferireste	avresti preferito	avreste preferito
preferirebbe	preferirebbero	avrebbe preferito	avrebbero preferito

Imperative
—	preferiamo!
preferisci!	preferite!
preferisca!	preferiscano!

Participles

Present
preferente
Past
preferito

Gerund
preferendo

Related Words
preferenza	*preference*	preferito	*favorite*
preferibile	*preferable*		

[†] *Preferire* inserts -isc- between its stem and the present indicative and present subjunctive endings in all but the first and second person plural forms.

110 **pregare** to pray

Regular
Intransitive

	io	noi
	tu	voi
	lui/lei	loro

Indicative

Present		**Present Perfect**	
prego	preghiamo	ho pregato	abbiamo pregato
preghi	pregate	hai pregato	avete pregato
prega	pregano	ha pregato	hanno pregato

Imperfect		**Past Perfect**	
pregavo	pregavamo	avevo pregato	avevamo pregato
pregavi	pregavate	avevi pregato	avevate pregato
pregava	pregavano	aveva pregato	avevano pregato

Absolute Past		**Preterite Perfect**	
pregai	pregammo	ebbi pregato	avemmo pregato
pregasti	pregaste	avesti pregato	aveste pregato
pregò	pregarono	ebbe pregato	ebbero pregato

Future		**Future Perfect**	
pregherò	pregheremo	avrò pregato	avremo pregato
pregherai	pregherete	avrai pregato	avrete pregato
pregherà	pregheranno	avrà pregato	avranno pregato

Subjunctive

Present		**Past**	
preghi	preghiamo	abbia pregato	abbiamo pregato
preghi	preghiate	abbia pregato	abbiate pregato
preghi	preghino	abbia pregato	abbiano pregato

Imperfect		**Past Perfect**	
pregassi	pregassimo	avessi pregato	avessimo pregato
pregassi	pregaste	avessi pregato	aveste pregato
pregasse	pregassero	avesse pregato	avessero pregato

Conditional

Present		**Past**	
pregherei	pregheremmo	avrei pregato	avremmo pregato
pregheresti	preghereste	avresti pregato	avreste pregato
pregherebbe	pregherebbero	avrebbe pregato	avrebbero pregato

Imperative

—	preghiamo!
prega!	pregate!
preghi!	preghino!

Participles

Present
pregante
Past
pregato

Gerund

pregando

Related Words

preghiera *prayer*

111 **prendere** to take, to fetch, to catch

Irregular

Transitive

		io	noi
		tu	voi
		lui/lei	loro

Indicative

Present

prendo	prendiamo
prendi	prendete
prende	prendono

Present Perfect

ho preso	abbiamo preso
hai preso	avete preso
ha preso	hanno preso

Imperfect

prendevo	prendevamo
prendevi	prendevate
prendeva	prendevano

Past Perfect

avevo preso	avevamo preso
avevi preso	avevate preso
aveva preso	avevano preso

Absolute Past

presi	prendemmo
prendesti	prendeste
prese	presero

Preterite Perfect

ebbi preso	avemmo preso
avesti preso	aveste preso
ebbe preso	ebbero preso

Future

prenderò	prenderemo
prenderai	prenderete
prenderà	prenderanno

Future Perfect

avrò preso	avremo preso
avrai preso	avrete preso
avrà preso	avranno preso

Subjunctive

Present

prenda	prendiamo
prenda	prendiate
prenda	prendano

Past

abbia preso	abbiamo preso
abbia preso	abbiate preso
abbia preso	abbiano preso

Imperfect

prendessi	prendessimo
prendessi	prendeste
prendesse	prendessero

Past Perfect

avessi preso	avessimo preso
avessi preso	aveste preso
avesse preso	avessero preso

Conditional

Present

prenderei	prenderemmo
prenderesti	prendereste
prenderebbe	prenderebbero

Past

avrei preso	avremmo preso
avresti preso	avreste preso
avrebbe preso	avrebbero preso

Imperative

—	prendiamo!
prendi!	prendete!
prenda!	prendano!

Participles

Present
prendente

Past
preso

Gerund

prendendo

Related Words

presa	hold, grip, handle	prendere un granchio	to make a blunder
prendere per il naso	to lead by the nose	prendersela con	to become angry with

143

112 preparare to prepare

Regular   io   noi
Transitive   tu   voi
                                 lui/lei loro

Indicative

Present
preparo	prepariamo
prepari	preparate
prepara	preparano

Present Perfect
ho preparato	abbiamo preparato
hai preparato	avete preparato
ha preparato	hanno preparato

Imperfect
preparavo	preparavamo
preparavi	preparavate
preparava	preparavano

Past Perfect
avevo preparato	avevamo preparato
avevi preparato	avevate preparato
aveva preparato	avevano preparato

Absolute Past
preparai	preparammo
preparasti	preparaste
preparò	prepararono

Preterite Perfect
ebbi preparato	avemmo preparato
avesti preparato	aveste preparato
ebbe preparato	ebbero preparato

Future
preparerò	prepareremo
preparerai	preparerete
preparerà	prepareranno

Future Perfect
avrò preparato	avremo preparato
avrai preparato	avrete preparato
avrà preparato	avranno preparato

Subjunctive

Present
prepari	prepariamo
prepari	prepariate
prepari	preparino

Past
abbia preparato	abbiamo preparato
abbia preparato	abbiate preparato
abbia preparato	abbiano preparato

Imperfect
preparassi	preparassimo
preparassi	preparaste
preparasse	preparassero

Past Perfect
avessi preparato	avessimo preparato
avessi preparato	aveste preparato
avesse preparato	avessero preparato

Conditional

Present
preparerei	prepareremmo
prepareresti	preparereste
preparerebbe	preparerebbero

Past
avrei preparato	avremmo preparato
avresti preparato	avreste preparato
avrebbe preparato	avrebbero preparato

Imperative
—	prepariamo!
prepara!	preparate!
prepari!	preparino!

Participles
Present
preparante
Past
preparato

Gerund
preparando

Related Words
| preparativo | *preparatory, preparation* | preparatorio | *preparatory* |
| preparato | *prepared* | preparazione | *preparation* |

113 **presentare** to present, to introduce

Regular
Transitive

	io	noi
	tu	voi
	lui/lei	loro

Indicative

Present

		Present Perfect	
presento	presentiamo	ho presentato	abbiamo presentato
presenti	presentate	hai presentato	avete presentato
presenta	presentano	ha presentato	hanno presentato

Imperfect

		Past Perfect	
presentavo	presentavamo	avevo presentato	avevamo presentato
presentavi	presentavate	avevi presentato	avevate presentato
presentava	presentavano	aveva presentato	avevano presentato

Absolute Past

		Preterite Perfect	
presentai	presentammo	ebbi presentato	avemmo presentato
presentasti	presentaste	avesti presentato	aveste presentato
presentò	presentarono	ebbe presentato	ebbero presentato

Future

		Future Perfect	
presenterò	presenteremo	avrò presentato	avremo presentato
presenterai	presenterete	avrai presentato	avrete presentato
presenterà	presenteranno	avrà presentato	avranno presentato

Subjunctive

Present

		Past	
presenti	presentiamo	abbia presentato	abbiamo presentato
presenti	presentiate	abbia presentato	abbiate presentato
presenti	presentino	abbia presentato	abbiano presentato

Imperfect

		Past Perfect	
presentassi	presentassimo	avessi presentato	avessimo presentato
presentassi	presentaste	avessi presentato	aveste presentato
presentasse	presentassero	avesse presentato	avessero presentato

Conditional

Present

		Past	
presenterei	presenteremmo	avrei presentato	avremmo presentato
presenteresti	presentereste	avresti presentato	avreste presentato
presenterebbe	presenterebbero	avrebbe presentato	avrebbero presentato

Imperative

—	presentiamo!
presenta!	presentate!
presenti!	presentino!

Participles

Present
presentante

Past
presentato

Gerund

presentando

Related Words

presentarsi	*to introduce oneself*	presentabile	*presentable*
presentazione	*presentation, introduction*	presentemente	*presently, now*

145

114 prestare to lend, to loan

Regular
Transitive

io   noi
tu   voi
lui/lei   loro

Indicative

Present

presto	prestiamo	
presti	prestate	
presta	prestano	

Present Perfect

ho prestato		abbiamo prestato
hai prestato		avete prestato
ha prestato		hanno prestato

Imperfect

prestavo	prestavamo
prestavi	prestavate
prestava	prestavano

Past Perfect

avevo prestato	avevamo prestato
avevi prestato	avevate prestato
aveva prestato	avevano prestato

Absolute Past

prestai	prestammo
prestasti	prestaste
prestò	prestarono

Preterite Perfect

ebbi prestato	avemmo prestato
avesti prestato	aveste prestato
ebbe prestato	ebbero prestato

Future

presterò	presteremo
presterai	presterete
presterà	presteranno

Future Perfect

avrò prestato	avremo prestato
avrai prestato	avrete prestato
avrà prestato	avranno prestato

Subjunctive

Present

presti	prestiamo
presti	prestiate
presti	prestino

Past

abbia prestato	abbiamo prestato
abbia prestato	abbiate prestato
abbia prestato	abbiano prestato

Imperfect

prestassi	prestassimo
prestassi	prestaste
prestasse	prestassero

Past Perfect

avessi prestato	avessimo prestato
avessi prestato	aveste prestato
avesse prestato	avessero prestato

Conditional

Present

presterei	presteremmo
presteresti	prestereste
presterebbe	presterebbero

Past

avrei prestato	avremmo prestato
avresti prestato	avreste prestato
avrebbe prestato	avrebbero prestato

Imperative

—	prestiamo!
presta!	prestate!
presti!	prestino!

Participles

Present
prestante

Past
prestato

Gerund

prestando

Related Words

prestito	*borrowing, loan*	prestante	*strong, vigorous*
prestatore d'opera	*labor*		

115 provare to try, to test

Regular io noi
Transitive tu voi
lui/lei loro

Indicative

Present
		Present Perfect	•
provo	proviamo	ho provato	abbiamo provato
provi	provate	hai provato	avete provato
prova	provano	ha provato	hanno provato

Imperfect
		Past Perfect	
provavo	provavamo	avevo provato	avevamo provato
provavi	provavate	avevi provato	avevate provato
provava	provavano	aveva provato	avevano provato

Absolute Past
		Preterite Perfect	
provai	provammo	ebbi provato	avemmo provato
provasti	provaste	avesti provato	aveste provato
provò	provarono	ebbe provato	ebbero provato

Future
		Future Perfect	
proverò	proveremo	avrò provato	avremo provato
proverai	proverete	avrai provato	avrete provato
proverà	proveranno	avrà provato	avranno provato

Subjunctive

Present
		Past	
provi	proviamo	abbia provato	abbiamo provato
provi	proviate	abbia provato	abbiate provato
provi	provino	abbia provato	abbiano provato

Imperfect
		Past Perfect	
provassi	provassimo	avessi provato	avessimo provato
provassi	provaste	avessi provato	aveste provato
provasse	provassero	avesse provato	avessero provato

Conditional

Present
		Past	
proverei	proveremmo	avrei provato	avremmo provato
proveresti	provereste	avresti provato	avreste provato
proverebbe	proverebbero	avrebbe provato	avrebbero provato

Imperative

—	proviamo!
prova!	provate!
provi!	provino!

Participles

Present
provante

Past
provato

Gerund

provando

Related Words

prova	*proof, trial, test*	provabile	*provable*
provarsi	*to attempt*	provatamente	*surely, certainly*

116 pulire to clean

-isc- verb†
Transitive

	io	noi
	tu	voi
	lui/lei	loro

Indicative

Present
pulisco	puliamo
pulisci	pulite
pulisce	puliscono

Present Perfect
ho pulito	abbiamo pulito
hai pulito	avete pulito
ha pulito	hanno pulito

Imperfect
pulivo	pulivamo
pulivi	pulivate
puliva	pulivano

Past Perfect
avevo pulito	avevamo pulito
avevi pulito	avevate pulito
aveva pulito	avevano pulito

Absolute Past
pulii	pulimmo
pulisti	puliste
pulì	pulirono

Preterite Perfect
ebbi pulito	avemmo pulito
avesti pulito	aveste pulito
ebbe pulito	ebbero pulito

Future
pulirò	puliremo
pulirai	pulirete
pulirà	puliranno

Future Perfect
avrò pulito	avremo pulito
avrai pulito	avrete pulito
avrà pulito	avranno pulito

Subjunctive

Present
pulisca	puliamo
pulisca	puliate
pulisca	puliscano

Past
abbia pulito	abbiamo pulito
abbia pulito	abbiate pulito
abbia pulito	abbiano pulito

Imperfect
pulissi	pulissimo
pulissi	puliste
pulisse	pulissero

Past Perfect
avessi pulito	avessimo pulito
avessi pulito	aveste pulito
avesse pulito	avessero pulito

Conditional

Present
pulirei	puliremmo
puliresti	pulireste
pulirebbe	pulirebbero

Past
avrei pulito	avremmo pulito
avresti pulito	avreste pulito
avrebbe pulito	avrebbero pulito

Imperative
—	puliamo!
pulisci!	pulite!
pulisca!	puliscano!

Participles

Present
pulente

Past
pulito

Gerund
pulendo

Related Words

pulitura	*cleaning*	pulizia	*cleanliness*
pulitura a secco	*dry cleaning*	pulito	*clean*

† *Pulire* inserts -isc- between its stem and the present indicative and present subjunctive endings in all but the first and second person plural forms.

117 **raccontare** to tell, to narrate

Regular

Transitive

	io	noi
	tu	voi
	lui/lei	loro

Indicative

Present

racconto	raccontiamo
racconti	raccontate
racconta	raccontano

Present Perfect

ho raccontato	abbiamo raccontato
hai raccontato	avete raccontato
ha raccontato	hanno raccontato

Imperfect

raccontavo	raccontavamo
raccontavi	raccontavate
raccontava	raccontavano

Past Perfect

avevo raccontato	avevamo raccontato
avevi raccontato	avevate raccontato
aveva raccontato	avevano raccontato

Absolute Past

raccontai	raccontammo
raccontasti	raccontaste
raccontò	raccontarono

Preterite Perfect

ebbi raccontato	avemmo raccontato
avesti raccontato	aveste raccontato
ebbe raccontato	ebbero raccontato

Future

racconterò	racconteremo
racconterai	racconterete
racconterà	racconteranno

Future Perfect

avrò raccontato	avremo raccontato
avrai raccontato	avrete raccontato
avrà raccontato	avranno raccontato

Subjunctive

Present

racconti	raccontiamo
racconti	raccontiate
racconti	raccontino

Past

abbia raccontato	abbiamo raccontato
abbia raccontato	abbiate raccontato
abbia raccontato	abbiano raccontato

Imperfect

raccontassi	raccontassimo
raccontassi	raccontaste
raccontasse	raccontassero

Past Perfect

avessi raccontato	avessimo raccontato
avessi raccontato	aveste raccontato
avesse raccontato	avessero raccontato

Conditional

Present

racconterei	racconteremmo
racconteresti	raccontereste
racconterebbe	racconterebbero

Past

avrei raccontato	avremmo raccontato
avresti raccontato	avreste raccontato
avrebbe raccontato	avrebbero raccontato

Imperative

–	raccontiamo!
racconta!	raccontate!
racconti!	raccontino!

Participles

Present
raccontante

Past
raccontato

Gerund
raccontando

Related Words

racconto	*tale*

118 regalare to present

Regular
Transitive

io	noi
tu	voi
lui/lei	loro

Indicative

Present

regalo	regaliamo
regali	regalate
regala	regalano

Present Perfect

ho regalato	abbiamo regalato
hai regalato	avete regalato
ha regalato	hanno regalato

Imperfect

regalavo	regalavamo
regalavi	regalavate
regalava	regalavano

Past Perfect

avevo regalato	avevamo regalato
avevi regalato	avevate regalato
aveva regalato	avevano regalato

Absolute Past

regalai	regalammo
regalasti	regalaste
regalò	regalarono

Preterite Perfect

ebbi regalato	avemmo regalato
avesti regalato	aveste regalato
ebbe regalato	ebbero regalato

Future

regalerò	regaleremo
regalerai	regalerete
regalerà	regaleranno

Future Perfect

avrò regalato	avremo regalato
avrai regalato	avrete regalato
avrà regalato	avranno regalato

Subjunctive

Present

regali	regaliamo
regali	regaliate
regali	regalino

Past

abbia regalato	abbiamo regalato
abbia regalato	abbiate regalato
abbia regalato	abbiano regalato

Imperfect

regalassi	regalassimo
regalassi	regalaste
regalasse	regalassero

Past Perfect

avessi regalato	avessimo regalato
avessi regalato	aveste regalato
avesse regalato	avessero regalato

Conditional

Present

regalerei	regaleremmo
regaleresti	regalereste
regalerebbe	regalerebbero

Past

avrei regalato	avremmo regalato
avresti regalato	avreste regalato
avrebbe regalato	avrebbero regalato

Imperative

—	regaliamo!
regala!	regalate!
regali!	regalino!

Participles

Present
regalante

Past
regalato

Gerund

regalando

Related Words

| regalie | *gratuity* | regalo | *present* |

119 restare to stay, to remain

Regular
Intransitive

	io	noi
	tu	voi
	lui/lei	loro

Indicative

Present

		Present Perfect	
resto	restiamo	sono restato(a)	siamo restati(e)
resti	restate	sei restato(a)	siete restati(e)
resta	restano	è restato(a)	sono restati(e)

Imperfect

		Past Perfect	
restavo	restavamo	ero restato(a)	eravamo restati(e)
restavi	restavate	eri restato(a)	eravate restati(e)
restava	restavano	era restato(a)	erano restati(e)

Absolute Past

		Preterite Perfect	
restai	restammo	fui restato(a)	fummo restati(e)
restasti	restaste	fosti restato(a)	foste restati(e)
restò	restarono	fu restato(a)	furono restati(e)

Future

		Future Perfect	
resterò	resteremo	sarò restato(a)	saremo restati(e)
resterai	resterete	sarai restato(a)	sarete restati(e)
resterà	resteranno	sarà restato(a)	saranno restati(e)

Subjunctive

Present

		Past	
resti	restiamo	sia restato(a)	siamo restati(e)
resti	restiate	sia restato(a)	siate restati(e)
resti	restino	sia restato(a)	siano restati(e)

Imperfect

		Past Perfect	
restassi	restassimo	fossi restato(a)	fossimo restati(e)
restassi	restaste	fossi restato(a)	foste restati(e)
restasse	restassero	fosse restato(a)	fossero restati(e)

Conditional

Present

		Past	
resterei	resteremmo	sarei restato(a)	saremmo restati(e)
resteresti	restereste	saresti restato(a)	sareste restati(e)
resterebbe	resterebbero	sarebbe restato(a)	sarebbero restati(e)

Imperative

—	restiamo!
resta!	restate!
resti!	restino!

Participles

Present
restante

Past
restato

Gerund

restando

Related Words

restante	remaining	restio	balky, restive
resto	(money) change		

120 restituire to return, to give back

Indicative

Present
restituisco	restituiamo		
restituisci	restituite		
restituisce	restituiscono		

Present Perfect
ho restituito	abbiamo restituito
hai restituito	avete restituito
ha restituito	hanno restituito

Imperfect
restituivo	restituivamo
restituivi	restituivate
restituiva	restituivano

Past Perfect
avevo restituito	avevamo restituito
avevi restituito	avevate restituito
aveva restituito	avevano restituito

Absolute Past
restituii	restituimmo
restituisti	restituiste
restituì	restituirono

Preterite Perfect
ebbi restituito	avemmo restituito
avesti restituito	aveste restituito
ebbe restituito	ebbero restituito

Future
restituirò	restituiremo
restituirai	restituirete
restituirà	restituiranno

Future Perfect
avrò restituito	avremo restituito
avrai restituito	avrete restituito
avrà restituito	avranno restituito

Subjunctive

Present
restituisca	restituiamo
restituisca	restituiate
restituisca	restituiscano

Past
abbia restituito	abbiamo restituito
abbia restituito	abbiate restituito
abbia restituito	abbiano restituito

Imperfect
restituissi	restituissimo
restituissi	restituiste
restituisse	restituissero

Past Perfect
avessi restituito	avessimo restituito
avessi restituito	aveste restituito
avesse restituito	avessero restituito

Conditional

Present
restituirei	restituiremmo
restituiresti	restituireste
restituirebbe	restituirebbero

Past
avrei restituito	avremmo restituito
avresti restituito	avreste restituito
avrebbe restituito	avrebbero restituito

Imperative
—	restituiamo!
restituisci!	restituite!
restituisca!	restituiscano!

Participles
Present
restituente
Past
restituito

Gerund
restituendo

Related Words

restituzione   *restitution, return*

[†]*Restituire* inserts *-isc-* between its stem and the present indicative and present subjunctive endings in all but the first and second person plural forms.

121 **ricevere** to receive

Regular   io   noi
Transitive   tu   voi
             lui/lei   loro

Indicative

Present
		Present Perfect	
ricevo	riceviamo	ho ricevuto	abbiamo ricevuto
ricevi	ricevete	hai ricevuto	avete ricevuto
riceve	ricevono	ha ricevuto	hanno ricevuto

Imperfect
		Past Perfect	
ricevevo	ricevevamo	avevo ricevuto	avevamo ricevuto
ricevevi	ricevevate	avevi ricevuto	avevate ricevuto
riceveva	ricevevano	aveva ricevuto	avevano ricevuto

Absolute Past
		Preterite Perfect	
ricevetti	ricevemmo	ebbi ricevuto	avemmo ricevuto
ricevesti	riceveste	avesti ricevuto	aveste ricevuto
ricevette	ricevettero	ebbe ricevuto	ebbero ricevuto

Future
		Future Perfect	
riceverò	riceveremo	avrò ricevuto	avremo ricevuto
riceverai	riceverete	avrai ricevuto	avrete ricevuto
riceverà	riceveranno	avrà ricevuto	avranno ricevuto

Subjunctive

Present
		Past	
riceva	riceviamo	abbia ricevuto	abbiamo ricevuto
riceva	riceviate	abbia ricevuto	abbiate ricevuto
riceva	ricevano	abbia ricevuto	abbiano ricevuto

Imperfect
		Past Perfect	
ricevessi	ricevessimo	avessi ricevuto	avessimo ricevuto
ricevessi	riceveste	avessi ricevuto	aveste ricevuto
ricevesse	ricevessero	avesse ricevuto	avessero ricevuto

Conditional

Present
		Past	
riceverei	riceveremmo	avrei ricevuto	avremmo ricevuto
riceveresti	ricevereste	avresti ricevuto	avreste ricevuto
riceverebbe	riceverebbero	avrebbe ricevuto	avrebbero ricevuto

Imperative

—	riceviamo!
ricevi!	ricevete!
riceva!	ricevano!

Participles
Present
ricevente
Past
ricevuto

Gerund
ricevendo

Related Words

ricevimento	*reception*	ricezione	*reception (radio, TV)*
ricevuta	*receipt*		

122 ricompensare to compensate

Regular
Transitive

	io	noi
	tu	voi
	lui/lei	loro

Indicative

Present

ricompenso	ricompensiamo
ricompensi	ricompensate
ricompensa	ricompensano

Present Perfect

ho ricompensato	abbiamo ricompensato
hai ricompensato	avete ricompensato
ha ricompensato	hanno ricompensato

Imperfect

ricompensavo	ricompensavamo
ricompensavi	ricompensavate
ricompensava	ricompensavano

Past Perfect

avevo ricompensato	avevamo ricompensato
avevi ricompensato	avevate ricompensato
aveva ricompensato	avevano ricompensato

Absolute Past

ricompensai	ricompensammo
ricompensasti	ricompensaste
ricompensò	ricompensarono

Preterite Perfect

ebbi ricompensato	avemmo ricompensato
avesti ricompensato	aveste ricompensato
ebbe ricompensato	ebbero ricompensato

Future

ricompenserò	ricompenseremo
ricompenserai	ricompenserete
ricompenserà	ricompenseranno

Future Perfect

avrò ricompensato	avremo ricompensato
avrai ricompensato	avrete ricompensato
avrà ricompensato	avranno ricompensato

Subjunctive

Present

ricompensi	ricompensiamo
ricompensi	ricompensiate
ricompensi	ricompensino

Past

abbia ricompensato	abbiamo ricompensato
abbia ricompensato	abbiate ricompensato
abbia ricompensato	abbiano ricompensato

Imperfect

ricompensassi	ricompensassimo
ricompensassi	ricompensaste
ricompensasse	ricompensassero

Past Perfect

avessi ricompensato	avessimo ricompensato
avessi ricompensato	aveste ricompensato
avesse ricompensato	avessero ricompensato

Conditional

Present

ricompenserei	ricompenseremmo
ricompenseresti	ricompensereste
ricompenserebbe	ricompenserebbero

Past

avrei ricompensato	avremmo ricompensato
avresti ricompensato	avreste ricompensato
avrebbe ricompensato	avrebbero ricompensato

Imperative

—	ricompensiamo!
ricompensa!	ricompensate!
ricompensi!	ricompensino!

Participles

Present
ricompensante

Past
ricompensato

Gerund

ricompensando

Related Words

ricompensa   *reward*

123 **ricordarsi** to remember

Regular
Reflexive

	io	noi
	tu	voi
	lui/lei	loro

Indicative

Present
mi ricordo	ci ricordiamo
ti ricordi	vi ricordate
si ricorda	si ricordano

Present Perfect
mi sono ricordato(a)	ci siamo ricordati(e)
ti sei ricordato(a)	vi siete ricordati(e)
si è ricordato(a)	si sono ricordati(e)

Imperfect
mi ricordavo	ci ricordavamo
ti ricordavi	vi ricordavate
si ricordava	si ricordavano

Past Perfect
mi ero ricordato(a)	ci eravamo ricordati(e)
ti eri ricordato(a)	vi eravate ricordati(e)
si era ricordato(a)	si erano ricordati(e)

Absolute Past
mi ricordai	ci ricordammo
ti ricordasti	vi ricordaste
si ricordò	si ricordarono

Preterite Perfect
mi fui ricordato(a)	ci fummo ricordati(e)
ti fosti ricordato(a)	vi foste ricordati(e)
si fu ricordato(a)	si furono ricordati(e)

Future
mi ricorderò	ci ricorderemo
ti ricorderai	vi ricorderete
si ricorderà	si ricorderanno

Future Perfect
mi sarò ricordato(a)	ci saremo ricordati(e)
ti sarai ricordato(a)	vi sarete ricordati(e)
si sarà ricordato(a)	si saranno ricordati(e)

Subjunctive

Present
mi ricordi	ci ricordiamo
ti ricordi	vi ricordiate
si ricordi	si ricordino

Past
mi sia ricordato(a)	ci siamo ricordati(e)
ti sia ricordato(a)	vi siate ricordati(e)
si sia ricordato(a)	si siano ricordati(e)

Imperfect
mi ricordassi	ci ricordassimo
ti ricordassi	vi ricordaste
si ricordasse	si ricordassero

Past Perfect
mi fossi ricordato(a)	ci fossimo ricordati(e)
ti fossi ricordato(a)	vi foste ricordati(e)
si fosse ricordato(a)	si fossero ricordati(e)

Conditional

Present
mi ricorderei	ci ricorderemmo
ti ricorderesti	vi ricordereste
si ricorderebbe	si ricorderebbero

Past
mi sarei ricordato(a)	ci saremmo ricordati(e)
ti saresti ricordato(a)	vi sareste ricordati(e)
si sarebbe ricordato(a)	si sarebbero ricordati(e)

Imperative
—	ricordiamoci!
ricordati!	ricordatevi!
si ricordi!	si ricordino!

Participles
Present
ricordantesi
Past
ricordatosi

Gerund
ricordandosi

Related Words
ricordo	*memory*	ricordare	*to call to mind*

124 ridere to laugh

Irregular
Intransitive

	io	noi
	tu	voi
	lui/lei	loro

Indicative

Present		**Present Perfect**	
rido	ridiamo	ho riso	abbiamo riso
ridi	ridete	hai riso	avete riso
ride	ridono	ha riso	hanno riso

Imperfect		**Past Perfect**	
ridevo	ridevamo	avevo riso	avevamo riso
ridevi	ridevate	avevi riso	avevate riso
rideva	ridevano	aveva riso	avevano riso

Absolute Past		**Preterite Perfect**	
risi	ridemmo	ebbi riso	avemmo riso
ridesti	rideste	avesti riso	aveste riso
rise	risero	ebbe riso	ebbero riso

Future		**Future Perfect**	
riderò	rideremo	avrò riso	avremo riso
riderai	riderete	avrai riso	avrete riso
riderà	rideranno	avrà riso	avranno riso

Subjunctive

Present		**Past**	
rida	ridiamo	abbia riso	abbiamo riso
rida	ridiate	abbia riso	abbiate riso
rida	ridano	abbia riso	abbiano riso

Imperfect		**Past Perfect**	
ridessi	ridessimo	avessi riso	avessimo riso
ridessi	rideste	avessi riso	aveste riso
ridesse	ridessero	avesse riso	avessero riso

Conditional

Present		**Past**	
riderei	rideremmo	avrei riso	avremmo riso
rideresti	ridereste	avresti riso	avreste riso
riderebbe	riderebbero	avrebbe riso	avrebbero riso

Imperative

—	ridiamo!
ridi!	ridete!
rida!	ridano!

Participles

Present
ridente

Past
riso

Gerund

ridendo

Related Words

ridicolo	*ridicolous*	risata	*outburst of laughter*
sorridere	*to smile*	sorriso	*smile*

125 **rimanere** to remain

Irregular
Intransitive

		io	noi
		tu	voi
		lui/lei	loro

Indicative

Present

rimango	rimaniamo
rimani	rimanete
rimane	rimangono

Present Perfect

sono rimasto(a)	siamo rimasti(e)
sei rimasto(a)	siete rimasti(e)
è rimasto(a)	sono rimasti(e)

Imperfect

rimanevo	rimanevamo
rimanevi	rimanevate
rimaneva	rimanevano

Past Perfect

ero rimasto(a)	eravamo rimasti(e)
eri rimasto(a)	eravate rimasti(e)
era rimasto(a)	erano rimasti(e)

Absolute Past

rimasi	rimanemmo
rimanesti	rimaneste
rimase	rimasero

Preterite Perfect

fui rimasto(a)	fummo rimasti(e)
fosti rimasto(a)	foste rimasti(e)
fu rimasto(a)	furono rimasti(e)

Future

rimarrò	rimarremo
rimarrai	rimarrete
rimarrà	rimarranno

Future Perfect

sarò rimasto(a)	saremo rimasti(e)
sarai rimasto(a)	sarete rimasti(e)
sarà rimasto(a)	saranno rimasti(e)

Subjunctive

Present

rimanga	rimaniamo
rimanga	rimaniate
rimanga	rimangano

Past

sia rimasto(a)	siamo rimasti(e)
sia rimasto(a)	siate rimasti(e)
sia rimasto(a)	siano rimasti(e)

Imperfect

rimanessi	rimanessimo
rimanessi	rimaneste
rimanesse	rimanessero

Past Perfect

fossi rimasto(a)	fossimo rimasti(e)
fossi rimasto(a)	foste rimasti(e)
fosse rimasto(a)	fossero rimasti(e)

Conditional

Present

rimarrei	rimarremmo
rimarresti	rimarreste
rimarrebbe	rimarrebbero

Past

sarei rimasto(a)	saremmo rimasti(e)
saresti rimasto(a)	sareste rimasti(e)
sarebbe rimasto(a)	sarebbero rimasti(e)

Imperative

—	rimaniamo!
rimani!	rimanete!
rimanga!	rimangano!

Participles

Present
rimanente

Past
rimasto

Gerund

rimanendo

Related Words

rimanerci	*to die*

126 rispondere to answer

Irregular

Intransitive

	io	noi
	tu	voi
	lui/lei	loro

Indicative

Present
rispondo	rispondiamo
rispondi	rispondete
risponde	rispondono

Present Perfect
ho risposto	abbiamo risposto
hai risposto	avete risposto
ha risposto	hanno risposto

Imperfect
rispondevo	rispondevamo
rispondevi	rispondevate
rispondeva	rispondevano

Past Perfect
avevo risposto	avevamo risposto
avevi risposto	avevate risposto
aveva risposto	avevano risposto

Absolute Past
risposi	rispondemmo
rispondesti	rispondeste
rispose	risposero

Preterite Perfect
ebbi risposto	avemmo risposto
avesti risposto	aveste risposto
ebbe risposto	ebbero risposto

Future
risponderò	risponderemo
risponderai	risponderete
risponderà	risponderanno

Future Perfect
avrò risposto	avremo risposto
avrai risposto	avrete risposto
avrà risposto	avranno risposto

Subjunctive

Present
risponda	rispondiamo
risponda	rispondiate
risponda	rispondano

Past
abbia risposto	abbiamo risposto
abbia risposto	abbiate risposto
abbia risposto	abbiano risposto

Imperfect
rispondessi	rispondessimo
rispondessi	rispondeste
rispondesse	rispondessero

Past Perfect
avessi risposto	avessimo risposto
avessi risposto	aveste risposto
avesse risposto	avessero risposto

Conditional

Present
risponderei	risponderemmo
risponderesti	rispondereste
risponderebbe	risponderebbero

Past
avrei risposto	avremmo risposto
avresti risposto	avreste risposto
avrebbe risposto	avrebbero risposto

Imperative
—	rispondiamo!
rispondi!	rispondete!
risponda!	rispondano!

Participles
Present
rispondente
Past
risposto

Gerund
rispondendo

Related Words
risposta	*answer*	rispondere picche	*to say no*

127 ritornare to return, to come back

Regular
Transitive/Intransitive*

	io	noi
	tu	voi
	lui/lei	loro

Indicative

Present
ritorno	ritorniamo
ritorni	ritornate
ritorna	ritornano

Present Perfect
sono ritornato(a)	siamo ritornati(e)
sei ritornato(a)	siete ritornati(e)
è ritornato(a)	sono ritornati(e)

Imperfect
ritornavo	ritornavamo
ritornavi	ritornavate
ritornava	ritornavano

Past Perfect
ero ritornato(a)	eravamo ritornati(e)
eri ritornato(a)	eravate ritornati(e)
era ritornato(a)	erano ritornati(e)

Absolute Past
ritornai	ritornammo
ritornasti	ritornaste
ritornò	ritornarono

Preterite Perfect
fui ritornato(a)	fummo ritornati(e)
fosti ritornato(a)	foste ritornati(e)
fu ritornato(a)	furono ritornati(e)

Future
ritornerò	ritorneremo
ritornerai	ritornerete
ritornerà	ritorneranno

Future Perfect
sarò ritornato(a)	saremo ritornati(e)
sarai ritornato(a)	sarete ritornati(e)
sarà ritornato(a)	saranno ritornati(e)

Subjunctive

Present
ritorni	ritorniamo
ritorni	ritorniate
ritorni	ritornino

Past
sia ritornato(a)	siamo ritornati(e)
sia ritornato(a)	siate ritornati(e)
sia ritornato(a)	siano ritornati(e)

Imperfect
ritornassi	ritornassimo
ritornassi	ritornaste
ritornasse	ritornassero

Past Perfect
fossi ritornato(a)	fossimo ritornati(e)
fossi ritornato(a)	foste ritornati(e)
fosse ritornato(a)	fossero ritornati(e)

Conditional

Present
ritornerei	ritorneremmo
ritorneresti	ritornereste
ritornerebbe	ritornerebbero

Past
sarei ritornato(a)	saremmo ritornati(e)
saresti ritornato(a)	sareste ritornati(e)
sarebbe ritornato(a)	sarebbero ritornati(e)

Imperative

—	ritorniamo!
ritorna!	ritornate!
ritorni!	ritornino!

Participles

Present
ritornante

Past
ritornato

Gerund

ritornando

Related Words

ritorno	*coming back*	ritornello	*refrain*

*Ritornare is conjugated with *avere* when it takes a direct object and with *essere* when it takes no direct object.

128 **rivoltare** to turn inside out

Regular   io   noi
Transitive   tu   voi
                                                                           lui/lei loro

Indicative

Present

rivolto	rivoltiamo		
rivolti	rivoltate		
rivolta	rivoltano		

Present Perfect

ho rivoltato	abbiamo rivoltato
hai rivoltato	avete rivoltato
ha rivoltato	hanno rivoltato

Imperfect

rivoltavo	rivoltavamo
rivoltavi	rivoltavate
rivoltava	rivoltavano

Past Perfect

avevo rivoltato	avevamo rivoltato
avevi rivoltato	avevate rivoltato
aveva rivoltato	avevano rivoltato

Absolute Past

rivoltai	rivoltammo
rivoltasti	rivoltaste
rivoltò	rivoltarono

Preterite Perfect

ebbi rivoltato	avemmo rivoltato
avesti rivoltato	aveste rivoltato
ebbe rivoltato	ebbero rivoltato

Future

rivolterò	rivolteremo
rivolterai	rivolterete
rivolterà	rivolteranno

Future Perfect

avrò rivoltato	avremo rivoltato
avrai rivoltato	avrete rivoltato
avrà rivoltato	avranno rivoltato

Subjunctive

Present

rivolti	rivoltiamo
rivolti	rivoltiate
rivolti	rivoltino

Past

abbia rivoltato	abbiamo rivoltato
abbia rivoltato	abbiate rivoltato
abbia rivoltato	abbiano rivoltato

Imperfect

rivoltassi	rivoltassimo
rivoltassi	rivoltaste
rivoltasse	rivoltassero

Past Perfect

avessi rivoltato	avessimo rivoltato
avessi rivoltato	aveste rivoltato
avesse rivoltato	avessero rivoltato

Conditional

Present

rivolterei	rivolteremmo
rivolteresti	rivoltereste
rivolterebbe	rivolterebbero

Past

avrei rivoltato	avremmo rivoltato
avresti rivoltato	avreste rivoltato
avrebbe rivoltato	avrebbero rivoltato

Imperative

—	rivoltiamo!
rivolta!	rivoltate!
rivolti!	rivoltino!

Participles

Present
rivoltante

Past
rivoltato

Gerund

rivoltando

Related Words

risvolto	*cuff, lapel, inside flap*	rivoltante	*revolting, disgusting*
rivolta	*revolt*	rivoltella	*revolver*

129 rompere to break

Regular
Transitive

io noi
tu voi
lui/lei loro

Indicative

Present
rompo	rompiamo		
rompi	rompete		
rompe	rompono		

Present Perfect
ho rotto		abbiamo rotto	
hai rotto		avete rotto	
ha rotto		hanno rotto	

Imperfect
rompevo	rompevamo
rompevi	rompevate
rompeva	rompevano

Past Perfect
avevo rotto	avevamo rotto
avevi rotto	avevate rotto
aveva rotto	avevano rotto

Absolute Past
ruppi	rompemmo
rompesti	rompeste
ruppe	ruppero

Preterite Perfect
ebbi rotto	avemmo rotto
avesti rotto	aveste rotto
ebbe rotto	ebbero rotto

Future
romperò	romperemo
romperai	romperete
romperà	romperanno

Future Perfect
avrò rotto	avremo rotto
avrai rotto	avrete rotto
avrà rotto	avranno rotto

Subjunctive

Present
rompa	rompiamo
rompa	rompiate
rompa	rompano

Past
abbia rotto	abbiamo rotto
abbia rotto	abbiate rotto
abbia rotto	abbiano rotto

Imperfect
rompessi	rompessimo
rompessi	rompeste
rompesse	rompessero

Past Perfect
avessi rotto	avessimo rotto
avessi rotto	aveste rotto
avesse rotto	avessero rotto

Conditional

Present
romperei	romperemmo
romperesti	rompereste
romperebbe	romperebbero

Past
avrei rotto	avremmo rotto
avresti rotto	avreste rotto
avrebbe rotto	avrebbero rotto

Imperative
—	rompiamo!
rompi!	rompete!
rompa!	rompano!

Participles
Present
rompente
Past
rotto

Gerund
rompendo

Related Words

rompersi	*to get broken*	rompibile	*breakable*
rompicapo	*annoyance, worry*	rompitesta	*puzzle, riddle*
corrompere	*to corrupt*	interrompere	*to interrupt*

130 rubare to steal

Regular
Transitive

	io	noi
	tu	voi
	lui/lei	loro

Indicative

Present
rubo	rubiamo
rubi	rubate
ruba	rubano

Present Perfect
ho rubato	abbiamo rubato
hai rubato	avete rubato
ha rubato	hanno rubato

Imperfect
rubavo	rubavamo
rubavi	rubavate
rubava	rubavano

Past Perfect
avevo rubato	avevamo rubato
avevi rubato	avevate rubato
aveva rubato	avevano rubato

Absolute Past
rubai	rubammo
rubasti	rubaste
rubò	rubarono

Preterite Perfect
ebbi rubato	avemmo rubato
avesti rubato	aveste rubato
ebbe rubato	ebbero rubato

Future
ruberò	ruberemo
ruberai	ruberete
ruberà	ruberanno

Future Perfect
avrò rubato	avremo rubato
avrai rubato	avrete rubato
avrà rubato	avranno rubato

Subjunctive

Present
rubi	rubiamo
rubi	rubiate
rubi	rubino

Past
abbia rubato	abbiamo rubato
abbia rubato	abbiate rubato
abbia rubato	abbiano rubato

Imperfect
rubassi	rubassimo
rubassi	rubaste
rubasse	rubassero

Past Perfect
avessi rubato	avessimo rubato
avessi rubato	aveste rubato
avesse rubato	avessero rubato

Conditional

Present
ruberei	ruberemmo
ruberesti	rubereste
ruberebbe	ruberebbero

Past
avrei rubato	avremmo rubato
avresti rubato	avreste rubato
avrebbe rubato	avrebbero rubato

Imperative
—	rubiamo!
ruba!	rubate!
rubi!	rubino!

Participles
Present
rubante
Past
rubato

Gerund
rubando

Related Words

rubacuori	*lady-killer, vamp*	ruberia	*thieving, stealing*
andar a ruba	*to sell like hot cakes*	rubato	*stolen*

131 **salvare** to save

Regular

Transitive

	io	noi
	tu	voi
	lui/lei	loro

Indicative

Present
salvo	salviamo
salvi	salvate
salva	salvano

Present Perfect
ho salvato	abbiamo salvato
hai salvato	avete salvato
ha salvato	hanno salvato

Imperfect
salvavo	salvavamo
salvavi	salvavate
salvava	salvavano

Past Perfect
avevo salvato	avevamo salvato
avevi salvato	avevate salvato
aveva salvato	avevano salvato

Absolute Past
salvai	salvammo
salvasti	salvaste
salvò	salvarono

Preterite Perfect
ebbi salvato	avemmo salvato
avesti salvato	aveste salvato
ebbe salvato	ebbero salvato

Future
salverò	salveremo
salverai	salverete
salverà	salveranno

Future Perfect
avrò salvato	avremo salvato
avrai salvato	avrete salvato
avrà salvato	avranno salvato

Subjunctive

Present
salvi	salviamo
salvi	salviate
salvi	salvino

Past
abbia salvato	abbiamo salvato
abbia salvato	abbiate salvato
abbia salvato	abbiano salvato

Imperfect
salvassi	salvassimo
salvassi	salvaste
salvasse	salvassero

Past Perfect
avessi salvato	avessimo salvato
avessi salvato	aveste salvato
avesse salvato	avessero salvato

Conditional

Present
salverei	salveremmo
salveresti	salvereste
salverebbe	salverebbero

Past
avrei salvato	avremmo salvato
avresti salvato	avreste salvato
avrebbe salvato	avrebbero salvato

Imperative
—	salviamo!
salva!	salvate!
salvi!	salvino!

Participles

Present
salvante

Past
salvato

Gerund

salvando

Related Words

salvadanaio	*piggy bank*	salvataggio	*rescue*
salvagente	*life preserver*	salvezza	*salvation, safety*

132 sapere to know

Irregular

Transitive

io   noi

tu   voi

lui/lei   loro

Indicative

Present		Present Perfect	
so	sappiamo	ho saputo	abbiamo saputo
sai	sapete	hai saputo	avete saputo
sa	sanno	ha saputo	hanno saputo

Imperfect		Past Perfect	
sapevo	sapevamo	avevo saputo	avevamo saputo
sapevi	sapevate	avevi saputo	avevate saputo
sapeva	sapevano	aveva saputo	avevano saputo

Absolute Past		Preterite Perfect	
seppi	sapemmo	ebbi saputo	avemmo saputo
sapesti	sapeste	avesti saputo	aveste saputo
seppe	seppero	ebbe saputo	ebbero saputo

Future		Future Perfect	
saprò	sapremo	avrò saputo	avremo saputo
saprai	saprete	avrai saputo	avrete saputo
saprà	sapranno	avrà saputo	avranno saputo

Subjunctive

Present		Past	
sappia	sappiamo	abbia saputo	abbiamo saputo
sappia	sappiate	abbia saputo	abbiate saputo
sappia	sappiano	abbia saputo	abbiano saputo

Imperfect		Past Perfect	
sapessi	sapessimo	avessi saputo	avessimo saputo
sapessi	sapeste	avessi saputo	aveste saputo
sapesse	sapessero	avesse saputo	avessero saputo

Conditional

Present		Past	
saprei	sapremmo	avrei saputo	avremmo saputo
sapresti	sapreste	avresti saputo	avreste saputo
saprebbe	saprebbero	avrebbe saputo	avrebbero saputo

Imperative

—	sappiamo!
sappi!	sappiate!
sappia!	sappiano!

Participles — Gerund

Present

sapiente

Past

saputo

Gerund

sapendo

Related Words

sapiente	*wise, talented*	sapienza	*knowledge*

133 scegliere to choose

Irregular
Transitive

Indicative

Present
scelgo	scegliamo
scegli	scegliete
sceglie	scelgono

Present Perfect
ho scelto	abbiamo scelto
hai scelto	avete scelto
ha scelto	hanno scelto

Imperfect
sceglievo	sceglievamo
sceglievi	sceglievate
sceglieva	sceglievano

Past Perfect
avevo scelto	avevamo scelto
avevi scelto	avevate scelto
aveva scelto	avevano scelto

Absolute Past
scelsi	scegliemmo
scegliesti	sceglieste
scelse	scelsero

Preterite Perfect
ebbi scelto	avemmo scelto
avesti scelto	aveste scelto
ebbe scelto	ebbero scelto

Future
sceglierò	sceglieremo
sceglierai	sceglierete
sceglierà	sceglieranno

Future Perfect
avrò scelto	avremo scelto
avrai scelto	avrete scelto
avrà scelto	avranno scelto

Subjunctive

Present
scelga	scegliamo
scelga	scegliate
scelga	scelgano

Past
abbia scelto	abbiamo scelto
abbia scelto	abbiate scelto
abbia scelto	abbiano scelto

Imperfect
scegliessi	scegliessimo
scegliessi	sceglieste
scegliesse	scegliessero

Past Perfect
avessi scelto	avessimo scelto
avessi scelto	aveste scelto
avesse scelto	avessero scelto

Conditional

Present
sceglierei	sceglieremmo
sceglieresti	scegliereste
sceglierebbe	sceglierebbero

Past
avrei scelto	avremmo scelto
avresti scelto	avreste scelto
avrebbe scelto	avrebbero scelto

Imperative
—	scegliamo!
scegli!	scegliete!
scelga!	scelgano!

Participles

Present
scegliente

Past
scelto

Gerund
scegliendo

Related Words
| scelta | *choice* |

134 scherzare to mock, to joke

Regular
Intransitive

io   noi
tu   voi
lui/lei   loro

Indicative

Present		Present Perfect	
scherzo	scherziamo	ho scherzato	abbiamo scherzato
scherzi	scherzate	hai scherzato	avete scherzato
scherza	scherzano	ha scherzato	hanno scherzato

Imperfect		Past Perfect	
scherzavo	scherzavamo	avevo scherzato	avevamo scherzato
scherzavi	scherzavate	avevi scherzato	avevate scherzato
scherzava	scherzavano	aveva scherzato	avevano scherzato

Absolute Past		Preterite Perfect	
scherzai	scherzammo	ebbi scherzato	avemmo scherzato
scherzasti	scherzaste	avesti scherzato	aveste scherzato
scherzò	scherzarono	ebbe scherzato	ebbero scherzato

Future		Future Perfect	
scherzerò	scherzeremo	avrò scherzato	avremo scherzato
scherzerai	scherzerete	avrai scherzato	avrete scherzato
scherzerà	scherzeranno	avrà scherzato	avranno scherzato

Subjunctive

Present		Past	
scherzi	scherziamo	abbia scherzato	abbiamo scherzato
scherzi	scherziate	abbia scherzato	abbiate scherzato
scherzi	scherzino	abbia scherzato	abbiano scherzato

Imperfect		Past Perfect	
scherzassi	scherzassimo	avessi scherzato	avessimo scherzato
scherzassi	scherzaste	avessi scherzato	aveste scherzato
scherzasse	scherzassero	avesse scherzato	avessero scherzato

Conditional

Present		Past	
scherzerei	scherzeremmo	avrei scherzato	avremmo scherzato
scherzeresti	scherzereste	avresti scherzato	avreste scherzato
scherzerebbe	scherzerebbero	avrebbe scherzato	avrebbero scherzato

Imperative

—	scherziamo!
scherza!	scherzate!
scherzi!	scherzino!

Participles ___ Gerund ___

Present
scherzante

Present
scherzando

Past
scherzato

Related Words

scherzo   *joke*

135 sciare to ski

Regular
Intransitive

	io	noi
	tu	voi
	luî/lei	loro

Indicative

Present
		Present Perfect	
scio	sciamo	ho sciato	abbiamo sciato
scii	sciate	hai sciato	avete sciato
scia	sciano	ha sciato	hanno sciato

Imperfect
		Past Perfect	
sciavo	sciavamo	avevo sciato	avevamo sciato
sciavi	sciavate	avevi sciato	avevate sciato
sciava	sciavano	aveva sciato	avevano sciato

Absolute Past
		Preterite Perfect	
sciai	sciammo	ebbi sciato	avemmo sciato
sciasti	sciaste	avesti sciato	aveste sciato
sciò	sciarono	ebbe sciato	ebbero sciato

Future
		Future Perfect	
scierò	scieremo	avrò sciato	avremo sciato
scierai	scierete	avrai sciato	avrete sciato
scierà	scieranno	avrà sciato	avranno sciato

Subjunctive

Present
		Past	
scii	sciamo	abbia sciato	abbiamo sciato
scii	sciate	abbia sciato	abbiate sciato
scii	sciino	abbia sciato	abbiano sciato

Imperfect
		Past Perfect	
sciassi	sciassimo	avessi sciato	avessimo sciato
sciassi	sciaste	avessi sciato	aveste sciato
sciasse	sciassero	avesse sciato	avessero sciato

Conditional

Present
		Past	
scierei	scieremmo	avrei sciato	avremmo sciato
scieresti	sciereste	avresti sciato	avreste sciato
scierebbe	scierebbero	avrebbe sciato	avrebbero sciato

Imperative

—	sciamo!
scia!	sciate!
scii!	sciino!

Participles

Present
sciante

Past
sciato

Gerund

sciando

Related Words

sci	*ski*	scia	*wake, track, trail*
sciatore	*skier*		

136 scoprire to discover

Irregular

Transitive

	io	noi
	tu	voi
	lui/lei	loro

Indicative

Present
scopro	scopriamo
scopri	scoprite
scopre	scoprono

Present Perfect
ho scoperto	abbiamo scoperto
hai scoperto	avete scoperto
ha scoperto	hanno scoperto

Imperfect
scoprivo	scoprivamo
scoprivi	scoprivate
scopriva	scoprivano

Past Perfect
avevo scoperto	avevamo scoperto
avevi scoperto	avevate scoperto
aveva scoperto	avevano scoperto

Absolute Past
scoprii	scoprimmo
scopristi	scopriste
scoprì	scoprirono

Preterite Perfect
ebbi scoperto	avemmo scoperto
avesti scoperto	aveste scoperto
ebbe scoperto	ebbero scoperto

Future
scoprirò	scopriremo
scoprirai	scoprirete
scoprirà	scopriranno

Future Perfect
avrò scoperto	avremo scoperto
avrai scoperto	avrete scoperto
avrà scoperto	avranno scoperto

Subjunctive

Present
scopra	scopriamo
scopra	scopriate
scopra	scoprano

Past
abbia scoperto	abbiamo scoperto
abbia scoperto	abbiate scoperto
abbia scoperto	abbiano scoperto

Imperfect
scoprissi	scoprissimo
scoprissi	scopriste
scoprisse	scoprissero

Past Perfect
avessi scoperto	avessimo scoperto
avessi scoperto	aveste scoperto
avesse scoperto	avessero scoperto

Conditional

Present
scoprirei	scopriremmo
scopriresti	scoprireste
scoprirebbe	scoprirebbero

Past
avrei scoperto	avremmo scoperto
avresti scoperto	avreste scoperto
avrebbe scoperto	avrebbero scoperto

Imperative
—	scopriamo!
scopri!	scoprite!
scopra!	scoprano!

Participles

Present
scoprente

Past
scoperto

Gerund
scoprendo

Related Words
scoperta	*discovery*	scopritore	*discoverer*

137 **scrivere** to write

Irregular
Transitive

	io	noi
	tu	voi
	lui/lei	loro

Indicative

Present		**Present Perfect**	
scrivo	scriviamo	ho scritto	abbiamo scritto
scrivi	scrivete	hai scritto	avete scritto
scrive	scrivono	ha scritto	hanno scritto

Imperfect		**Past Perfect**	
scrivevo	scrivevamo	avevo scritto	avevamo scritto
scrivevi	scrivevate	avevi scritto	avevate scritto
scriveva	scrivevano	aveva scritto	avevano scritto

Absolute Past		**Preterite Perfect**	
scrissi	scrivemmo	ebbi scritto	avemmo scritto
scrivesti	scriveste	avesti scritto	aveste scritto
scrisse	scrissero	ebbe scritto	ebbero scritto

Future		**Future Perfect**	
scriverò	scriveremo	avrò scritto	avremo scritto
scriverai	scriverete	avrai scritto	avrete scritto
scriverà	scriveranno	avrà scritto	avranno scritto

Subjunctive

Present		**Past**	
scriva	scriviamo	abbia scritto	abbiamo scritto
scriva	scriviate	abbia scritto	abbiate scritto
scriva	scrivano	abbia scritto	abbiano scritto

Imperfect		**Past Perfect**	
scrivessi	scrivessimo	avessi scritto	avessimo scritto
scrivessi	scriveste	avessi scritto	aveste scritto
scrivesse	scrivessero	avesse scritto	avessero scritto

Conditional

Present		**Past**	
scriverei	scriveremmo	avrei scritto	avremmo scritto
scriveresti	scrivereste	avresti scritto	avreste scritto
scriverebbe	scriverebbero	avrebbe scritto	avrebbero scritto

Imperative

—	scriviamo!
scrivi!	scrivete!
scriva!	scrivano!

Participles

Present
scrivente

Past
scritto

Gerund

scrivendo

Related Words

scritto	*manuscript*	scrittura	*handwriting*
scritta	*sign (written)*	scrittore	*writer*
scrivania	*desk*	iscrivere	*to register, to sign up*

138a sedersi* to sit down

Irregular   io   noi
Reflexive   tu   voi
                                      lui/lei   loro

Indicative

Present

mi siedo	ci sediamo
ti siedi	vi sedete
si siede	si siedono

Present Perfect

mi sono seduto(a)	ci siamo seduti(e)
ti sei seduto(a)	vi siete seduti(e)
si è seduto(a)	si sono seduti(e)

Imperfect

mi sedevo	ci sedevamo
ti sedevi	vi sedevate
si sedeva	si sedevano

Past Perfect

mi ero seduto(a)	ci eravamo seduti(e)
ti eri seduto(a)	vi eravate seduti(e)
si era seduto(a)	si erano seduti(e)

Absolute Past

mi sedei	ci sedemmo
ti sedesti	vi sedeste
si sedè	si sederono

Preterite Perfect

mi fui seduto(a)	ci fummo seduti(e)
ti fosti seduto(a)	vi foste seduti(e)
si fu seduto(a)	si furono seduti(e)

Future

mi sederò	ci sederemo
ti sederai	vi sederete
si sederà	si sederanno

Future Perfect

mi sarò seduto(a)	ci saremo seduti(e)
ti sarai seduto(a)	vi sarete seduti(e)
si sarà seduto(a)	si saranno seduti(e)

Subjunctive

Present

mi sieda	ci sediamo
ti sieda	vi sediate
si sieda	si siedano

Past

mi sia seduto(a)	ci siamo seduti(e)
ti sia seduto(a)	vi siate seduti(e)
si sia seduto(a)	si siano seduti(e)

Imperfect

mi sedessi	ci sedessimo
ti sedessi	vi sedeste
si sedesse	si sedessero

Past Perfect

mi fossi seduto(a)	ci fossimo seduti(e)
ti fossi seduto(a)	vi foste seduti(e)
si fosse seduto(a)	si fossero seduti(e)

Conditional

Present

mi sederei	ci sederemmo
ti sederesti	vi sedereste
si sederebbe	si sederebbero

Past

mi sarei seduto(a)	ci saremmo seduti(e)
ti saresti seduto(a)	vi sareste seduti(e)
si sarebbe seduto(a)	si sarebbero seduti(e)

Imperative

—	sediamoci!
siediti!	sedetevi!
si sieda	si siedano

Participles

Present
sedentesi

Past
sedutosi

Gerund

sedendosi

Related Words

sedia	*chair*	seggiolone	*highchair, easy chair*
sede	*seat*	sedere	*to sit, to be sitting*
possedere	*to possess, to own*	sedentario	*sedentary*

* The verb sedersi has two accepted conjugations. See next page for alternative conjugation.

170

138b sedersi to sit down

Irregular
Reflexive
(Alternate Conjugation)

	io	noi
	tu	voi
	lui/lei	loro

Indicative

Present
mi seggo	ci sediamo
ti siedi	vi sedete
si siede	si seggono

Present Perfect
mi sono seduto(a)	ci siamo seduti(e)
ti sei seduto(a)	vi siete seduti(e)
si è seduto(a)	si sono seduti(e)

Imperfect
mi sedevo	ci sedevamo
ti sedevi	vi sedevate
si sedeva	si sedevano

Past Perfect
mi ero seduto(a)	ci eravamo seduti(e)
ti eri seduto(a)	vi eravate seduti(e)
si era seduto(a)	si erano seduti(e)

Absolute Past
mi sedetti	ci sedemmo
ti sedesti	vi sedeste
si sedette	si sedettero

Preterite Perfect
mi fui seduto(a)	ci fummo seduti(e)
ti fosti seduto(a)	vi foste seduti(e)
si fu seduto(a)	si furono seduti(e)

Future
mi siederò	ci siederemo
ti siederai	vi siederete
si siederà	si siederanno

Future Perfect
mi sarò seduto(a)	ci saremo seduti(e)
ti sarai seduto(a)	vi sarete seduti(e)
si sarà seduto(a)	si saranno seduti(e)

Subjunctive

Present
mi segga	ci sediamo
ti segga	vi sediate
si segga	si seggano

Past
mi sia seduto(a)	ci siamo seduti(e)
ti sia seduto(a)	vi siate seduti(e)
si sia seduto(a)	si siano seduti(e)

Imperfect
mi sedessi	ci sedessimo
ti sedessi	vi sedeste
si sedesse	si sedessero

Past Perfect
mi fossi seduto(a)	ci fossimo seduti(e)
ti fossi seduto(a)	vi foste seduti(e)
si fosse seduto(a)	si fossero seduti(e)

Conditional

Present
mi siederei	ci siederemmo
ti siederesti	vi siedereste
si siederebbi	si siederebbero

Past
mi sarei seduto(a)	ci saremmo seduti(e)
ti saresti seduto(a)	vi sareste seduti(e)
si sarebbe seduto(a)	si sarebbero seduti(e)

Imperative
—	sediamoci!
siediti!	sedetevi!
si segga!	si seggano!

Participles

Present
sedentesi

Past
sedutosi

Gerund
sedendosi

Related Words
seggiola	*chair*

139 sembrare to seem, to appear

Regular
Transitive

	io	noi
	tu	voi
	lui/lei	loro

Indicative

Present

sembro	sembriamo
sembri	sembrate
sembra	sembrano

Present Perfect

ho sembrato	abbiamo sembrato
hai sembrato	avete sembrato
ha sembrato	hanno sembrato

Imperfect

sembravo	sembravamo
sembravi	sembravate
sembrava	sembravano

Past Perfect

avevo sembrato	avevamo sembrato
avevi sembrato	avevate sembrato
aveva sembrato	avevano sembrato

Absolute Past

sembrai	sembrammo
sembrasti	sembraste
sembrò	sembrarono

Preterite Perfect

ebbi sembrato	avemmo sembrato
avesti sembrato	aveste sembrato
ebbe sembrato	ebbero sembrato

Future

sembrerò	sembreremo
sembrerai	sembrerete
sembrerà	sembreranno

Future Perfect

avrò sembrato	avremo sembrato
avrai sembrato	avrete sembrato
avrà sembrato	avranno sembrato

Subjunctive

Present

sembri	sembriamo
sembri	sembriate
sembri	sembrino

Past

abbia sembrato	abbiamo sembrato
abbia sembrato	abbiate sembrato
abbia sembrato	abbiano sembrato

Imperfect

sembrassi	sembrassimo
sembrassi	sembraste
sembrasse	sembrassero

Past Perfect

avessi sembrato	avessimo sembrato
avessi sembrato	aveste sembrato
avesse sembrato	avessero sembrato

Conditional

Present

sembrerei	sembreremmo
sembreresti	sembrereste
sembrerebbe	sembrerebbero

Past

avrei sembrato	avremmo sembrato
avresti sembrato	avreste sembrato
avrebbe sembrato	avrebbero sembrato

Imperative

—	sembriamo!
sembra!	sembrate!
sembri!	sembrino!

Participles

Present
sembrante

Past
sembrato

Gerund

sembrando

Related Words

sembiante	semblance, appearance	sembianza	look, features

140 **sentire** to hear, to feel

Regular
Transitive

Indicative

Present
sento	sentiamo
senti	sentite
sente	sentono

Present Perfect
ho sentito	abbiamo sentito
hai sentito	avete sentito
ha sentito	hanno sentito

Imperfect
sentivo	sentivamo
sentivi	sentivate
sentiva	sentivano

Past Perfect
avevo sentito	avevamo sentito
avevi sentito	avevate sentito
aveva sentito	avevano sentito

Absolute Past
sentii	sentimmo
sentisti	sentiste
sentì	sentirono

Preterite Perfect
ebbi sentito	avemmo sentito
avesti sentito	aveste sentito
ebbe sentito	ebbero sentito

Future
sentirò	sentiremo
sentirai	sentirete
sentirà	sentiranno

Future Perfect
avrò sentito	avremo sentito
avrai sentito	avrete sentito
avrà sentito	avranno sentito

Subjunctive

Present
senta	sentiamo
senta	sentiate
senta	sentano

Past
abbia sentito	abbiamo sentito
abbia sentito	abbiate sentito
abbia sentito	abbiano sentito

Imperfect
sentissi	sentissimo
sentissi	sentiste
sentisse	sentissero

Past Perfect
avessi sentito	avessimo sentito
avessi sentito	aveste sentito
avesse sentito	avessero sentito

Conditional

Present
sentirei	sentiremmo
sentiresti	sentireste
sentirebbe	sentirebbero

Past
avrei sentito	avremmo sentito
avresti sentito	avreste sentito
avrebbe sentito	avrebbero sentito

Imperative
—	sentiamo!
senti!	sentite!
senta!	sentano!

Participles

Present
sentente

Past
sentito

Gerund
sentendo

Related Words

sentenza	*sentence*	sentirsi	*to feel*
sentimento	*feeling*	sentore	*inkling, feeling*
consentire	*to allow, to permit*	per sentito dire	*by hearsay*

141 servire to serve

Regular
Transitive

	io	noi
	tu	voi
	lui/lei	loro

Indicative

Present
servo	serviamo
servi	servite
serve	servono

Present Perfect
ho servito	abbiamo servito
hai servito	avete servito
ha servito	hanno servito

Imperfect
servivo	servivamo
servivi	servivate
serviva	servivano

Past Perfect
avevo servito	avevamo servito
avevi servito	avevate servito
aveva servito	avevano servito

Absolute Past
servii	servimmo
servisti	serviste
servì	servirono

Preterite Perfect
ebbi servito	avemmo servito
avesti servito	aveste servito
ebbe servito	ebbero servito

Future
servirò	serviremo
servirai	servirete
servirà	serviranno

Future Perfect
avrò servito	avremo servito
avrai servito	avrete servito
avrà servito	avranno servito

Subjunctive

Present
serva	serviamo
serva	serviate
serva	servano

Past
abbia servito	abbiamo servito
abbia servito	abbiate servito
abbia servito	abbiano servito

Imperfect
servissi	servissimo
servissi	serviste
servisse	servissero

Past Perfect
avessi servito	avessimo servito
avessi servito	aveste servito
avesse servito	avessero servito

Conditional

Present
servirei	serviremmo
serviresti	servireste
servirebbe	servirebbero

Past
avrei servito	avremmo servito
avresti servito	avreste servito
avrebbe servito	avrebbero servito

Imperative
—	serviamo!
servi!	servite!
serva!	servano!

Participles

Present
servente

Past
servito

Gerund
servendo

Related Words

servito	*served*	servo / servitore	*servant*
servizio	*service*	Gli serve.	*He needs it.*

142 sgridare to scold, to chide

Regular
Transitive

	io	noi
	tu	voi
	lui/lei	loro

Indicative

Present
sgrido	sgridiamo
sgridi	sgridate
sgrida	sgridano

Present Perfect
ho sgridato	abbiamo sgridato
hai sgridato	avete sgridato
ha sgridato	hanno sgridato

Imperfect
sgridavo	sgridavamo
sgridavi	sgridavate
sgridava	sgridavano

Past Perfect
avevo sgridato	avevamo sgridato
avevi sgridato	avevate sgridato
aveva sgridato	avevano sgridato

Absolute Past
sgridai	sgridammo
sgridasti	sgridaste
sgridò	sgridarono

Preterite Perfect
ebbi sgridato	avemmo sgridato
avesti sgridato	aveste sgridato
ebbe sgridato	ebbero sgridato

Future
sgriderò	sgrideremo
sgriderai	sgriderete
sgriderà	sgrideranno

Future Perfect
avrò sgridato	avremo sgridato
avrai sgridato	avrete sgridato
avrà sgridato	avranno sgridato

Subjunctive

Present
sgridi	sgridiamo
sgridi	sgridiate
sgridi	sgridino

Past
abbia sgridato	abbiamo sgridato
abbia sgridato	abbiate sgridato
abbia sgridato	abbiano sgridato

Imperfect
sgridassi	sgridassimo
sgridassi	sgridaste
sgridasse	sgridassero

Past Perfect
avessi sgridato	avessimo sgridato
avessi sgridato	aveste sgridato
avesse sgridato	avessero sgridato

Conditional

Present
sgriderei	sgrideremmo
sgrideresti	sgridereste
sgriderebbe	sgriderebbero

Past
avrei sgridato	avremmo sgridato
avresti sgridato	avreste sgridato
avrebbe sgridato	avrebbero sgridato

Imperative
—	sgridiamo!
sgrida!	sgridate!
sgridi!	sgridino!

Participles
Present
sgridante
Past
sgridato

Gerund
sgridando

Related Words
sgridata	*scolding*

143 **sognare** to dream, to imagine

Regular
Transitive

	io	noi
	tu	voi
	lui/lei	loro

Indicative

Present

sogno	sogniamo
sogni	sognate
sogna	sognano

Present Perfect

ho sognato	abbiamo sognato
hai sognato	avete sognato
ha sognato	hanno sognato

Imperfect

sognavo	sognavamo
sognavi	sognavate
sognava	sognavano

Past Perfect

avevo sognato	avevamo sognato
avevi sognato	avevate sognato
aveva sognato	avevano sognato

Absolute Past

sognai	sognammo
sognasti	sognaste
sognò	sognarono

Preterite Perfect

ebbi sognato	avemmo sognato
avesti sognato	aveste sognato
ebbe sognato	ebbero sognato

Future

sognerò	sogneremo
sognerai	sognerete
sognerà	sogneranno

Future Perfect

avrò sognato	avremo sognato
avrai sognato	avrete sognato
avrà sognato	avranno sognato

Subjunctive

Present

sogni	sogniamo
sogni	sogniate
sogni	sognino

Past

abbia sognato	abbiamo sognato
abbia sognato	abbiate sognato
abbia sognato	abbiano sognato

Imperfect

sognassi	sognassimo
sognassi	sognaste
sognasse	sognassero

Past Perfect

avessi sognato	avessimo sognato
avessi sognato	aveste sognato
avesse sognato	avessero sognato

Conditional

Present

sognerei	sogneremmo
sogneresti	sognereste
sognerebbe	sognerebbero

Past

avrei sognato	avremmo sognato
avresti sognato	avreste sognato
avrebbe sognato	avrebbero sognato

Imperative

—	sogniamo!
sogna!	sognate!
sogni!	sognino!

Participles

Present
sognante

Past
sognato

Gerund

sognando

Related Words

sognabile	*imaginable, conceivable*	sognatore	*dreamer*
sogno	*dream*	Tu ti sogni!	*You're dreaming!*

144 spegnere to extinguish, to turn off

Irregular
Transitive

	io	noi
	tu	voi
	lui/lei	loro

Indicative

Present

spengo	spegniamo
spegni	spegnete
spegne	spengono

Present Perfect

ho spento	abbiamo spento
hai spento	avete spento
ha spento	hanno spento

Imperfect

spegnevo	spegnevamo
spegnevi	spegnevate
spegneva	spegnevano

Past Perfect

avevo spento	avevamo spento
avevi spento	avevate spento
aveva spento	avevano spento

Absolute Past

spensi	spegnemmo
spegnesti	spegneste
spense	spensero

Preterite Perfect

ebbi spento	avemmo spento
avesti spento	aveste spento
ebbe spento	ebbero spento

Future

spegnerò	spegneremo
spegnerai	spegnerete
spegnerà	spegneranno

Future Perfect

avrò spento	avremo spento
avrai spento	avrete spento
avrà spento	avranno spento

Subjunctive

Present

spenga	spegniamo
spenga	spegniate
spenga	spengano

Past

abbia spento	abbiamo spento
abbia spento	abbiate spento
abbia spento	abbiano spento

Imperfect

spegnessi	spegnessimo
spegnessi	spegneste
spegnesse	spegnessero

Past Perfect

avessi spento	avessimo spento
avessi spento	aveste spento
avesse spento	avessero spento

Conditional

Present

spegnerei	spegneremmo
spegneresti	spegnereste
spegnerebbe	spegnerebbero

Past

avrei spento	avremmo spento
avresti spento	avreste spento
avrebbe spento	avrebbero spento

Imperative

—	spegniamo!
spegni!	spegnete!
spenga!	spengano!

Participles

Present
spegnente

Past
spento

Gerund

spegnendo

Related Words

spento	*turned off*	spegnere la luce	*to turn off the light*
spegnere il motore	*to turn off the engine*	spegnere una sigaretta	*to put out a cigarette*

145 sporcare to dirty, to soil

Regular
Transitive

	io	noi
	tu	voi
	lui/lei	loro

Indicative

Present
sporco	sporchiamo
sporchi	sporcate
sporca	sporcano

Present Perfect
ho sporcato	abbiamo sporcato
hai sporcato	avete sporcato
ha sporcato	hanno sporcato

Imperfect
sporcavo	sporcavamo
sporcavi	sporcavate
sporcava	sporcavano

Past Perfect
avevo sporcato	avevamo sporcato
avevi sporcato	avevate sporcato
aveva sporcato	avevano sporcato

Absolute Past
sporcai	sporcammo
sporcasti	sporcaste
sporcò	sporcarono

Preterite Perfect
ebbi sporcato	avemmo sporcato
avesti sporcato	aveste sporcato
ebbe sporcato	ebbero sporcato

Future
sporcherò	sporcheremo
sporcherai	sporcherete
sporcherà	sporcheranno

Future Perfect
avrò sporcato	avremo sporcato
avrai sporcato	avrete sporcato
avrà sporcato	avranno sporcato

Subjunctive

Present
sporchi	sporchiamo
sporchi	sporchiate
sporchi	sporchino

Past
abbia sporcato	abbiamo sporcato
abbia sporcato	abbiate sporcato
abbia sporcato	abbiano sporcato

Imperfect
sporcassi	sporcassimo
sporcassi	sporcaste
sporcasse	sporcassero

Past Perfect
avessi sporcato	avessimo sporcato
avessi sporcato	aveste sporcato
avesse sporcato	avessero sporcato

Conditional

Present
sporcherei	sporcheremmo
sporcheresti	sporchereste
sporcherebbe	sporcherebbero

Past
avrei sporcato	avremmo sporcato
avresti sporcato	avreste sporcato
avrebbe sporcato	avrebbero sporcato

Imperative
—	sporchiamo!
sporca!	sporcate!
sporchi!	sporchino!

Participles
Present
sporcante
Past
sporcato

Gerund
sporcando

Related Words
sporco/	dirt, filth	farla sporca	*to pull a dirty trick*
sporcizia		sporco	*dirty*
sporcaccione	*filthy person*		

146 sposarsi to get married

Regular			io	noi
Reflexive			tu	voi
			lui/lei	loro

Indicative

Present
mi sposo	ci sposiamo
ti sposi	vi sposate
si sposa	si sposano

Present Perfect
mi sono sposato(a)	ci siamo sposati(e)
ti sei sposato(a)	vi siete sposati(e)
si è sposato(a)	si sono sposati(e)

Imperfect
mi sposavo	ci sposavamo
ti sposavi	vi sposavate
si sposava	si sposavano

Past Perfect
mi ero sposato(a)	ci eravamo sposati(e)
ti eri sposato(a)	vi eravate sposati(e)
si era sposato(a)	si erano sposati(e)

Absolute Past
mi sposai	ci sposammo
ti sposasti	vi sposaste
si sposò	si sposarono

Preterite Perfect
mi fui sposato(a)	ci fummo sposati(e)
ti fosti sposato(a)	vi foste sposati(e)
si fu sposato(a)	si furono sposati(e)

Future
mi sposerò	ci sposeremo
ti sposerai	vi sposerete
si sposerà	si sposeranno

Future Perfect
mi sarò sposato(a)	ci saremo sposati(e)
ti sarai sposato(a)	vi sarete sposati(e)
si sarà sposato(a)	si saranno sposati(e)

Subjunctive

Present
mi sposi	ci sposiamo
ti sposi	vi sposiate
si sposi	si sposino

Past
mi sia sposato(a)	ci siamo sposati(e)
ti sia sposato(a)	vi siate sposati(e)
si sia sposato(a)	si siano sposati(e)

Imperfect
mi sposassi	ci sposassimo
ti sposassi	vi sposaste
si sposasse	si sposassero

Past Perfect
mi fossi sposato(a)	ci fossimo sposati(e)
ti fossi sposato(a)	vi foste sposati(e)
si fosse sposato(a)	si fossero sposati(e)

Conditional

Present
mi sposerei	ci sposeremmo
ti sposeresti	vi sposereste
si sposerebbe	si sposerebbero

Past
mi sarei sposato(a)	ci saremmo sposati(e)
ti saresti sposato(a)	vi sareste sposati(e)
si sarebbe sposato(a)	si sarebbero sposati(e)

Imperative
—	sposiamoci!
sposati!	sposatevi!
si sposi!	si sposino!

Participles

Present
sposantesi

Past
sposatosi

Gerund
sposandosi

Related Words
sposa	*bride, wife*	sposo	*bridegroom, husband*
sposare	*to give in marriage*	sposato	*married*

147 **spostare** to move, to shift

Regular
Transitive

	io	noi
	tu	voi
lui/lei		loro

Indicative

Present

sposto	spostiamo
sposti	spostate
sposta	spostano

Present Perfect

ho spostato	abbiamo spostato
hai spostato	avete spostato
ha spostato	hanno spostato

Imperfect

spostavo	spostavamo
spostavi	spostavate
spostava	spostavano

Past Perfect

avevo spostato	avevamo spostato
avevi spostato	avevate spostato
aveva spostato	avevano spostato

Absolute Past

spostai	spostammo
spostasti	spostaste
spostò	spostarono

Preterite Perfect

ebbi spostato	avemmo spostato
avesti spostato	aveste spostato
ebbe spostato	ebbero spostato

Future

sposterò	sposteremo
sposterai	sposterete
sposterà	sposteranno

Future Perfect

avrò spostato	avremo spostato
avrai spostato	avrete spostato
avrà spostato	avranno spostato

Subjunctive

Present

sposti	spostiamo
sposti	spostiate
sposti	spostino

Past

abbia spostato	abbiamo spostato
abbia spostato	abbiate spostato
abbia spostato	abbiano spostato

Imperfect

spostassi	spostassimo
spostassi	spostaste
spostasse	spostassero

Past Perfect

avessi spostato	avessimo spostato
avessi spostato	aveste spostato
avesse spostato	avessero spostato

Conditional

Present

sposterei	sposteremmo
sposteresti	spostereste
sposterebbe	sposterebbero

Past

avrei spostato	avremmo spostato
avresti spostato	avreste spostato
avrebbe spostato	avrebbero spostato

Imperative

—	spostiamo!
sposta!	spostate!
sposti!	spostino!

Participles

Present
spostante

Past
spostato

Gerund

spostando

Related Words

spostamento	*shift*	posto	*place*

148 stare to stay, to be

Irregular
Intransitive

	io	noi
	tu	voi
	lui/lei	loro

Indicative

Present

sto	stiamo
stai	state
sta	stanno

Present Perfect

sono stato(a)	siamo stati(e)
sei stato(a)	siete stati(e)
è stato(a)	sono stati(e)

Imperfect

stavo	stavamo
stavi	stavate
stava	stavano

Past Perfect

ero stato(a)	eravamo stati(e)
eri stato(a)	eravate stati(e)
era stato(a)	erano stati(e)

Absolute Past

stetti	stemmo
stesti	steste
stette	stettero

Preterite Perfect

fui stato(a)	fummo stati(e)
fosti stato(a)	foste stati(e)
fu stato(a)	furono stati(e)

Future

starò	staremo
starai	starete
starà	staranno

Future Perfect

sarò stato(a)	saremo stati(e)
sarai stato(a)	sarete stati(e)
sarà stato(a)	saranno stati(e)

Subjunctive

Present

stia	stiamo
stia	stiate
stia	stiano

Past

sia stato(a)	siamo stati(e)
sia stato(a)	siate stati(e)
sia stato(a)	siano stati(e)

Imperfect

stessi	stessimo
stessi	steste
stesse	stessero

Past Perfect

fossi stato(a)	fossimo stati(e)
fossi stato(a)	foste stati(e)
fosse stato(a)	fossero stati(e)

Conditional

Present

starei	staremmo
staresti	stareste
starebbe	starebbero

Past

sarei stato(a)	saremmo stati(e)
saresti stato(a)	sareste stati(e)
sarebbe stato(a)	sarebbero stati(e)

Imperative

—	stiamo!
stai! *or* sta'!	state!
stia!	stiano!

Participles

Present
stante

Past
stato

Gerund

stando

Related Words

stare bene	*to be well*	starci	*to agree with*
stare a cuore	*to deem important*	stato	*state, status*

149 studiare to study

io   noi
tu   voi
lui/lei   loro

Regular
Transitive

Indicative

Present
studio	studiamo		
studi	studiate		
studia	studiano		

Present Perfect
ho studiato	abbiamo studiato
hai studiato	avete studiato
ha studiato	hanno studiato

Imperfect
studiavo	studiavamo
studiavi	studiavate
studiava	studiavano

Past Perfect
avevo studiato	avevamo studiato
avevi studiato	avevate studiato
aveva studiato	avevano studiato

Absolute Past
studiai	studiammo
studiasti	studiaste
studiò	studiarono

Preterite Perfect
ebbi studiato	avemmo studiato
avesti studiato	aveste studiato
ebbe studiato	ebbero studiato

Future
studierò	studieremo
studierai	studierete
studierà	studieranno

Future Perfect
avrò studiato	avremo studiato
avrai studiato	avrete studiato
avrà studiato	avranno studiato

Subjunctive

Present
studi	studiamo
studi	studiate
studi	studino

Past
abbia studiato	abbiamo studiato
abbia studiato	abbiate studiato
abbia studiato	abbiano studiato

Imperfect
studiassi	studiassimo
studiassi	studiaste
studiasse	studiassero

Past Perfect
avessi studiato	avessimo studiato
avessi studiato	aveste studiato
avesse studiato	avessero studiato

Conditional

Present
studierei	studieremmo
studieresti	studiereste
studierebbe	studierebbero

Past
avrei studiato	avremmo studiato
avresti studiato	avreste studiato
avrebbe studiato	avrebbero studiato

Imperative
—	studiamo!
studia!	studiate!
studi!	studino!

Participles

Present
studiante

Past
studiato

Gerund
studiando

Related Words
studente	*student*	studio	*study, study room*
studiato	*studied, affected*	studioso	*studious, diligent*

150 succedere to happen, to follow

Irregular
Intransitive
Impersonal

io noi
tu voi
lui/lei loro

Indicative

Present			Present Perfect	
—	—		—	—
—	—		—	—
succede	—		è successo	—

Imperfect			Past Perfect	
—	—		—	—
—	—		—	—
succedeva	—		era successo	—

Absolute Past			Preterite Perfect	
—	—		—	—
—	—		—	—
successe	—		fu successo	—

Future			Future Perfect	
—	—		—	—
—	—		—	—
succederà	—		sarà successo	—

Subjunctive

Present			Past	
—	—		—	—
—	—		—	—
succeda	—		sia successo	—

Imperfect			Past Perfect	
—	—		—	—
—	—		—	—
succedesse	—		fosse successo	—

Conditional

Present			Past	
—	—		—	—
—	—		—	—
succederebbe	—		sarebbe successo	—

Imperative

		Participles	Gerund
—	—	**Present**	succedendo
—	—	succedente	
succeda!	—	**Past**	
		successo	

Related Words

successivo	*successive*	successo	*success*
Cosa succede?	*What's happening?*	successione	*succession*
		succedimento	*happening*

183

151 svegliarsi to wake up

Indicative

Present

mi sveglio	ci svegliamo
ti svegli	vi svegliate
si sveglia	si svegliano

Present Perfect

mi sono svegliato(a)	ci siamo svegliati(e)
ti sei svegliato(a)	vi siete svegliati(e)
si è svegliato(a)	si sono svegliati(e)

Imperfect

mi svegliavo	ci svegliavamo
ti svegliavi	vi svegliavate
si svegliava	si svegliavano

Past Perfect

mi ero svegliato(a)	ci eravamo svegliati(e)
ti eri svegliato(a)	vi eravate svegliati(e)
si era svegliato(a)	si erano svegliati(e)

Absolute Past

mi svegliai	ci svegliammo
ti svegliasti	vi svegliaste
si svegliò	si svegliarono

Preterite Perfect

mi fui svegliato(a)	ci fummo svegliati(e)
ti fosti svegliato(a)	vi foste svegliati(e)
si fu svegliato(a)	si furono svegliati(e)

Future

mi sveglierò	ci sveglieremo
ti sveglierai	vi sveglierete
si sveglierà	si sveglieranno

Future Perfect

mi sarò svegliato(a)	ci saremo svegliati(e)
ti sarai svegliato(a)	vi sarete svegliati(e)
si sarà svegliato(a)	si saranno svegliati(e)

Subjunctive

Present

mi svegli	ci svegliamo
ti svegli	vi svegliate
si svegli	si sveglino

Past

mi sia svegliato(a)	ci siamo svegliati(e)
ti sia svegliato(a)	vi siate svegliati(e)
si sia svegliato(a)	si siano svegliati(e)

Imperfect

mi svegliassi	ci svegliassimo
ti svegliassi	vi svegliaste
si svegliasse	si svegliassero

Past Perfect

mi fossi svegliato(a)	ci fossimo svegliati(e)
ti fossi svegliato(a)	vi foste svegliati(e)
si fosse svegliato(a)	si fossero svegliati(e)

Conditional

Present

mi sveglierei	ci sveglieremmo
ti sveglieresti	vi svegliereste
si sveglierebbe	si sveglierebbero

Past

mi sarei svegliato(a)	ci saremmo svegliati(e)
ti saresti svegliato(a)	vi sareste svegliati(e)
si sarebbe svegliato(a)	si sarebbero svegliati(e)

Imperative

—	svegliamoci!
svegliati!	svegliatevi!
si svegli!	si sveglino!

Participles

Present
svegliantesi

Past
svegliatosi

Gerund

svegliandosi

Related Words

sveglia	*alarm clock*	sveglio	*awake, alert*

152 **telefonare** to telephone, to call

Regular   io   noi
Intransitive   tu   voi
                                                   lui/lei   loro

Indicative

Present
		Present Perfect	
telefono	telefoniamo	ho telefonato	abbiamo telefonato
telefoni	telefonate	hai telefonato	avete telefonato
telefona	telefonano	ha telefonato	hanno telefonato

Imperfect
		Past Perfect	
telefonavo	telefonavamo	avevo telefonato	avevamo telefonato
telefonavi	telefonavate	avevi telefonato	avevate telefonato
telefonava	telefonavano	aveva telefonato	avevano telefonato

Absolute Past
		Preterite Perfect	
telefonai	telefonammo	ebbi telefonato	avemmo telefonato
telefonasti	telefonaste	avesti telefonato	aveste telefonato
telefonò	telefonarono	ebbe telefonato	ebbero telefonato

Future
		Future Perfect	
telefonerò	telefoneremo	avrò telefonato	avremo telefonato
telefonerai	telefonerete	avrai telefonato	avrete telefonato
telefonerà	telefoneranno	avrà telefonato	avranno telefonato

Subjunctive

Present
		Past	
telefoni	telefoniamo	abbia telefonato	abbiamo telefonato
telefoni	telefoniate	abbia telefonato	abbiate telefonato
telefoni	telefonino	abbia telefonato	abbiano telefonato

Imperfect
		Past Perfect	
telefonassi	telefonassimo	avessi telefonato	avessimo telefonato
telefonassi	telefonaste	avessi telefonato	aveste telefonato
telefonasse	telefonassero	avesse telefonato	avessero telefonato

Conditional

Present
		Past	
telefonerei	telefoneremmo	avrei telefonato	avremmo telefonato
telefoneresti	telefonereste	avresti telefonato	avreste telefonato
telefonerebbe	telefonerebbero	avrebbe telefonato	avrebbero telefonato

Imperative   Participles   Gerund

		Present	telefonando
—	telefoniamo!	telefonante	
telefona!	telefonate!	**Past**	
telefoni!	telefonino!	telefonato	

Related Words

telefonata	*telephone call*	telefono	*telephone*
telefonista	*operator*		

153 tenere to hold, to keep

Irregular
Transitive

	io	noi
	tu	voi
	lui/lei	loro

Indicative

Present
tengo	teniamo
tieni	tenete
tiene	tengono

Present Perfect
ho tenuto	abbiamo tenuto
hai tenuto	avete tenuto
ha tenuto	hanno tenuto

Imperfect
tenevo	tenevamo
tenevi	tenevate
teneva	tenevano

Past Perfect
avevo tenuto	avevamo tenuto
avevi tenuto	avevate tenuto
aveva tenuto	avevano tenuto

Absolute Past
tenni	tenemmo
tenesti	teneste
tenne	tennero

Preterite Perfect
ebbi tenuto	avemmo tenuto
avesti tenuto	aveste tenuto
ebbe tenuto	ebbero tenuto

Future
terrò	terremo
terrai	terrete
terrà	terranno

Future Perfect
avrò tenuto	avremo tenuto
avrai tenuto	avrete tenuto
avrà tenuto	avranno tenuto

Subjunctive

Present
tenga	teniamo
tenga	teniate
tenga	tengano

Past
abbia tenuto	abbiamo tenuto
abbia tenuto	abbiate tenuto
abbia tenuto	abbiano tenuto

Imperfect
tenessi	tenessimo
tenessi	teneste
tenesse	tenessero

Past Perfect
avessi tenuto	avessimo tenuto
avessi tenuto	aveste tenuto
avesse tenuto	avessero tenuto

Conditional

Present
terrei	terremmo
terresti	terreste
terrebbe	terrebbero

Past
avrei tenuto	avremmo tenuto
avresti tenuto	avreste tenuto
avrebbe tenuto	avrebbero tenuto

Imperative
—	teniamo!
tieni!	tenete!
tenga!	tengano!

Participles
Present
tenente
Past
tenuto

Gerund
tenendo

Related Words

tenuta	*estate*	tenere a	*to care about*
tenere a mente	*to keep in mind*	tenere la parola	*to keep one's word*
tenere a distanza	*to keep at a distance*	tenere per mano	*to hold by the hand*

154 **tornare** to return, to go back

Regular
Intransitive

		io	noi
		tu	voi
		lui/lei	loro

Indicative

Present		**Present Perfect**	
torno	torniamo	sono tornato(a)	siamo tornati(e)
torni	tornate	sei tornato(a)	siete tornati(e)
torna	tornano	è tornato(a)	sono tornati(e)

Imperfect		**Past Perfect**	
tornavo	tornavamo	ero tornato(a)	eravamo tornati(e)
tornavi	tornavate	eri tornato(a)	eravate tornati(e)
tornava	tornavano	era tornato(a)	erano tornati(e)

Absolute Past		**Preterite Perfect**	
tornai	tornammo	fui tornato(a)	fummo tornati(e)
tornasti	tornaste	fosti tornato(a)	foste tornati(e)
tornò	tornarono	fu tornato(a)	furono tornati(e)

Future		**Future Perfect**	
tornerò	torneremo	sarò tornato(a)	saremo tornati(e)
tornerai	tornerete	sarai tornato(a)	sarete tornati(e)
tornerà	torneranno	sarà tornato(a)	saranno tornati(e)

Subjunctive

Present		**Past**	
torni	torniamo	sia tornato(a)	siamo tornati(e)
torni	torniate	sia tornato(a)	siate tornati(e)
torni	tornino	sia tornato(a)	siano tornati(e)

Imperfect		**Past Perfect**	
tornassi	tornassimo	fossi tornato(a)	fossimo tornati(e)
tornassi	tornaste	fossi tornato(a)	foste tornati(e)
tornasse	tornassero	fosse tornato(a)	fossero tornati(e)

Conditional

Present		**Past**	
tornerei	torneremmo	sarei tornato(a)	saremmo tornati(e)
torneresti	tornereste	saresti tornato(a)	sareste tornati(e)
tornerebbe	tornerebbero	sarebbe tornato(a)	sarebbero tornati(e)

Imperative

—	torniamo!
torna!	tornate!
torni!	tornino!

Participles
Present
tornante
Past
tornato

Gerund
tornando

Related Words

tornante	*curve*	torneo	*tournament*
tornasole	*litmus*		

155 **tradurre** to translate

	io	noi
Irregular	tu	voi
Transitive	lui/lei	loro

Indicative

Present

traduco	traduciamo
traduci	traducete
traduce	traducono

Present Perfect

ho tradotto	abbiamo tradotto
hai tradotto	avete tradotto
ha tradotto	hanno tradotto

Imperfect

traducevo	traducevamo
traducevi	traducevate
traduceva	traducevano

Past Perfect

avevo tradotto	avevamo tradotto
avevi tradotto	avevate tradotto
aveva tradotto	avevano tradotto

Absolute Past

tradussi	traducemmo
traducesti	traduceste
tradusse	tradussero

Preterite Perfect

ebbi tradotto	avemmo tradotto
avesti tradotto	aveste tradotto
ebbe tradotto	ebbero tradotto

Future

tradurrò	tradurremo
tradurrai	tradurrete
tradurrà	tradurranno

Future Perfect

avrò tradotto	avremo tradotto
avrai tradotto	avrete tradotto
avrà tradotto	avranno tradotto

Subjunctive

Present

traduca	traduciamo
traduca	traduciate
traduca	traducano

Past

abbia tradotto	abbiamo tradotto
abbia tradotto	abbiate tradotto
abbia tradotto	abbiano tradotto

Imperfect

traducessi	traducessimo
traducessi	traduceste
traducesse	traducessero

Past Perfect

avessi tradotto	avessimo tradotto
avessi tradotto	aveste tradotto
avesse tradotto	avessero tradotto

Conditional

Present

tradurrei	tradurremmo
tradurresti	tradurreste
tradurrebbe	tradurrebbero

Past

avrei tradotto	avremmo tradotto
avresti tradotto	avreste tradotto
avrebbe tradotto	avrebbero tradotto

Imperative

—	traduciamo!
traduci!	traducete!
traduca!	traducano!

Participles

Present
traducente

Past
tradotto

Gerund

traducendo

Related Words

traduttore	*translator*	traduzione	*translation*
traducibile	*translatable*		

156 **tremare** to shake, to tremble, to quiver

Regular		io	noi
Intransitive		tu	voi
		lui/lei	loro

Indicative

Present		**Present Perfect**	
tremo	tremiamo	ho tremato	abbiamo tremato
tremi	tremate	hai tremato	avete tremato
trema	tremano	ha tremato	hanno tremato

Imperfect		**Past Perfect**	
tremavo	tremavamo	avevo tremato	avevamo tremato
tremavi	tremavate	avevi tremato	avevate tremato
tremava	tremavano	aveva tremato	avevano tremato

Absolute Past		**Preterite Perfect**	
tremai	tremammo	ebbi tremato	avemmo tremato
tremasti	tremaste	avesti tremato	aveste tremato
tremò	tremarono	ebbe tremato	ebbero tremato

Future		**Future Perfect**	
tremerò	tremeremo	avrò tremato	avremo tremato
tremerai	tremerete	avrai tremato	avrete tremato
tremerà	tremeranno	avrà tremato	avranno tremato

Subjunctive

Present		**Past**	
tremi	tremiamo	abbia tremato	abbiamo tremato
tremi	tremiate	abbia tremato	abbiate tremato
tremi	tremino	abbia tremato	abbiano tremato

Imperfect		**Past Perfect**	
tremassi	tremassimo	avessi tremato	avessimo tremato
tremassi	tremaste	avessi tremato	aveste tremato
tremasse	tremassero	avesse tremato	avessero tremato

Conditional

Present		**Past**	
tremerei	tremeremmo	avrei tremato	avremmo tremato
tremeresti	tremereste	avresti tremato	avreste tremato
tremerebbe	tremerebbero	avrebbe tremato	avrebbero tremato

Imperative

		Participles	**Gerund**
—	tremiamo!	**Present**	tremando
trema!	tremate!	tremante	
tremi!	tremino!	**Past**	
		tremato	

Related Words

tremolo	*tremolous*	tremore	*shaking*
tremacuore	*palpitation, anxiety*	terremoto	*earthquake*

157 trovare to find

Regular
Transitive

io   noi
tu   voi
lui/lei   loro

Indicative

Present		Present Perfect	
trovo	troviamo	ho trovato	abbiamo trovato
trovi	trovate	hai trovato	avete trovato
trova	trovano	ha trovato	hanno trovato

Imperfect		Past Perfect	
trovavo	trovavamo	avevo trovato	avevamo trovato
trovavi	trovavate	avevi trovato	avevate trovato
trovava	trovavano	aveva trovato	avevano trovato

Absolute Past		Preterite Perfect	
trovai	trovammo	ebbi trovato	avemmo trovato
trovasti	trovaste	avesti trovato	aveste trovato
trovò	trovarono	ebbe trovato	ebbero trovato

Future		Future Perfect	
troverò	troveremo	avrò trovato	avremo trovato
troverai	troverete	avrai trovato	avrete trovato
troverà	troveranno	avrà trovato	avranno trovato

Subjunctive

Present		Past	
trovi	troviamo	abbia trovato	abbiamo trovato
trovi	troviate	abbia trovato	abbiate trovato
trovi	trovino	abbia trovato	abbiano trovato

Imperfect		Past Perfect	
trovassi	trovassimo	avessi trovato	avessimo trovato
trovassi	trovaste	avessi trovato	aveste trovato
trovasse	trovassero	avesse trovato	avessero trovato

Conditional

Present		Past	
troverei	troveremmo	avrei trovato	avremmo trovato
troveresti	trovereste	avresti trovato	avreste trovato
troverebbe	troverebbero	avrebbe trovato	avrebbero trovato

Imperative

—	troviamo!
trova!	trovate!
trovi!	trovino!

Participles

Present
trovante

Past
trovato

Gerund

trovando

Related Words

trovarsi	to be situated	trovamento	*finding, discovery*
trovata	*discovery*		

158 usare to use

Regular
Transitive

	io	noi
	tu	voi
	lui/lei	loro

Indicative

Present

uso	usiamo
usi	usate
usa	usano

Present Perfect

ho usato	abbiamo usato
hai usato	avete usato
ha usato	hanno usato

Imperfect

usavo	usavamo
usavi	usavate
usava	usavano

Past Perfect

avevo usato	avevamo usato
avevi usato	avevate usato
aveva usato	avevano usato

Absolute Past

usai	usammo
usasti	usaste
usò	usarono

Preterite Perfect

ebbi usato	avemmo usato
avesti usato	aveste usato
ebbe usato	ebbero usato

Future

userò	useremo
userai	userete
userà	useranno

Future Perfect

avrò usato	avremo usato
avrai usato	avrete usato
avrà usato	avranno usato

Subjunctive

Present

usi	usiamo
usi	usiate
usi	usino

Past

abbia usato	abbiamo usato
abbia usato	abbiate usato
abbia usato	abbiano usato

Imperfect

usassi	usassimo
usassi	usaste
usasse	usassero

Past Perfect

avessi usato	avessimo usato
avessi usato	aveste usato
avesse usato	avessero usato

Conditional

Present

userei	useremmo
useresti	usereste
userebbe	userebbero

Past

avrei usato	avremmo usato
avresti usato	avreste usato
avrebbe usato	avrebbero usato

Imperative

—	usiamo!
usa!	usate!
usi!	usino!

Participles

Present
usante

Past
usato

Gerund

usando

Related Words

usanza	*usage*
usarsi	*to be in use*
usatamente	*commonly, usually*
usato	*used, worn out*

159 uscire to go out

Irregular
Intransitive

		io	noi
		tu	voi
		lui/lei	loro

Indicative

Present		Present Perfect	
esco	usciamo	sono uscito(a)	siamo usciti(e)
esci	uscite	sei uscito(a)	siete usciti(e)
esce	escono	è uscito(a)	sono usciti(e)

Imperfect		Past Perfect	
uscivo	uscivamo	ero uscito(a)	eravamo usciti(e)
uscivi	uscivate	eri uscito(a)	eravate usciti(e)
usciva	uscivano	era uscito(a)	erano usciti(e)

Absolute Past		Preterite Perfect	
uscii	uscimmo	fui uscito(a)	fummo usciti(e)
uscisti	usciste	fosti uscito(a)	foste usciti(e)
uscì	uscirono	fu uscito(a)	furono usciti(e)

Future		Future Perfect	
uscirò	usciremo	sarò uscito(a)	saremo usciti(e)
uscirai	uscirete	sarai uscito(a)	sarete usciti(e)
uscirà	usciranno	sarà uscito(a)	saranno usciti(e)

Subjunctive

Present		Past	
esca	usciamo	sia uscito(a)	siamo usciti(e)
esca	usciate	sia uscito(a)	siate usciti(e)
esca	escano	sia uscito(a)	siano usciti(e)

Imperfect		Past Perfect	
uscissi	uscissimo	fossi uscito(a)	fossimo usciti(e)
uscissi	usciste	fossi uscito(a)	foste usciti(e)
uscisse	uscissero	fosse uscito(a)	fossero usciti(e)

Conditional

Present		Past	
uscirei	usciremmo	sarei uscito(a)	saremmo usciti(e)
usciresti	uscireste	saresti uscito(a)	sareste usciti(e)
uscirebbe	uscirebbero	sarebbe uscito(a)	sarebbero usciti(e)

Imperative

—	usciamo!
esci!	uscite!
esca!	escano!

Participles

Present
uscente

Past
uscito

Gerund

uscendo

Related Words

uscio	*door*	uscire dai gangheri	*to get mad*
uscita	*exit*		

160 vantarsi to brag, to boast

Regular
Reflexive

	io	noi
	tu	voi
	lui/lei	loro

Indicative

Present
mi vanto	ci vantiamo
ti vanti	vi vantate
si vanta	si vantano˙

Present Perfect
mi sono vantato(a)	ci siamo vantati(e)
ti sei vantato(a)	vi siete vantati(e)
si è vantato(a)	si sono vantati(e)

Imperfect
mi vantavo	ci vantavamo
ti vantavi	vi vantavate
si vantava	si vantavano

Past Perfect
mi ero vantato(a)	ci eravamo vantati(e)
ti eri vantato(a)	vi eravate vantati(e)
si era vantato(a)	si erano vantati(e)

Absolute Past
mi vantai	ci vantammo
ti vantasti	vi vantaste
si vantò	si vantarono

Preterite Perfect
mi fui vantato(a)	ci fummo vantati(e)
ti fosti vantato(a)	vi foste vantati(e)
si fu vantato(a)	si furono vantati(e)

Future
mi vanterò	ci vanteremo
ti vanterai	vi vanterete
si vanterà	si vanteranno

Future Perfect
mi sarò vantato(a)	ci saremo vantati(e)
ti sarai vantato(a)	vi sarete vantati(e)
si sarà vantato(a)	si saranno vantati(e)

Subjunctive

Present
mi vanti	ci vantiamo
ti vanti	vi vantiate
si vanti	si vantino

Past
mi sia vantato(a)	ci siamo vantati(e)
ti sia vantato(a)	vi siate vantati(e)
si sia vantato(a)	si siano vantati(e)

Imperfect
mi vantassi	ci vantassimo
ti vantassi	vi vantaste
si vantasse	si vantassero

Past Perfect
mi fossi vantato(a)	ci fossimo vantati(e)
ti fossi vantato(a)	vi foste vantati(e)
si fosse vantato(a)	si fossero vantati(e)

Conditional

Present
mi vanterei	ci vanteremmo
ti vanteresti	vi vantereste
si vanterebbe	si vanterebbero

Past
mi sarei vantato(a)	ci saremmo vantati(e)
ti saresti vantato(a)	vi sareste vantati(e)
si sarebbe vantato(a)	si sarebbero vantati(e)

Imperative
—	vantiamoci!
vantati!	vantatevi!
si vanti!	si vantino!

Participles

Present
vantantesi

Past
vantatosi

Gerund
vantandosi

Related Words

vanto	*brag, boast*

161 vedere to see

Irregular   io   noi
Transitive   tu   voi
                                                                               lui/lei loro

Indicative

Present
vedo	vediamo
vedi	vedete
vede	vedono

Present Perfect
ho visto	abbiamo visto
hai visto	avete visto
ha visto	hanno visto

Imperfect
vedevo	vedevamo
vedevi	vedevate
vedeva	vedevano

Past Perfect
avevo visto	avevamo visto
avevi visto	avevate visto
aveva visto	avevano visto

Absolute Past
vidi	vedemmo
vedesti	vedeste
vide	videro

Preterite Perfect
ebbi visto	avemmo visto
avesti visto	aveste visto
ebbe visto	ebbero visto

Future
vedrò	vedremo
vedrai	vedrete
vedrà	vedranno

Future Perfect
avrò visto	avremo visto
avrai visto	avrete visto
avrà visto	avranno visto

Subjunctive

Present
veda	vediamo
veda	vediate
veda	vedano

Past
abbia visto	abbiamo visto
abbia visto	abbiate visto
abbia visto	abbiano visto

Imperfect
vedessi	vedessimo
vedessi	vedeste
vedesse	vedessero

Past Perfect
avessi visto	avessimo visto
avessi visto	aveste visto
avesse visto	avessero visto

Conditional

Present
vedrei	vedremmo
vedresti	vedreste
vedrebbe	vedrebbero

Past
avrei visto	avremmo visto
avresti visto	avreste visto
avrebbe visto	avrebbero visto

Imperative

—	vediamo!
vedi!	vedete!
veda!	vedano!

Participles

Present
vedente

Past
visto

Gerund

vedendo

Related Words

vista	*sight, eyesight*	prevedere	*to foresee*
visto	*visa*		

162 vendere to sell

Regular   io   noi
Transitive   tu   voi
                                        lui/lei   loro

Indicative

Present
		Present Perfect	
vendo	vendiamo	ho venduto	abbiamo venduto
vendi	vendete	hai venduto	avete venduto
vende	vendono	ha venduto	hanno venduto

Imperfect
		Past Perfect	
vendevo	vendevamo	avevo venduto	avevamo venduto
vendevi	vendevate	avevi venduto	avevate venduto
vendeva	vendevano	aveva venduto	avevano venduto

Absolute Past
		Preterite Perfect	
vendetti	vendemmo	ebbi venduto	avemmo venduto
vendesti	vendeste	avesti venduto	aveste venduto
vendette	vendettero	ebbe venduto	ebbero venduto

Future
		Future Perfect	
venderò	venderemo	avrò venduto	avremo venduto
venderai	venderete	avrai venduto	avrete venduto
venderà	venderanno	avrà venduto	avranno venduto

Subjunctive

Present
		Past	
venda	vendiamo	abbia venduto	abbiamo venduto
venda	vendiate	abbia venduto	abbiate venduto
venda	vendano	abbia venduto	abbiano venduto

Imperfect
		Past Perfect	
vendessi	vendessimo	avessi venduto	avessimo venduto
vendessi	vendeste	avessi venduto	aveste venduto
vendesse	vendessero	avesse venduto	avessero venduto

Conditional

Present
		Past	
venderei	venderemmo	avrei venduto	avremmo venduto
venderesti	vendereste	avresti venduto	avreste venduto
venderebbe	venderebbero	avrebbe venduto	avrebbero venduto

Imperative

—	vendiamo!
vendi!	vendete!
venda!	vendano!

Participles

Present
vendente

Past
venduto

Gerund

vendendo

Related Words

vendifumo	*swindler, charlatan*	in vendita	*for sale*
vendita	*sale*	venditore	*salesperson, vendor*

195

163 venire to come

Irregular   io   noi
Intransitive   tu   voi
            lui/lei   loro

Indicative

Present
vengo	veniamo
vieni	venite
viene	vengono

Present Perfect
sono venuto(a)	siamo venuti(e)
sei venuto(a)	siete venuti(e)
è venuto(a)	sono venuti(e)

Imperfect
venivo	venivamo
venivi	venivate
veniva	venivano

Past Perfect
ero venuto(a)	eravamo venuti(e)
eri venuto(a)	eravate venuti(e)
era venuto(a)	erano venuti(e)

Absolute Past
venni	venimmo
venisti	veniste
venne	vennero

Preterite Perfect
fui venuto(a)	fummo venuti(e)
fosti venuto(a)	foste venuti(e)
fu venuto(a)	furono venuti(e)

Future
verrò	verremo
verrai	verrete
verrà	verranno

Future Perfect
sarò venuto(a)	saremo venuti(e)
sarai venuto(a)	sarete venuti(e)
sarà venuto(a)	saranno venuti(e)

Subjunctive

Present
venga	veniamo
venga	veniate
venga	vengano

Past
sia venuto(a)	siamo venuti(e)
sia venuto(a)	siate venuti(e)
sia venuto(a)	siano venuti(e)

Imperfect
venissi	venissimo
venissi	veniste
venisse	venissero

Past Perfect
fossi venuto(a)	fossimo venuti(e)
fossi venuto(a)	foste venuti(e)
fosse venuto(a)	fossero venuti(e)

Conditional

Present
verrei	verremmo
verresti	verreste
verrebbe	verrebbero

Past
sarei venuto(a)	saremmo venuti(e)
saresti venuto(a)	sareste venuti(e)
sarebbe venuto(a)	sarebbero venuti(e)

Imperative
—	veniamo!
vieni!	venite!
venga!	vengano!

Participles

Present
venente/viniente

Past
venuto

Gerund
venendo

Related Words

avvenente	attractive	venir via	to give way
venire ai ferri corti	to come into open conflict	venir meno	to fail to keep one's word

164 vestirsi to dress oneself

Regular
Reflexive

		io	noi
		tu	voi
		lui/lei	loro

Indicative

Present
mi vesto	ci vestiamo
ti vesti	vi vestite
si veste	si vestono

Present Perfect
mi sono vestito(a)	ci siamo vestiti(e)
ti sei vestito(a)	vi siete vestiti(e)
si è vestito(a)	si sono vestiti(e)

Imperfect
mi vestivo	ci vestivamo
ti vestivi	vi vestivate
si vestiva	si vestivano

Past Perfect
mi ero vestito(a)	ci eravamo vestiti(e)
ti eri vestito(a)	vi eravate vestiti(e)
si era vestito(a)	si erano vestiti(e)

Absolute Past
mi vestii	ci vestimmo
ti vestisti	vi vestiste
si vestì	si vestirono

Preterite Perfect
mi fui vestito(a)	ci fummo vestiti(e)
ti fosti vestito(a)	vi foste vestiti(e)
si fu vestito(a)	si furono vestiti(e)

Future
mi vestirò	ci vestiremo
ti vestirai	vi vestirete
si vestirà	si vestiranno

Future Perfect
mi sarò vestito(a)	ci saremo vestiti(e)
ti sarai vestito(a)	vi sarete vestiti(e)
si sarà vestito(a)	si saranno vestiti(e)

Subjunctive

Present
mi vesta	ci vestiamo
ti vesta	vi vestiate
si vesta	si vestano

Past
mi sia vestito(a)	ci siamo vestiti(e)
ti sia vestito(a)	vi siete vestiti(e)
si sia vestito(a)	si siano vestiti(e)

Imperfect
mi vestissi	ci vestissimo
ti vestissi	vi vestiste
si vestisse	si vestissero

Past Perfect
mi fossi vestito(a)	ci fossimo vestiti(e)
ti fossi vestito(a)	vi foste vestiti(e)
si fosse vestito(a)	si fossero vestiti(e)

Conditional

Present
mi vestirei	ci vestiremmo
ti vestiresti	vi vestireste
si vestirebbe	si vestirebbero

Past
mi sarei vestito(a)	ci saremmo vestiti(e)
ti saresti vestito(a)	vi sareste vestiti(e)
si sarebbe vestito(a)	si sarebbero vestiti(e)

Imperative
—	vestiamoci!
vestiti!	vestitevi!
si vesta!	si vestano!

Participles

Present
vestentesi

Past
vestitosi

Gerund
vestendosi

Related Words

investitura	*investiture*	in veste di	*in quality of*
vestito, veste	*dress*		

165 viaggiare to travel

Regular
Intransitive

	io	noi
	tu	voi
	lui/lei	loro

Indicative

Present
viaggio	viaggiamo
viaggi	viaggiate
viaggia	viaggiano

Present Perfect
ho viaggiato	abbiamo viaggiato
hai viaggiato	avete viaggiato
ha viaggiato	hanno viaggiato

Imperfect
viaggiavo	viaggiavamo
viaggiavi	viaggiavate
viaggiava	viaggiavano

Past Perfect
avevo viaggiato	avevamo viaggiato
avevi viaggiato	avevate viaggiato
aveva viaggiato	avevano viaggiato

Absolute Past
viaggiai	viaggiammo
viaggiasti	viaggiaste
viaggiò	viaggiarono

Preterite Perfect
ebbi viaggiato	avemmo viaggiato
avesti viaggiato	aveste viaggiato
ebbe viaggiato	ebbero viaggiato

Future
viaggierò	viaggieremo
viaggierai	viaggierete
viaggierà	viaggieranno

Future Perfect
avrò viaggiato	avremo viaggiato
avrai viaggiato	avrete viaggiato
avrà viaggiato	avranno viaggiato

Subjunctive

Present
viaggi	viaggiamo
viaggi	viaggiate
viaggi	viaggino

Past
abbia viaggiato	abbiamo viaggiato
abbia viaggiato	abbiate viaggiato
abbia viaggiato	abbiano viaggiato

Imperfect
viaggiassi	viaggiassimo
viaggiassi	viaggiaste
viaggiasse	viaggiassero

Past Perfect
avessi viaggiato	avessimo viaggiato
avessi viaggiato	aveste viaggiato
avesse viaggiato	avessero viaggiato

Conditional

Present
viaggierei	viaggieremmo
viaggieresti	viaggiereste
viaggierebbe	viaggierebbero

Past
avrei viaggiato	avremmo viaggiato
avresti viaggiato	avreste viaggiato
avrebbe viaggiato	avrebbero viaggiato

Imperative
—	viaggiamo!
viaggia!	viaggiate!
viaggi!	viaggino!

Participles
Present
viaggiante
Past
viaggiato

Gerund
viaggiando

Related Words

viaggio	*journey, trip*	viaggetto	*jaunt*
viaggiatore	*traveler*		

166 **visitare** to visit

Regular				io	noi
Transitive				tu	voi
				lui/lei	loro

Indicative

Present
		Present Perfect	
visito	visitiamo	ho visitato	abbiamo visitato
visiti	visitate	hai visitato	avete visitato
visita	visitano	ha visitato	hanno visitato

Imperfect
		Past Perfect	
visitavo	visitavamo	avevo visitato	avevamo visitato
visitavi	visitavate	avevi visitato	avevate visitato
visitava	visitavano	aveva visitato	avevano visitato

Absolute Past
		Preterite Perfect	
visitai	visitammo	ebbi visitato	avemmo visitato
visitasti	visitaste	avesti visitato	aveste visitato
visitò	visitarono	ebbe visitato	ebbero visitato

Future
		Future Perfect	
visiterò	visiteremo	avrò visitato	avremo visitato
visiterai	visiterete	avrai visitato	avrete visitato
visiterà	visiteranno	avrà visitato	avranno visitato

Subjunctive

Present
		Past	
visiti	visitiamo	abbia visitato	abbiamo visitato
visiti	visitiate	abbia visitato	abbiate visitato
visiti	visitino	abbia visitato	abbiano visitato

Imperfect
		Past Perfect	
visitassi	visitassimo	avessi visitato	avessimo visitato
visitassi	visitaste	avessi visitato	aveste visitato
visitasse	visitassero	avesse visitato	avessero visitato

Conditional

Present
		Past	
visiterei	visiteremmo	avrei visitato	avremmo visitato
visiteresti	visitereste	avresti visitato	avreste visitato
visiterebbe	visiterebbero	avrebbe visitato	avrebbero visitato

Imperative
—	visitiamo!
visita!	visitate!
visiti!	visitino!

Participles
Present
visitante

Past
visitato

Gerund
visitando

Related Words

visita	*visit*	visitamento	*visitation*
visitatore	*visitor*		

167 vivere to live

Irregular
Intransitive*

	io	noi
	tu	voi
	lui/lei	loro

Indicative

Present

vivo	viviamo
vivi	vivete
vive	vivono

Present Perfect

ho vissuto	abbiamo vissuto
hai vissuto	avete vissuto
ha vissuto	hanno vissuto

Imperfect

vivevo	vivevamo
vivevi	vivevate
viveva	vivevano

Past Perfect

avevo vissuto	avevamo vissuto
avevi vissuto	avevate vissuto
aveva vissuto	avevano vissuto

Absolute Past

vissi	vivemmo
vivesti	viveste
visse	vissero

Preterite Perfect

ebbi vissuto	avemmo vissuto
avesti vissuto	aveste vissuto
ebbe vissuto	ebbero vissuto

Future

vivrò	vivremo
vivrai	vivrete
vivrà	vivranno

Future Perfect

avrò vissuto	avremo vissuto
avrai vissuto	avrete vissuto
avrà vissuto	avranno vissuto

Subjunctive

Present

viva	viviamo
viva	viviate
viva	vivano

Past

abbia vissuto	abbiamo vissuto
abbia vissuto	abbiate vissuto
abbia vissuto	abbiano vissuto

Imperfect

vivessi	vivessimo
vivessi	viveste
vivesse	vivessero

Past Perfect

avessi vissuto	avessimo vissuto
avessi vissuto	aveste vissuto
avesse vissuto	avessero vissuto

Conditional

Present

vivrei	vivremmo
vivresti	vivreste
vivrebbe	vivrebbero

Past

avrei vissuto	avremmo vissuto
avresti vissuto	avreste vissuto
avrebbe vissuto	avrebbero vissuto

Imperative

—	viviamo!
vivi!	vivete!
viva!	vivano!

Participles

Present
vivente

Past
vissuto

Gerund
vivendo

Related Words

vita	life	vivo	alive
vitale	living, essential	vivificare	vivify

*Vivere can be conjugated with avere or essere.

168 volere to want

Irregular
Modal*

io noi
tu voi
lui/lei loro

Indicative

Present

voglio	vogliamo
vuoi	volete
vuole	vogliono

Present Perfect

ho voluto	abbiamo voluto
hai voluto	avete voluto
ha voluto	hanno voluto

Imperfect

volevo	volevamo
volevi	volevate
voleva	volevano

Past Perfect

avevo voluto	avevamo voluto
avevi voluto	avevate voluto
aveva voluto	avevano voluto

Absolute Past

volli	volemmo
volesti	voleste
volle	vollero

Preterite Perfect

ebbi voluto	avemmo voluto
avesti voluto	aveste voluto
ebbe voluto	ebbero voluto

Future

vorrò	vorremo
vorrai	vorrete
vorrà	vorranno

Future Perfect

avrò voluto	avremo voluto
avrai voluto	avrete voluto
avrà voluto	avranno voluto

Subjunctive

Present

voglia	vogliamo
voglia	vogliate
voglia	vogliano

Past

abbia voluto	abbiamo voluto
abbia voluto	abbiate voluto
abbia voluto	abbiano voluto

Imperfect

volessi	volessimo
volessi	voleste
volesse	volessero

Past Perfect

avessi voluto	avessimo voluto
avessi voluto	aveste voluto
avesse voluto	avessero voluto

Conditional

Present

vorrei	vorremmo
vorresti	vorreste
vorrebbe	vorrebbero

Past

avrei voluto	avremmo voluto
avresti voluto	avreste voluto
avrebbe voluto	avrebbero voluto

Imperative

—	vogliamo!
vuoi!	volete!
voglia!	vogliano!

Participles

Present
volente

Past
voluto

Gerund

volendo

Related Words

volente o nolente	*willy-nilly*	volontà	*will, volition*
volentieri	*gladly, willingly*	volontario	*volunteer*
volere	*will, wish*	volenteroso	*willing, well disposed*

*Volere is conjugated with *essere* when it is followed by an infinitive that is conjugated with *essere*, e.g., *sono voluto andare.*

Conversation
Manual

INTRODUCTION

Welcome to *Living Language™ Italian 2: A Conversational Approach to Verbs*. The course consists of 40 lessons with three sections each. Section A introduces the verb forms. After a brief explanation, you will conjugate a model verb. Section B reinforces and expands upon what you've learned about a particular verb by presenting real-life conversations between native speakers. In Section C you will have the opportunity to check your progress and to see whether you've mastered the lesson. Study with *Italian 2* as often as you wish to review and reinforce your language skills. Now let's begin.

PART I: TALKING ABOUT PRESENT ACTIONS

LESSON 1: THE PRESENT INDICATIVE OF *ESSERE*

1.A.

The present indicative is used in statements about the present and expresses certainty, fact, or objectivity. It is the equivalent of such English forms as "I speak, I am speaking," and "I do speak," but it may often translate as "I will speak" and "I am going to speak," as well.

The singular subject pronouns in Italian are: *io*—"I," *tu*—"you (familiar)," *lui*—"he," *lei*—"she," or "you (formal)." The formal "you" has the same verbal form as the third person singular, "he" and "she," and will, therefore, not be given separately on this recording. Instead, "he," "she" and the formal "you" will alternate. The plural subject pronouns are: *noi*—"we," *voi*—"you, (both familiar and formal)," and *loro*— "they," or "you (formal)." In Italian, subject pronouns are usually omitted, as the form of the verb reveals who is speaking or being addressed. They may, however, be used for emphasis or clarity.

The *tu* form of the verb is used for informal address: with children, friends, relatives, and among young people of the same age. The *Lei* form is used for formal or polite address: with business associates, acquaintances, and most daily encounters among adults. In Italian, there is no corresponding pronoun for the English "it." Instead, the third person singular form of the verb is used alone.

And now let's begin working with our first verb: *essere* "to be." Listen first and then repeat after the native speakers in the pauses provided.

I am	io sono
I am Italian.	Sono italiano.
you are	tu sei
Are you American?	Sei americana?
he is	lui è
Marco is nice.	Marco è simpatico.
she is	lei è
Francesca is a nice girl.	Francesca è una ragazza simpatica.
you are	Lei è
Mr. Rossi, are you ready?	Signor Rossi, è pronto?
we are	noi siamo
We are foreigners.	Siamo stranieri.
you are	voi siete
Are you Lorenzo's friends?	Siete gli amici di Lorenzo?
they are	loro sono
They are not very tired.	Loro non sono molto stanchi.

A very useful construction with the verb *essere* is: *c'è* "there is," and *ci sono* "there are." Listen first to a few examples, and then repeat after the native speaker.

| There is a museum nearby. | C'è un museo qui vicino. |
| There are several frescoes. | Ci sono parecchi affreschi. |

Ci + a form of *essere* can also mean "to be in" or "to be here or there."

| Will you be in on Monday? | Ci sei lunedì? |
| No, I won't. | No, non ci sono. |

On the telephone you might hear:

| Hello, is Andrea there, please? | Pronto, c'è Andrea, per favore? |

Essere can also be used to say:

What time is it?	**Che ore sono?**
It's ten o' clock.	**Sono le dieci.**

Notice that, in Italian, "time" is plural because it refers to the number of hours. The singular form of *essere*—*è*—is used only with one o'clock, *mezzogiorno* and *mezzanote*.

It's one o'clock.	**È l'una.**

To make a simple negative statement in Italian, place the word *non* directly before the verb. Compare:

Marco is American.	**Marco è americano.**
Marco is not American.	**Marco non è americano.**

There are two basic ways to ask a question in Italian. First, you can simply raise your voice at the end of the sentence, as in English.

Marco is American?	**Marco è americano?**

Second, you can place the verb at the beginning of the sentence. The subject may either directly follow the verb or come at the very end of the sentence.

Is Marco American?	**È Marco americano?**
	È americano Marco?

1.B.

Now listen to the following dialogue.

> IL TURISTA: *Dov'è la stazione ferroviaria, per favore?*
> IL PASSANTE: *È in fondo al viale, a destra.*
> IL TURISTA: *È molto lontana?*

IL PASSANTE: *No, è a cinque minuti da qui.*
IL TURISTA: *Grazie mille! Lei è molto gentile.*
IL PASSANTE: *Prego.*

Now listen and repeat after the native speakers.

Where is the train station, please?	**Dov'è la stazione ferroviaria, per favore?**
It's at the end of the street, to the right.	**È in fondo al viale, a destra.**
Is it very far?	**È molto lontana?**
No, it is five minutes from here.	**No, è a cinque minuti da qui.**
Thank you very much.	**Grazie mille!**
You are very kind.	**Lei è molto gentile.**
You're welcome.	**Prego.**

1.C.

Now it's time to check your progress. Please answer the following questions with a full sentence, using the cues provided. Listen carefully to the example.

Di dove sei? (di New York)   *Sono di New York.*

Now it's your turn.

Di dov'è Lei? (di Siena)	☞*Sono di Siena.*
C'è Margherita, per favore? (no)	☞*No, Margherita non c'è.*
Sono aperti i negozi dopo le otto di sera? (no)	☞*No, i negozi non sono aperti dopo le otto di sera.*
Che ore sono? (le due e mezzo)	☞*Sono le due e mezzo.*
Siete pronti? (no)	☞*No, non siamo pronti.*

LESSON 2: THE PRESENT INDICATIVE OF *AVERE*

2.A.

The verb *avere* "to have" is irregular in the present indicative.

I have	**io ho**
I have many friends.	**Ho molti amici.**
you have	**tu hai**
You have little experience in this field.	**Hai poca esperienza in questo settore.**
she has	**lei ha**
Does Francesca have many questions?	**Ha molte domande Francesca?**
we have	**noi abbiamo**
We have no money.	**Non abbiamo soldi.**
you have	**voi avete**
You have a good reputation.	**Voi avete una buona reputazione.**
they have	**loro hanno**
They have a bad attitude.	**Hanno un atteggiamento ostile.**

Avere is also used in many common idiomatic expressions, indicating feelings or temporary physical states.

Are you hot?	**Avete caldo?**
I'm very cold.	**Ho molto freddo.**
Paolo is always hungry.	**Paolo ha sempre fame.**
After this jog, I'm very thirsty.	**Dopo questa corsa ho molta sete.**
In the morning, we're always in a hurry.	**Di mattina abbiamo sempre fretta.**
Do you feel like having strawberries with whipped cream?	**Hai voglia di fragole e panna?**

Avere is also used to tell your age.

How old are you?   **Quanti anni hai?**
I'm 18 years old.   **Ho diciotto anni.**

2.B.

Listen to the following dialogue.

> SIGNORA MANCINI: *Hai fretta?*
> SIGNOR RANIERI: *Sì, ho molta fretta. Ho il treno per Roma a mezzogiorno e mezzo.*
> SIGNORA MANCINI: *Così hai un'ora di tempo. Hai voglia di uno spuntino veloce?*
> SIGNOR RANIERI: *No, grazie, è tardi.*
> SIGNORA MANCINI: *Hai bisogno di un passaggio fino alla stazione?*
> SIGNOR RANIERI: *Grazie mille!*
> SIGNORA MANCINI: *Prego.*

Now please repeat.

Are you in a hurry?   **Hai fretta?**
Yes, I'm in a big hurry.   **Sì, ho molta fretta.**
I have a train for Rome at   **Ho il treno per Roma a mez-**
12:30.   **zogiorno e mezzo.**
So you have one hour.   **Così hai un'ora di tempo.**
Do you feel like having a   **Hai voglia di uno spuntino**
quick bite?   **veloce?**
No, thank you, it's late.   **No, grazie, è tardi.**
Do you need a ride to the   **Hai bisogno di un passaggio**
train station?   **fino alla stazione?**
Thank you so much!   **Grazie mille!**
You're welcome.   **Prego.**

211

2.C.

Answer the questions using the cues provided. First, listen to the example.

Hai caldo o freddo? (molto freddo)

Ho molto freddo.

Now it's your turn.

Avete voglia di una cioccolata calda? (no, grazie)

☞*No, grazie, non abbiamo voglia di una cioccolata calda.*

Hanno fretta Maria ed Anna? (sì, molta)

☞*Sì, Maria ed Anna hanno molta fretta.*

Quanti anni ha la tua amica? (trentotto)

☞*La mia amica ha trentotto anni.*

Lei ha molta esperienza in questo settore? (no)

☞*No, non ho molta esperienza in questo settore.*

Hai bisogno di aiuto? (sì)

☞*Sì, ho bisogno di aiuto.*

LESSON 3: THE PRESENT INDICATIVE OF REGULAR -*ARE* VERBS

3.A.

Italian verbs belong to one of three groups, which are determined by the ending of the infinitive form. Verbs ending in -*are*, such as *parlare* "to speak," belong to the first conjugation. To form the present tense of -*are* verbs, delete the infinitive -*are* ending and replace it with the appropriate present indicative endings: -*o, -i, -a, -iamo, -ate, -ano*. Let's see how it works with *parlare*.

I speak	**io parlo**
I speak Italian.	**Parlo l'italiano.**
you speak	**tu parli**
You speak very well.	**Parli molto bene.**
you speak	**Lei parla**
You speak many languages.	**Lei parla molte lingue.**
we speak	**noi parliamo**
We are only talking to you.	**Parliamo solo con te.**
you speak	**voi parlate**
You speak to her several times a day.	**Parlate con lei parecchie volte al giorno.**
they speak	**loro parlano**
They are talking about their vacation.	**Loro parlano delle loro vacanze.**

Let's try a few more regular -*are* verbs.

I live in Florence.	**Io abito a Firenze.**
We love the Italian landscape.	**Amiamo i paesaggi italiani.**
The airplane arrives at five.	**L'aereo arriva alle cinque.**
Tonight they're having dinner at home.	**Stasera cenano a casa.**
Do you buy many clothes in Italy?	**Compra molti vestiti in Italia?**

Do you also work in the evening?	**Lavori anche di sera?**
Do you learn verbs easily?	**Imparate facilmente i verbi?**
Monday we will have lunch together.	**Lunedì pranziamo insieme.**

Several groups of verbs are conjugated like *parlare* but undergo some minor spelling changes. For instance, verbs ending in *-care* and *-gare*, like *mancare* "to miss, to lack," *dimenticare* "to forget," and *pagare* "to pay," add an *-h* to their stem in the second person singular and first person plural forms, in order to retain the hard *c* and *g* sounds.

You always pay late.	**Paghi sempre in ritardo.**
We don't pay much in that restaurant.	**Non paghiamo molto in quel ristorante.**
You lack courage.	**Manchi di coraggio.**
We always forget the suitcase on the train.	**Dimentichiamo sempre la valigia in treno.**
You often forget her telephone number.	**Dimentichi spesso il suo numero di telefono.**

Some common verbs ending in *-ciare*, *-giare*, and *-iare*, like *baciare* "to kiss," *cominciare* "to begin," *mangiare* "to eat," *lasciare* "to leave," and *studiare* "to study," drop the final *-i* from their stem in the second person singular and first person plural forms. Others, like *avviare* "to start," *inviare* "to send," and *sciare* "to ski," retain the *-i* in the second person singular form but drop it in the first person plural form. Compare:

You always kiss your friends.	**Tu baci sempre i tuoi amici.**
You're not starting the car engine.	**Tu non avvii il motore della macchina.**
We are starting the morning off well!	**Cominciamo bene la mattina!**

You send a letter to your brother every week.	**Tu invii una lettera a tuo fratello ogni settimana.**
What do you eat for breakfast?	**Cosa mangi a colazione?**
You ski every weekend.	**Tu scii tutti i fine settimana.**
You don't study enough.	**Tu non studi abbastanza.**

3.B.

Listen to the following conversation.

> PAOLO: *Parli spesso con tua cugina Valeria?*
> MARINA: *Sì, parlo spesso con Valeria, ma al telefono.*
> PAOLO: *Lei non abita qui in città?*
> MARINA: *No, abita in periferia.*
> PAOLO: *Però lavora in città, vero?*
> MARINA: *Sì, certo. Ma non ci incontriamo mai. Lei mi manca molto.*
> PAOLO: *E tu sicuramente manchi a lei.*

Now repeat.

Do you often talk to your cousin, Valeria?	**Parli spesso con tua cugina Valeria?**
Yes, I talk to Valeria often, but over the phone.	**Sì, parlo spesso con Valeria, ma al telefono.**
She doesn't live in the city?	**Lei non abita qui in città?**
No, she lives in the outskirts.	**No, abita in periferia.**
But she works in the city, right?	**Però lavora in città, vero?**
Yes, of course.	**Sì, certo.**
But we never see each other.	**Ma non ci incontriamo mai.**
I miss her a lot.	**Lei mi manca molto.**
And she surely misses you.	**E tu sicuramente manchi a lei.**

3.C.

Listen to the following example. Then answer the questions accordingly.

A che ora arriva l'aereo da
New York? (alle sei di sera)

L'aereo da New York arriva
alle sei di sera.

Now it's your turn.

Dove abiti? (a New York)
☞*Abito a New York.*

Cosa mangiate a colazione?
(pane, burro e marmellata)
☞*A colazione mangiamo pane,*
burro e marmellata.

A che ora arriva il treno da
Milano? (alle otto e cinque)
☞*Il treno da Milano arriva*
alle otto e cinque.

Scii tutti gli inverni? (Sì)
☞*Sì, scio tutti gli inverni.*

Pagate voi il conto? (Sì)
☞*Sì, paghiamo noi il conto.*

LESSON 4: THE PRESENT INDICATIVE OF REGULAR *-ERE* VERBS

4.A.

Verbs of the second conjugation, ending in *-ere*, also replace their infinitive ending with the proper personal endings. In the present indicative, they are: *-o, -i, -e, -iamo, -ete, -ono*. We'll use *vedere* "to see" as an example.

I see	io vedo
I see the stars very well.	Vedo molto bene le stelle.
you see	tu vedi
Don't you see me?	Non mi vedi?
he sees	lui vede
Paolo sees his friends every evening.	Paolo vede i suoi amici ogni sera.
we see	noi vediamo
Now we see everything much more clearly.	Adesso vediamo tutto più chiaro.
you see	voi vedete
Don't you see they are right!	Non vedete che hanno ragione!
they see	loro vedono
They are looking forward to seeing you.	Non vedono l'ora di vederti.

Let's try a few more regular *-ere* verbs.

Why don't you ask him if he drinks wine?	Perché non gli chiedete se beve vino?
Maria reads and writes all day.	Maria legge e scrive tutto il giorno.
I'm taking an aspirin for my cold.	Prendo un'aspirina per il raffreddore.
You receive many letters every day.	Ricevi molte lettere ogni giorno.

| They always answer every question correctly. | Rispondono sempre correttamente ad ogni domanda. |

4.B.

Listen to the following dialogue.

MASSIMO: *Telefono alla stazione ferroviaria . . . Ma non risponde nessuno. Ah, ecco.*
LIVIA: *Perché non chiedi a che ora è il prossimo treno per Venezia?*
MASSIMO: *È alle dieci.*
LIVIA: *Allora, prendiamo il treno alle dieci.*
MASSIMO: *Va bene.*

Now repeat.

I'm calling the train station.	**Telefono alla stazione ferroviaria.**
But no one's answering.	**Ma non risponde nessuno.**
Oh, here they are.	**Ah, ecco.**
Why don't you ask when the next train for Venice leaves?	**Perché non chiedi a che ora è il prossimo treno per Venezia?**
It's at ten.	**È alle dieci.**
So, we're taking the train at ten o'clock!	**Allora, prendiamo il treno alle dieci!**
All right.	**Va bene.**

4.C.

Answer the following questions using the cues provided.

| *Chi vedete stasera? (tutti i nostri amici)* | ☞*Stasera vediamo tutti i nostri amici.* |

Lei riceve molte lettere dalla
   sua amica Elena? (sì, molte)

Quando prendono il treno i
   Signori Borghese? (alle dieci
   di sera)

Cosa legge Mario di mattina?
   (il giornale)

☞Sì, ricevo molte lettere dalla
   mia amica Elena.

☞I Signori Borghese prendono
   il treno alle dieci di sera.

☞Di mattina Mario legge il
   giornale.

LESSON 5: THE PRESENT INDICATIVE OF REGULAR -IRE VERBS

5.A.

Let's turn to the third conjugation: verbs ending in -ire. Their personal endings in the present indicative are: -o, -i, -e, -iamo, -ite, -ono. Let's conjugate sentire "to hear" or "to feel."

I hear	**io sento**
I don't hear very well.	**Io non sento chiaramente.**
you hear	**tu senti**
Don't you hear all this noise?	**Non senti che confusione?**
she feels	**lei sente**
Maria feels that Paolo is not sincere.	**Maria sente che Paolo non è sincero.**
we feel	**noi sentiamo**
We feel the fatigue of the trip.	**Sentiamo la stanchezza del viaggio.**
you feel	**voi sentite**
You don't feel his absence.	**Non sentite la sua mancanza.**
they hear	**loro sentono**
They hear the music.	**Sentono la musica.**

Let's try a few more regular -ire verbs.

Do you always sleep in the afternoon?	**Dormi sempre di pomeriggio?**
Dinner is on us tonight.	**Offriamo noi la cena stasera.**
Are you all leaving from Milan at five?	**Partite tutti alle cinque da Milano?**

220

5.B.

Listen to the dialogue.

MANUELA: *Parti stasera?*
ALBERTO: *Sì, parto per l'Italia.*
MANUELA: *Perché non dormi un paio d'ore?*
ALBERTO: *Non dormo mai di pomeriggio.*
MANUELA: *Allora, ti servo la cena adesso?*
ALBERTO: *Sì, grazie. Non offre niente di buono il menù dell'aereo.*

Now repeat.

Are you leaving this evening?	**Parti stasera?**
Yes, I am leaving for Italy.	**Sì, parto per l'Italia.**
Why don't you sleep for a couple of hours?	**Perché non dormi un paio d'ore?**
I never sleep in the afternoon.	**Non dormo mai di pomeriggio.**
So, now can I serve you your dinner?	**Allora, ti servo la cena adesso?**
Yes, thank you.	**Sì, grazie.**
They don't offer anything good on the plane.	**Non offre niente di buono il menù dell'aereo.**

5.C.

Answer the questions using the cues provided.

Sentite la stanchezza del viaggio? (sì, molto)	☞*Sì, sentiamo molto la stanchezza del viaggio.*
Chi offre la cena stasera? (Marco ed Alessandra)	☞*Marco ed Alessandra offrono la cena stasera.*
Signor Ranieri, quante ore dorme per notte? (sette)	☞*Dormo sette ore per notte.*
Adesso senti meglio la radio? (sì)	☞*Sì, adesso sento meglio la radio.*

LESSON 6: THE PRESENT INDICATIVE OF
COMMON IRREGULAR VERBS

6.A.

In this and the following chapters, we will cover many irregular verbs common to everyday conversation. Let's start with *andare* "to go."

I go	**io vado**
I'm going home in an hour.	**Vado a casa tra un'ora.**
you go	**tu vai**
You walk to work.	**Tu vai al lavoro a piedi.**
you go	**Lei va**
You're going to Venice by train?	**Lei va a Venezia in treno?**
we go	**noi andiamo**
We are going on vacation to Italy.	**Andiamo in vacanza in Italia.**
you go	**voi andate**
You are going to the theater tonight.	**Andate a teatro stasera.**
they go	**loro vanno**
They are going to the shore in July.	**Vanno al mare in luglio.**

Andare is commonly used to say:

How's it going?	**Come va?**
Fine, thank you.	**Va bene, grazie.**

Andare can also be followed by an infinitive introduced by the preposition *a*.

When are you going to study in Italy?	**Quando vai a studiare in Italia?**
I am going shopping this afternoon.	**Vado a fare spese oggi pomeriggio.**

222

The conjugation of *dare* "to give" resembles that of *andare*.

I give	io do
you give	tu dai
he gives	lui dà
we give	noi diamo
you give	voi date
they give	loro danno

Now let's do *fare* "to do, to make."

I do, I make	io faccio
I am doing the exercises.	Io faccio gli esercizi.
you do, you make	tu fai
You're going for a walk downtown?	Fai una passeggiata in centro?
she does, she makes	lei fa
Paola takes a nap in the afternoon.	Paola fa un sonnellino di pomeriggio.
we do, we make	noi facciamo
We usually don't make many mistakes.	Di solito, non facciamo molti errori.
you do, you make	voi fate
Are you doing Laura a favor?	Fate un favore a Laura?
they do, they make	loro fanno
They take many trips.	Loro fanno molti viaggi.

Fare is used in many idiomatic expressions.

to take a walk	fare una passeggiata
to take a nap	fare un sonnellino
to take a trip	fare un viaggio
to have breakfast	fare colazione
to take a photograph	fare una fotografia
to ask a question	fare una domanda

223

Fare is also used to express elapsed time. For example, "twenty years ago" corresponds to *venti anni fa*.

And now listen to *stare* "to stay, to be" which, in the present indicative, is irregular only in the *tu* and *loro* forms.

I stay/I am	**io sto**
you stay/you are	**tu stai**
he stays/he is	**lui sta**
we stay/we are	**noi stiamo**
you stay/you are	**voi state**
they stay/they are	**loro stanno**

6.B.

Listen to the dialogue.

> GIOVANNI: *Cosa fai stasera?*
> ROBERTO: *Maria fa una festa a casa sua. Vai anche tu?*
> GIOVANNI: *Sì, vado anch'io. Mi dai un passaggio fino a casa dopo la festa?*
> ROBERTO: *Certo, ma perché non stai da me stanotte?*
> GIOVANNI: *Va bene, grazie.*

Now please repeat.

What are you doing tonight?	**Cosa fai stasera?**
Maria's having a party at her house.	**Maria fa una festa a casa sua.**
Are you going too?	**Vai anche tu?**
Yes, I'll go too.	**Sì, vado anch'io.**
Will you give me a ride home after the party?	**Mi dai un passaggio fino a casa dopo la festa?**
Certainly, but why don't you stay at my place tonight?	**Certo, ma perché non stai da me stanotte?**
Okay, thanks.	**Va bene, grazie.**

6.C.

Answer the questions using the cues provided.

Come va il lavoro? (molto bene)   ☞*Il lavoro va molto bene.*

Come sta Lei? (non molto bene)   ☞*Non sto molto bene.*

Mi dai una mano? (sì, con piacere)   ☞*Sì, ti do una mano con piacere.*

Chi va a Venezia oggi pomeriggio? (Marco e Luisa)   ☞*Marco e Luisa vanno a Venezia oggi pomeriggio.*

LESSON 7: THE PRESENT INDICATIVE
OF THE MODAL VERBS

7.A.

Dovere "to have to," *potere* "to be able to," and *volere* "to want" are known as modals. They are usually followed by another verb in the infinitive. Let's begin with *dovere*.

I have to	**io devo**
I have to leave tomorrow.	**Devo partire domani.**
you have to	**tu devi**
You have to come this evening.	**Devi venire stasera.**
he has to	**lui deve**
He has to take the train.	**Deve prendere il treno.**
we have to	**noi dobbiamo**
We have to go now.	**Ora dobbiamo andare.**
you have to	**voi dovete**
You have to listen to the lesson.	**Dovete ascoltare la lezione.**
they have to	**loro devono**
They have to know the truth.	**Devono sapere la verità.**

Dovere can also mean "to owe."

Does he owe you some money?	**Le deve dei soldi?**

Now let's turn to *potere*.

I can	**io posso**
Can I come with you?	**Posso venire con te?**
you can	**tu puoi**
You can do something for him.	**Puoi fare qualcosa per lui.**
you can	**Lei può**

Can you go out this evening?	**Lei può uscire stasera?**
we can	**noi possiamo**
We can help you tomorrow.	**Possiamo aiutarvi domani.**
you can	**voi potete**
Can you listen to us for a while?	**Potete ascoltarci per un po'?**
they can	**loro possono**
They can stay for dinner.	**Possono stare a cena.**

Useful idiomatic expressions with *potere* include:

May I come in?	**Posso entrare?**
I've had enough!	**Non ne posso più!**

And last, but not least, *volere*.

I want	**io voglio**
I want to understand your problem.	**Voglio capire il tuo problema.**
you want	**tu vuoi**
Do you want a cup of coffee?	**Vuoi un caffè?**
she wants	**lei vuole**
Anna wants to leave with us.	**Anna vuole partire con noi.**
we want	**noi vogliamo**
We want to hear his opinion.	**Vogliamo sentire il suo parere.**
you want	**voi volete**
Do you want some sugar?	**Volete dello zucchero?**
they want	**loro vogliono**
They want to listen to music.	**Vogliono ascoltare la musica.**

7.B.

Listen to the dialogue.

MARIO VALLI: *Deve venire alla festa, domani sera. D'accordo?*

LUCIA D'ANGIO: *Se posso . . . voglio tanto venire, ma devo lavorare fino a tardi.*

MARIO VALLI: *Come vuole.*

LUCIA D'ANGIO: *Può prendermi alla stazione prima della festa?*

MARIO VALLI: *Sì, certo.*

LUCIA D'ANGIO: *Grazie mille. Allora, vado sicuramente.*

And now repeat.

You have to come to the party tomorrow night.	**Deve venire alla festa, domani sera.**
All right?	**D'accordo?**
If I can . . . I really want to come, but I have to work late.	**Se posso . . . voglio tanto venire, ma devo lavorare fino a tardi.**
As you wish.	**Come vuole.**
Can you pick me up at the station before the party?	**Può prendermi alla stazione prima della festa?**
Yes, of course.	**Sì, certo.**
Thanks a million.	**Grazie mille.**
Then I'll surely go.	**Allora, vado sicuramente.**

7.C.

Answer according to the cues provided.

Devi partire domani mattina? (sì)	☞*Sì, devo partire domani mattina.*
Signore, vuole fare un giro in macchina? (no, a piedi)	☞*No, voglio fare un giro a piedi.*

Potete prendere un caffè con me? (no)

☞*No, non possiamo prendere un caffè con te.*

Possono assaggiare il dolce i bambini? (no)

☞*No, i bambini non possono assaggiare il dolce.*

LESSON 8: THE PRESENT INDICATIVE OF
CONOSCERE AND *SAPERE*

8.A.

Both *conoscere* and *sapere* mean "to know," but they have different connotations. *Conoscere* is used when referring to knowing a person or a city, and being familiar with something. *Sapere*, on the other hand, means knowing how to do something or implies knowing a fact. Let's start with *conoscere*.

I know	**io conosco**
I know Florence well.	**Conosco bene Firenze.**
you know	**tu conosci**
Do you know Mr. Rossini?	**Conosci il Signor Rossini?**
she knows	**lei conosce**
Antonia knows geography very well.	**Antonia conosce molto bene la geografia.**
we know	**noi conosciamo**
We know his habits quite well!	**Conosciamo bene le sue abitudini!**
you know	**voi conoscete**
Do you know that restaurant?	**Conoscete quel ristorante?**
they know	**loro conoscono**
They don't know Francesca's family.	**Non conoscono la famiglia di Francesca.**

Conoscere is also used to say:

Nice to meet you.	formally:	**Piacere di conoscerla.**
	informally:	**Piacere di conoscerti.**

Crescere "to grow" is another verb conjugated like *conoscere*.

This baby is growing very fast.	**Questo bambino cresce molto in fretta.**

Now let's conjugate *sapere*.

I know	**io so**
I know how to speak Italian.	**So parlare l'italiano.**
you know	**tu sai**
Do you know where my book is?	**Sai dov'è il mio libro?**
you know	**Lei sa**
You know how to write very well.	**Lei sa scrivere molto bene.**
we know	**noi sappiamo**
We don't know how to dance at all.	**Non sappiamo ballare affatto.**
you know	**voi sapete**
Do you know the latest news?	**Sapete le ultime notizie?**
they know	**loro sanno**
They know everything about him.	**Sanno tutto sul suo conto.**

Sapere can also mean "to have a certain flavor or smell."

This ice cream tastes like lemon.	**Questo gelato sa di limone.**
This room smells of lavender.	**Questa stanza sa di lavanda.**

8.B.

Listen to the following dialogue.

SIGNORINA GATTO: *Sa dov'è San Gimignano?*
SIGNOR ROSSI: *Sì, lo so. È vicino a Siena.*
SIGNORINA GATTO: *Ah, sì! E sa qual è il vino tipico locale?*
SIGNOR ROSSI: *Certo che lo so: è la Vernaccia.*
SIGNORINA GATTO: *Sì, la Vernaccia di San Gimignano.*

Now please repeat.

Do you know where San Gimignano is?	**Sa dov'è San Gimignano?**
Yes, I know.	**Sì, lo so.**
It's near Siena.	**È vicino a Siena.**
Oh, yes!	**Ah, sì!**
And do you know what the typical local wine is?	**E sa qual è il vino tipico locale?**
Of course I know: it's the *Vernaccia*.	**Certo che lo so: è la Vernaccia.**
Yes, the *Vernaccia* of San Gimignàno.	**Sì, la Vernaccia di San Gimignano.**

8.C.

Answer the questions with *Sì* or *No*, as indicated.

Conosci Gianni? (sì, molto bene)	☞*Sì, conosco Gianni molto bene.*
Signora, Lei sa parlare l'italiano? (no)	☞*No, non so parlare l'italiano.*
Conoscete Milano molto bene? (sì)	☞*Sì, conosciamo Milano molto bene.*
Cresce bene il bambino? (sì, molto bene)	☞*Sì, il bambino cresce molto bene.*

LESSON 9: THE PRESENT INDICATIVE OF *TRADURRE* AND *BERE*

9.A.

Let's continue with more irregular verbs. First, *tradurre* "to translate."

I translate	**io traduco**
I'm translating this book.	**Traduco questo libro.**
you translate	**tu traduci**
Will you translate this word for us?	**Traduci per noi questa parola?**
you translate	**Lei traduce**
You don't translate literally.	**Lei non traduce alla lettera.**
we translate	**noi traduciamo**
We are translating a poem by Ungaretti	**Traduciamo una poesia di Ungaretti.**
you translate	**voi traducete**
Are you translating the documents?	**Traducete i documenti?**
they translate	**loro traducono**
They don't translate contracts well.	**Non traducono bene i contratti.**

Now let's do *bere* "to drink."

I drink	**io bevo**
I do not drink mineral water.	**Non bevo acqua minerale.**
you drink	**tu bevi**
You drink only red wine.	**Tu bevi soltanto vino rosso.**
he drinks	**lui beve**
He drinks too many soft drinks.	**Lui beve troppe bibite gasate.**
we drink	**noi beviamo**
We drink to forget.	**Noi beviamo per dimenticare.**

| they drink | loro bevono |
| They always drink very good wine. | Bevono sempre dell'ottimo vino. |

9.B.

Listen to the dialogue.

> MARIA: *Michele traduce tutto il giorno.*
> FEDERICO: *Sì, e di sera beve troppo.*
> MARIA: *Ultimamente il suo lavoro non è più come una volta!*
> FEDERICO: *È vero. Ora traduco meglio io.*
> MARIA: *Sì, ma tu non bevi!*

Now repeat.

Michele translates all day.	**Michele traduce tutto il giorno.**
Yes, and at night he drinks too much.	**Sì, e di sera beve troppo.**
Lately his work is not like it was once!	**Ultimamente il suo lavoro non è più come una volta!**
It's true.	**È vero.**
Now I translate better.	**Ora traduco meglio io.**
Yes, but you don't drink!	**Sì, ma tu non bevi!**

9.C.

Answer according to the cues provided.

Cosa beviamo a cena? (solo vino bianco)	☞*A cena beviamo solo vino bianco.*
Traducete i contratti? (sì)	☞*Sì, traduciamo i contratti.*
Bevi un Campari con me? (sì, volentieri)	☞*Sì, bevo volentieri un Campari con te.*
Chi traduce questo libro? (loro)	☞*Loro traducono questo libro.*

LESSON 10: THE PRESENT INDICATIVE OF
RIMANERE, SPEGNERE, AND *TENERE*

10.A.

Now let's conjugate *rimanere* "to remain, to stay."

I stay	**io rimango**
I am staying home tonight.	**Rimango a casa stasera.**
you stay	**tu rimani**
You are staying at the beach all summer.	**Rimani al mare per tutta l'estate.**
he stays	**lui rimane**
Massimo often stays in the city in August.	**Massimo rimane spesso in città in agosto.**
we remain	**noi rimaniamo**
We all remain in silence when he speaks.	**Rimaniamo tutti in silenzio quando lui parla.**
you stay	**voi rimanete**
Are you staying for dinner at our house?	**Rimanete a cena da noi?**
they stay	**loro rimangono**
They stay in bed until late.	**Rimangono a letto fino a tardi.**

Now listen to *spegnere* "to turn off, to extinguish."

I turn off	**io spengo**
I always turn off the light.	**Spengo sempre la luce.**
you turn off	**tu spegni**
Don't you turn off the car engine?	**Non spegni il motore della macchina?**
she turns off	**lei spegne**
Maria is putting out her cigarette.	**Maria spegne la sua sigaretta.**
we turn off	**noi spegniamo**

We put out the fire in the fireplace.	Spegniamo il fuoco nel caminetto.
you turn off	voi spegnete
You never turn off the television.	Non spegnete mai il televisore.
they turn off	loro spengono
They turn off the air conditioning at night.	Loro spengono l'aria condizionata di notte.

And finally, let's do *tenere* "to keep, to hold."

I keep	io tengo
I keep everything inside myself.	Tengo tutto dentro di me.
you keep	tu tieni
Will you hold my bag?	Tieni la mia borsa?
you keep	Lei tiene
You are holding the lecture, right?	Lei tiene la conferenza, vero?
we keep	noi teniamo
We keep his needs in mind.	Teniamo presenti le sue esigenze.
you keep	voi tenete
You care about appearances a lot.	Tenete molto alle apparenze.
they keep	loro tengono
The children don't behave themselves.	I bambini tengono un comportamento scorretto.

A useful idiomatic construction with *tenere* is *tenere a,* meaning "to care about."

10.B.

Listen to the dialogue.

> IL FRATELLO: *Se spegni la luce, io rimango al buio.*
> LA SORELLA: *No, non spengo la luce. Hai paura del buio?*

IL FRATELLO:	*No, ma rimango sveglio per molte ore a lavorare.*
LA SORELLA:	*Davvero?*
IL FRATELLO:	*Tengo molto al mio lavoro.*
LA SORELLA:	*Tieni anche alla tua salute?*

Now it's your turn. Listen and repeat.

If you turn off the light, I'll be left in the dark.	**Se spegni la luce, io rimango al buio.**
I am not turning off the light.	**No, non spengo la luce.**
Are you afraid of the dark?	**Hai paura del buio?**
No, but I stay awake for many hours to work.	**No, ma rimango sveglio per molte ore a lavorare.**
Really?	**Davvero?**
I care about my job a lot.	**Tengo molto al mio lavoro.**
Do you care about your health, too?	**Tieni anche alla tua salute?**

10.C.

Answer the following questions.

Per favore, spenga la sigaretta. (certo, subito)	☞*Certo, spengo subito la sigaretta.*
Prima di partire spegnete la luce? (sì, sempre)	☞*Sì, spegniamo sempre la luce prima di partire.*
Chi tiene la conferenza all'università? (il professor Basaglia)	☞*Il professor Basaglia tiene la conferenza all'università.*
Tieni al tuo lavoro? (sì, molto)	☞*Sì, tengo molto al mio lavoro.*
Rimangono a cena da noi stasera? (sì)	☞*Sì, rimangono a cena da noi stasera.*

LESSON 11: THE PRESENT INDICATIVE OF
SCEGLIERE AND *COGLIERE*

11.A.

We'll begin with *scegliere* "to choose."

I choose	**io scelgo**
I always choose a dress with great care.	**Scelgo un vestito sempre con molta cura.**
you choose	**tu scegli**
You always choose the right words.	**Scegli sempre le parole adatte.**
she chooses	**lei sceglie**
She chooses loneliness over their company.	**Lei sceglie la solitudine piuttosto che la loro compagnia.**
we choose	**noi scegliamo**
Tonight, we'll choose a restaurant.	**Stasera scegliamo noi un ristorante.**
you choose	**voi scegliete**
Won't you choose something as a memento?	**Non scegliete qualcosa come ricordo?**
they choose	**loro scelgono**
Tomasina and Anna never choose a good movie.	**Tomasina e Anna non scelgono mai un buon film.**

Now, let's do *cogliere* "to catch, to pick."

I pick	**io colgo**
I pick some flowers from my garden.	**Colgo dei fiori dal mio giardino.**
you pick	**tu cogli**
Are you picking all the fruit off the tree?	**Cogli tutti i frutti dell' albero?**
you catch	**Lei coglie**

You never catch the meaning of a word.	Lei non coglie mai il significato di una parola.
we catch	noi cogliamo
We always catch him in his weak spot.	Noi cogliamo sempre il suo punto debole.
you catch	voi cogliete
Do you get the importance of this sentence?	Cogliete l'importanza di questa frase?
they pick	loro colgono
They always pick the right moment.	Colgono sempre l'occasione opportuna.

11.B.

Listen to the following dialogue.

> ANTONIO: *Cogli sempre l'occasione per andare a fare spese?*
> FRANCESCA: *Certo, e scelgo anche i vestiti più belli.*
> ANTONIO: *Che abiti e che colori scegli?*
> FRANCESCA: *Di solito abiti dal taglio semplice e poi scelgo sempre tinte unite.*

Repeat after the native speakers.

You always grab the opportunity to go shopping?	Cogli sempre l'occasione per andare fare spese?
Of course, and I also choose the most beautiful clothes.	Certo, e scelgo anche i vestiti più belli.
What clothes and colors do you choose?	Che abiti e che colori scegli?
Usually a clean-cut dress, and then I always choose solid colors.	Di solito abiti dal taglio semplice e poi scelgo sempre tinte unite.

11.C.

Respond according to the cues provided.

Che vestito scegli? (un vestito rosso)   ☞*Scelgo un vestito rosso.*

Signora, coglie il senso delle mie parole? (no)   ☞*No, non colgo il senso delle sue parole.*

Cosa scegliete per secondo? (pesce alla griglia)   ☞*Scegliamo pesce alla griglia.*

Chi coglie i frutti? (Marco e Marianna)   ☞*Marco e Marianna colgono i frutti.*

Scegliete un ristorante italiano? (no, francese)   ☞*No, scegliamo un ristorante francese.*

LESSON 12: THE PRESENT INDICATIVE
OF -ISC- VERBS

12.A.

A group of *-ire* verbs insert *-isc-* in the present indicative between the stem and the endings in all but the first and second person plural. Let's see how it works with *capire* "to understand."

I understand	**io capisco**
I understand Italian very well.	**Capisco l'italiano molto bene.**
you understand	**tu capisci**
Do you understand this sentence?	**Capisci questa frase?**
you understand	**Lei capisce**
You understand what the problem is.	**Lei capisce qual è il problema.**
we understand	**noi capiamo**
We only understand English.	**Capiamo solo l'inglese.**
you understand	**voi capite**
You don't understand my ideas.	**Non capite le mie idee.**
they understand	**loro capiscono**
Do they understand the reason?	**Capiscono la ragione?**

Other common *-isc-* verbs are: *finire* "to finish," *preferire* "to prefer," *guarire* "to cure," and *favorire* "to favor."

I'm finishing the Italian exercise.	**Finisco l'esercizio d'italiano.**
Professors favor serious students.	**I professori favoriscono gli studenti seri.**
A nice vacation cures every illness.	**Una bella vacanza guarisce da tutti i mali.**
I prefer the shore to the mountains.	**Preferisco il mare alla montagna.**

12.B.

Listen to the following exchange.

L'IMPIEGATA: *Quale camera preferisce?*
SIGNOR ALTMAN: *Preferisco quella con vista su Piazza di Spagna.*
L'IMPIEGATA: *Capisco, allora stanza 212.*
SIGNOR ALTMAN: *Grazie. Ora posso stare a letto, cosi guarisco da questo terribile raffreddore!*
L'IMPIEGATA: *Quest'anno quando finiscono le sue vacanze, Signor Altman?*
SIGNOR ALTMAN: *Non sono sicuro. Le chiarisco tutto domani.*

Now please repeat.

Which room do you prefer?	**Quale stanza preferisce?**
I prefer the one with a view of *Piazza di Spagna.*	**Preferisco quella con vista su Piazza di Spagna.**
I understand; so, room 212.	**Capisco, allora stanza 212.**
Thank you.	**Grazie.**
Now I can stay in bed.	**Ora posso stare a letto,**
And I'll recover from this terrible cold.	**Così guarisco da questo terribile raffreddore.**
When will your vacation finish this year, Mr. Altman?	**Quest'anno quando finiscono le sue vacanze, Signor Altman?**
I'm not sure.	**Non sono sicuro.**
I'll clear everything up tomorrow.	**Le chiarisco tutto domani.**

12.C.

Respond using the cues provided.

Preferisci il mare o la montagna? (il mare) ☞*Preferisco il mare.*

Dottore, Marco guarisce bene dall'influenza? (sì, molto)

☞*Sì, Marco guarisce molto bene dall'influenza.*

Quando finisce l'inverno? (il venti marzo)

☞*L'inverno finisce il venti marzo.*

Capiscono l'italiano? (no, non)

☞*No, non capiscono l'italiano.*

LESSON 13: THE PRESENT INDICATIVE OF *DIRE* AND *MORIRE*

13.A.

In this chapter we'll learn two more irregular verbs: *dire* "to say, to tell" and *morire* "to die." Let's begin with *dire*.

I say	**io dico**
I always tell you everything.	**Le dico sempre tutto.**
you say	**tu dici**
What do you say about some coffee?	**Cosa ne dici di un caffè?**
he says	**lui dice**
He always states his opinion.	**Dice sempre la sua opinione.**
we say	**noi diciamo**
We never say stupid things.	**Non diciamo mai stupidaggini.**
you say	**voi dite**
You never say no.	**Voi non dite mai di no.**
they say	**loro dicono**
They are telling the truth.	**Loro dicono la verità.**

And now let's do *morire*.

I die	**io muoio**
I am dying of boredom!	**Muoio di noia!**
you die	**tu muori**
You are starving.	**Tu muori di fame.**
she dies	**lei muore**
Marta is dying to see you.	**Marta muore dalla voglia di vederti.**
we die	**noi moriamo**
We are terribly angry.	**Noi moriamo di rabbia.**
you die	**voi morite**
You are very sleepy.	**Morite di sonno.**

244

they die | loro muoiono
The plants are dying because | Le piante muoiono a causa
of the drought. | della siccità.

13.B.

Listen to a dialogue between friends.

SALVATORE: *Cosa ne dici di una passeggiata?*
ELENA: *Volentieri, ma io muoio dal caldo.*
SALVATORE: *Ed io muoio di noia se sto a casa.*
ELENA: *D'accordo, ma dico io dove andiamo.*
SALVATORE: *Va bene.*

Now repeat.

What do you say we go for a walk? | **Cosa ne dici di una passeggiata?**
Sure, but I'm dying of heat. | **Volentieri, ma io muoio dal caldo.**
And I'll die of boredom if I stay at home. | **Ed io muoio di noia se sto a casa.**
O.K. but I'll say where we're going. | **D'accordo, ma dico io dove andiamo.**
Sure. | **Va bene.**

13.C.

Answer the questions using the cues provided.

Chi muore dal caldo? (io) | ☞*Io muoio dal caldo.*
Dicono la verità? (sì, loro) | ☞*Sì, loro dicono la verità.*
Dite sempre la vostra opinione? (sì, sempre) | ☞*Sì, diciamo sempre la nostra opinione.*
Perché muoiono le piante? (a causa della siccità) | ☞*Le piante muoiono a causa della siccità.*

245

LESSON 14: THE PRESENT INDICATIVE OF *VENIRE* AND *USCIRE*

14.A.

Here are two more useful irregular verbs. First, *venire* "to come."

I come	**io vengo**
I am coming tonight.	**Vengo stasera.**
you come	**tu vieni**
Are you coming to the restaurant for dinner?	**Vieni a cena al ristorante?**
she comes	**lei viene**
Is Lucia coming from Florence?	**Lucia viene da Firenze?**
we come	**noi veniamo**
We're coming from Spoleto.	**Veniamo da Spoleto.**
you come	**voi venite**
How are you getting here?	**Come venite qui?**
they come	**loro vengono**
They come to Italy twice a year.	**Loro vengono in Italia due volte all'anno.**

Now let's turn to *uscire* "to go out, to exit."

I go out	**io esco**
I am going out in an hour.	**Esco fra un'ora.**
you go out	**tu esci**
At what time are you going out?	**A che ora esci?**
he goes out	**lui esce**
He never goes out in the evening.	**Lui non esce mai di sera.**
we go out	**noi usciamo**
We are going out without an umbrella.	**Usciamo senza ombrello.**

you go out	**voi uscite**
You go out too late.	**Uscite troppo tardi.**
they go out	**loro escono**
They always go out together.	**Escono sempre insieme.**

14.B.

Listen to the following dialogue.

> PIETRO: *Marco, Luisa, venite con noi a teatro stasera?*
> LUISA: *Io non esco perché devo finire un progetto.*
> MARCO: *Ma io sono libero. Quando usciamo?*
> PIETRO: *Lo spettacolo comincia alle otto. Allora vieni da me alle sette.*
> MARCO: *Chi viene con noi?*
> PIETRO: *Vengono anche Maria e Paolo.*

Now listen and repeat.

Marco, Luisa, will you come with us to the theater tonight?	**Marco, Luisa, venite con noi a teatro stasera?**
I'm not going out because I have to finish a project.	**Io non esco perché devo finire un progetto.**
But I'm free.	**Ma io sono libero.**
When are we going out?	**Quando usciamo?**
The performance begins at eight.	**Lo spettacolo comincia alle otto.**
So, come to my house at seven.	**Allora vieni da me alle sette.**
Who's coming with us?	**Chi viene con noi?**
Maria and Paolo are coming too.	**Vengono anche Maria e Paolo.**

14.C.

Respond according to the cues provided.

Quando vieni a casa mia?
(domani mattina)

☞*Vengo a casa tua domani mattina.*

Da dove vengono? (da Torino)

☞*Vengono da Torino.*

A che ora uscite? (alle due di pomeriggio)

☞*Usciamo alle due di pomeriggio.*

Venite subito? (no, tra un'ora)

☞*No, veniamo tra un'ora.*

Perché non esce stasera, Signor Wheaton? (perché muoio di sonno)

☞*Non esco stasera perché muoio di sonno.*

LESSON 15: THE PRESENT INDICATIVE
OF REFLEXIVE VERBS

15.A.

A verb is reflexive if the action refers back to the subject.
For example: "I wash myself" corresponds to *io mi lavo*.
Reflexive verbs are conjugated like regular verbs, but they
always take a reflexive pronoun: *mi* "myself," *ti* "yourself,"
si "himself, herself," or "yourself (formally)," *ci* "our-
selves," *vi* "yourselves," *si* "themselves" or "yourselves
(very formally)." Let's conjugate *lavarsi* "to wash oneself."

I wash myself	io mi lavo
I wash myself every morning.	**Mi lavo ogni mattina.**
you wash yourself	**tu ti lavi**
You wash yourself every evening.	**Tu ti lavi tutte le sere.**
you wash yourself	**Lei si lava**
You wash yourself only with bath foam?	**Lei si lava solo con il bagno schiuma?**
we wash ourselves	**noi ci laviamo**
We wash ourselves with neutral soap.	**Noi ci laviamo con sapone neutro.**
you wash yourselves	**voi vi lavate**
Do you wash yourselves with this soap?	**Vi lavate con questo sapone?**
they wash themselves	**loro si lavano**
They wash themselves after the game.	**Loro si lavano dopo la partita.**

Let's try a few more reflexive verbs: *vestirsi* "to get
dressed," *mettersi* "to put something on," *pettinarsi* "to
comb one's hair."

They always comb their hair in the morning.	**Loro si pettinano sempre di mattina.**

| You always dress yourself in the latest fashion. | Lei si veste sempre all'ultima moda. |
| Are you going to put on your evening gown? | Tu ti metti l'abito da sera? |

And here's another group: *alzarsi* "to get up," *svegliarsi* "to wake up," and *sedersi* "to sit down."

At what time do you get up?	A che ora ti alzi?
Maria wakes up at eight.	Maria si sveglia alle otto.
We are going to sit down by the window.	Noi ci sediamo vicino alla finestra.

15.B.

Listen to the dialogue.

> SIGNOR ROSSI: *Allora, sei pronta? I tuoi cugini si mettono a tavola per la colazione tra un'ora.*
> SIGNORA ROSSI: *Un momento, per favore!*
> SIGNOR ROSSI: *Ti svegli sempre tardi.*
> SIGNORA ROSSI: *Mi lavo e mi vesto in venti minuti.*
> SIGNOR ROSSI: *D'accordo. Mi siedo qui e ti aspetto.*

Now it's your turn. Listen and repeat.

So, are you ready?	Allora, sei pronta?
Your cousins are going to start breakfast in an hour.	I tuoi cugini si mettono a tavola per la colazione tra un'ora.
One moment, please!	Un momento, per favore!
You always wake up late.	Ti svegli sempre tardi.
I'll wash myself and get dressed in twenty minutes.	Mi lavo e mi vesto in venti minuti.
Okay.	D'accordo.
I'll sit down here and wait for you.	Mi siedo qui e ti aspetto.

250

15.C.

Respond using the cues provided.

*Quando vi mettete a tavola?
(tra cinque minuti)*
☞*Ci mettiamo a tavola tra
cinque minuti.*

*Ti lavi con il sapone o con il
bagno schiuma? (sapone)*
☞*Mi lavo con il sapone.*

*Signora, lei si veste sempre di
rosso? (no, anche di blu)*
☞*No, mi vesto anche di blu.*

*Quando vi svegliate di
mattina? (alle sei)*
☞*Di mattina ci svegliamo alle
sei.*

LESSON 16: THE PRESENT INDICATIVE
OF RECIPROCAL VERBS

16.A.

Reciprocal verbs express actions that the subjects, which are always plural, perform on each other. Many verbs can express reciprocal actions by using the plural reflexive pronouns *ci, vi,* and *si.* Let's look at a few examples.

to kiss each other	**baciarsi**
They kiss each other on the cheeks.	**Si baciano sulle guance.**
to understand each other	**capirsi**
They understand each other very well.	**Si capiscono molto bene.**
to run into, to meet each other	**incontrarsi**
They meet every Tuesday at the coffee shop.	**Si incontrano ogni martedì al caffè.**
to write to each other	**scriversi**
Do you write to each other every week?	**Vi scrivete ogni settimana?**
to talk over the phone	**sentirsi**
We are going to talk next week.	**Ci sentiamo la settimana prossima.**
to see each other	**vedersi**
When are we going to see each other?	**Quando ci vediamo?**

16.B.

Listen to the following dialogue.

LORENZO: *Ciao Gioia.*
GIOIA: *Ciao Lorenzo.*
LORENZO: *Allora quando ci vediamo?*
GIOIA: *Domani pomeriggio, ma ci sentiamo prima per telefono.*

LORENZO: *E dove ci incontriamo? Ci troviamo al "Caffè degli Artisti?" Va bene?*

Now listen and repeat.

Hi Gioia.	**Ciao Gioia.**
Hi Lorenzo.	**Ciao Lorenzo.**
So, when are we seeing each other?	**Allora quando ci vediamo?**
Tomorrow afternoon, but let's talk on the phone first.	**Domani pomeriggio, ma ci sentiamo prima per telefono.**
And where are we going to meet?	**E dove ci incontriamo?**
We'll meet at the *Caffè degli Artisti?*	**Ci troviamo al "Caffè degli Artisti"?**
Is that all right?	**Va bene?**

16.C.

Answer the questions using the cues provided.

Vi scrivete spesso? (sì, una volta al mese)
☞*Sì, ci scriviamo una volta al mese.*

Ci sentiamo questa sera? (no, domani sera)
☞*No, ci sentiamo domani sera.*

Si capiscono bene quando parlano in italiano? (no, non molto bene)
☞*No, non si capiscono molto bene quando parlano in italiano.*

Quante volte alla settimana si vedono? (tre volte)
☞*Si vedono tre volte alla settimana.*

253

LESSON 17: THE PRESENT INDICATIVE OF *PIACERE*

17.A.

The irregular verb *piacere* "to like" is used differently than its English counterpart. For example: "I like fruit" translates into Italian as *la frutta mi piace,* or literally: "fruit is pleasing to me." The subject in English becomes an indirect object in Italian. *Piacere* is used primarily in its third person singular and plural forms, though it does have a full conjugation. Let's see how it works.

I like	**mi piace**
I like Rome.	**Mi piace Roma.**
I like	**mi piacciono**
I like museums.	**Mi piacciono i musei.**

Notice that if what you like is singular, you use *piace,* and if it is plural, you use *piacciono.*

you like	**ti piacciono**
Do you like these roses?	**Ti piacciono queste rose?**
he likes	**gli piace**
He likes Italy.	**Gli piace l'Italia.**
she likes	**le piacciono**
She likes these clothes.	**Le piacciono questi vestiti.**
you like	**Le piace**
Do you like Brahms?	**Le piace Brahms?**
we like	**ci piacciono**
We like Italian wines.	**Ci piacciono i vini italiani.**
you like	**vi piace**
Do you like this movie?	**Vi piace questo film?**
they like	**a loro piacciono**
Sabina and Livia like Italian shoes.	**A Sabina e Livia piacciono le scarpe italiane.**

Piacere can also take another verb in the infinitive, in which case *piacere* is always used in the third person singular form.

I like to travel.	**Mi piace viaggiare.**
We like to take the plane.	**A noi piace prendere l'aereo.**
Luca and Gianni like to go to the beach.	**A Luca e Gianni piace andare al mare.**

17.B.

Listen to the following dialogue.

MARCO: *Cosa vi piace di questo menù?*
ALESSANDRA: *A me piace la pasta ai tartufi.*
MARCO: *E a te, Francesco?*
FRANCESCO: *Non mi piace niente. Non mi piace mangiare al ristorante.*

And now repeat.

What do you like on this menu?	**Cosa vi piace di questo menù?**
I like the pasta with truffles.	**A me piace la pasta ai tartufi.**
And you, Francesco?	**E a te, Francesco?**
I don't like anything.	**Non mi piace niente.**
I don't like eating in restaurants.	**Non mi piace mangiare al ristorante.**

17.C.

Respond using the cues.

A loro piace questo vino? (no) ☞*No, a loro non piace questo vino.*

255

Ti piacciono queste scarpe?
(non molto)

☞*Non mi piacciono molto queste scarpe.*

A Marco piace andare in vacanza in Italia? (sì, molto)

☞*Sì, a Marco piace molto andare in vacanza in Italia.*

Vi piacciono questi affreschi? (sì, molto)

☞*Sì, ci piacciono molto questi affreschi.*

LESSON 18: THE PRESENT INDICATIVE
OF IMPERSONAL VERBS

18.A.

Impersonal verbs are used only in the third person singular. They express an action or condition with a general subject. In English, the subject in impersonal constructions is usually "it."

It's raining.	**Piove.**
It rains a lot here during the spring.	**Piove molto qui durante la primavera.**
It's snowing.	**Nevica.**
In the mountains it snows all year.	**In montagna nevica tutto l'anno.**

Impersonal expressions are quite common in daily conversation. Some of the most common are followed by an infinitive.

it's necessary	**bisogna**
It's necessary to go to the airport.	**Bisogna andare all'aeroporto.**
it's necessary	**occorre**
It's necessary to buy olive oil.	**Occorre comprare l'olio d'oliva.**
it's necessary	**è necessario**
It's necessary to reserve the flight.	**È necessario prenotare il volo.**
it's easy	**è facile**
It's easy to understand Italian.	**È facile capire l'italiano.**
it suffices, it's enough	**basta**
It's enough to listen carefully.	**Basta ascoltare attentamente.**

18.B.

Listen to the following dialogue.

Signora Ruggieri:	*Oggi fa molto freddo e nevica.*
Signor Ruggieri:	*Sì, ma bisogna uscire lo stesso.*
Signora Ruggieri:	*Perché?*
Signor Ruggieri:	*È necessario andare all'ufficio postale.*
Signora Ruggieri:	*Bisogna proprio andare?*
Signor Ruggieri:	*Sì, bisogna inviare il pacco oggi.*

Now repeat after the native speakers.

Today it's very cold and it's snowing.	**Oggi fa molto freddo e nevica.**
Yes, but it's necessary to go out anyway.	**Sì, ma bisogna uscire lo stesso.**
Why?	**Perché?**
It's necessary to go to the post office.	**È necessario andare all'ufficio postale.**
Is it really necessary to go?	**Bisogna proprio andare?**
Yes, we have to send the package today.	**Sì, bisogna inviare il pacco oggi.**

18.C.

Answer the following questions.

Piove molto qui in primavera? (no, poco)	☞*No, piove poco qui in primavera.*
Qui nevica tutto l'anno? (no, solo d'inverno)	☞*No, qui nevica solo d'inverno.*
Cosa occorre comprare? (il caffè)	☞*Occorre comprare il caffè.*
È necessario prenotare il volo per Miami? (sì)	☞*Sì, è necessario prenotare il volo per Miami.*
Cosa bisogna prendere? (il dolce)	☞*Bisogna prendere il dolce.*

PART II: TALKING ABOUT THE PAST

LESSON 19: THE PRESENT PERFECT *(PASSATO PROSSIMO)* WITH *ESSERE*

19.A.

The present perfect expresses an action that happened and was completed in the recent past.

For example:

| Yesterday I met Paolo. | **Ieri ho incontrato Paolo.** |

It can also express an action that occurred a long time ago, but whose effects continue in the present.

| Andrew moved here ten years ago. | **Andrea si è trasferito qui dieci anni fa.** |

The present perfect is a compound tense. It is formed with the present indicative of the auxiliary verb, *avere* or *essere*, and the past participle of the main verb. To form the past participle of a regular verb, drop the infinitive ending and replace it with the appropriate past participle ending: *-ato* for *-are* verbs, *-uto* for *-ere* verbs, and *-ito* for *-ire* verbs. Let's take *parlare* as an example: Delete the infinitive ending, *-are,* and replace it with *-ato*. We now have the past participle: *parlato*. Likewise, *ricevere* becomes *ricevuto,* and *dormire—dormito*.

While most verbs take *avere* as their auxiliary, a few important ones take *essere*. Keep in mind that the past participle of the verbs that take *essere* must agree in gender and number with the subject. Let's begin with *andare* "to go."

I went	io sono andata
I went to Milan.	Sono andata a Milano.
you went	tu sei andato
Did you go to the piano lesson?	Sei andata a lezione di pianoforte?
he went	lui è andato
Francesco went out for dinner.	Francesco è andato fuori a cena.
Maria went to the movies.	Maria è andata al cinema.
Signor Rossi, did you go to the performance?	Signor Rossi, è andato allo spettacolo?
Signora Rossi, when did you leave?	Signora Rossi, quando è andata via?
we went	noi siamo andati
We went to the theater last week.	Siamo andati a teatro la settimana scorsa.
you went	voi siete andati
Maria and Luisa, did you go to the library?	Maria e Luisa, siete andate in biblioteca?
they went	loro sono andati
Mr. and Mrs. Rossi went to Florence by car.	I signori Rossi sono andati a Firenze in macchina.

Here are some other verbs that take *essere* as their auxiliary. Notice that none of them takes a direct object and that many are verbs of movement.

to arrive	arrivare
Anna and Roberto arrived late.	Anna e Roberto sono arrivati tardi.
to become	diventare
I became skeptical.	Sono diventata scettica.
to enter	entrare
Federico entered the cinema with us.	Federico è entrato al cinema con noi.
to be born	nascere
He was born in Italy.	Lui è nato in Italia.

to leave	partire
You left quite early.	**Tu sei partito abbastanza presto.**
to return	**tornare** *o* **ritornare**
Anna, when did you come back?	**Anna, quando sei ritornata?**
to go out	**uscire**
Last month we went out every night.	**Il mese scorso siamo usciti tutte le sere.**
to come	**venire**
I have come to this museum before.	**Sono venuta altre volte in questo museo.**
to stay	**stare**
You stayed at home?	**Siete stati a casa?**

Essere itself also takes *essere* as its auxiliary, as do all reflexive verbs.

Were you at the opera?	**Siete stati all'opera?**
I washed early this morning.	**Mi sono lavata presto questa mattina.**
You got up at eight.	**Ti sei alzata alle otto.**
You sat in the first row.	**Si è seduta in prima fila.**

Essere is also used with reciprocal and impersonal verbs.

They saw each other yesterday at the lecture.	**Si sono incontrati ieri alla conferenza.**
Did you write to each other last year?	**Vi siete scritti l'anno scorso?**
It occurred yesterday.	**È successo ieri.**
It rained all day.	**È piovuto tutto il giorno.**

19.B.

Listen to the following dialogue.

> MARCELLA: *Ciao ragazzi, dove siete andati in vacanza?*

MICHELE:	*Siamo andati in Puglia.*
MARCELLA:	*Quando siete partiti?*
MICHELE:	*Siamo partiti ai primi di luglio.*
MARCELLA:	*Siete andati da soli?*
MICHELE:	*No, Livia e Francesca sono venute con noi.*
MARCELLA:	*Ah, benissimo!*

Now please repeat.

Hi guys, where did you go on vacation?	**Ciao ragazzi, dove siete andati in vacanza?**
We went to Puglia.	**Siamo andati in Puglia.**
When did you leave?	**Quando siete partiti?**
We left at the beginning of July.	**Siamo partiti ai primi di luglio.**
Did you go alone?	**Siete andati da soli?**
No, Livia and Francesca came with us.	**No, Livia e Francesca sono venute con noi.**
Oh, great!	**Ah, benissimo!**

19.C.

Respond using the cues provided.

Sono tornati dal viaggio in Europa? (no, non)	☞*No, non sono tornati dal viaggio in Europa.*
A che ora sei uscita di casa? (a mezzogiorno)	☞*Sono uscita di casa a mezzogiorno.*
Signora Ranieri, con chi è stata al cinema? (con Laura)	☞*Sono stata al cinema con Laura.*
E nevicato ieri mattina? (no, ieri sera)	☞*No, è nevicato ieri sera.*

LESSON 20: THE PRESENT PERFECT WITH *AVERE*

20.A.

Now let's turn to verbs that take *avere* as their auxiliary. Remember that, unlike with *essere*, the past participles of these verbs DO NOT agree with the subject. Let's conjugate *parlare* in the present perfect.

I spoke	**io ho parlato**
I spoke Italian during the trip.	**Ho parlato in italiano durante il viaggio.**
you spoke	**tu hai parlato**
Have you talked to them?	**Hai parlato con loro?**
she spoke	**lei ha parlato**
Lucia never talked about this problem.	**Lucia non ha mai parlato di questo problema.**
we spoke	**noi abbiamo parlato**
We spoke only to them.	**Abbiamo parlato solo con loro.**
you spoke	**voi avete parlato**
You spoke in vain.	**Avete parlato per niente.**
they spoke	**loro hanno parlato**
They didn't even talk with us.	**Non hanno parlato neanche con noi.**

Avere itself is regular in the present perfect and takes *avere* as its auxiliary.

I didn't have time.	**Non ho avuto tempo.**

Now let's learn some useful verbs with irregular past participles.

to drink/drunk	**bere/bevuto**
You drank too much wine last night.	**Hai bevuto troppo vino ieri sera.**

to ask/asked	**chiedere/chiesto**
Who asked for a coffee?	**Chi ha chiesto un caffè?**
to say/said	**dire/detto**
What did you say to your friends?	**Cosa avete detto ai vostri amici?**
to do/done	**fare/fatto**
What did you do yesterday evening?	**Cosa avete fatto ieri sera?**
to read/read	**leggere/letto**
Did you read the review of the book?	**Hai letto la recensione del libro?**
to put/put	**mettere/messo**
Did you put sugar in the coffee?	**Hai messo lo zucchero nel caffè?**
to take/taken	**prendere/preso**
What did you have as an entrée?	**Cosa hai preso per secondo?**
to answer/answered	**rispondere/risposto**
She didn't answer his letter.	**Non ha risposto alla sua lettera.**
to see/seen	**vedere/visto**
Did you see the last Fellini movie?	**Hai visto l'ultimo film di Fellini?**

When used alone, *dovere, potere,* and *volere* are also conjugated with avere.

Lucia wanted that necklace.	**Lucia ha voluto quella collana.**

If, on the other hand, they are followed by another verb in the infinitive, they take the auxiliary required by that verb. Compare:

I couldn't leave early.	**Non sono potuto partire presto.**

| She wanted to buy that dress. | **Ha voluto comprare quel vestito.** |

20.B.

Listen to the dialogue.

> LUIGI: *Hai risposto alla lettera di Martina?*
> CRISTINA: *Sì, le ho scritto una lettera due giorni fa.*
> LUIGI: *Ho inviato anch'io una cartolina a Martina una settimana fa.*
> CRISTINA: *Senza dirmi nulla!*
> LUIGI: *Non ho avuto il tempo di telefonarti.*
> CRISTINA: *Certo. Ti capisco.*

Now please repeat.

Did you answer Martina's letter?	**Hai risposto alla lettera di Martina?**
Yes, I wrote the letter two days ago.	**Sì, le ho scritto una lettera due giorni fa.**
I sent a postcard to Martina, too a week ago.	**Ho inviato anch'io una cartolina a Martina una settimana fa.**
Without saying anything!	**Senza dirmi nulla!**
I didn't have the time to call you.	**Non ho avuto il tempo di telefonarti.**
Of course.	**Certo.**
I understand.	**Ti capisco.**

20.C.

Answer the following questions.

| *Avete inviato la cartolina a vostra cugina? (no, non)* | ☞*No, non abbiamo inviato la cartolina a nostra cugina.* |

265

Hai detto ad Emanuele di ve-
nire a cena? (no, nulla)
Hanno portato i fiori? (sì)
Hai messo lo zucchero nel
caffè? (no, non)

☞*No, non ho detto nulla ad*
Emanuele.
☞*Sì, hanno portato i fiori.*
☞*No, non ho messo lo zucchero*
nel caffè.

LESSON 21: THE IMPERFECT OF *ESSERE* AND *AVERE*

21.A.

The imperfect expresses a past action that occurred over a period of time. It describes what was happening or what used to happen, as well as habitual actions in the past. Let's start with *essere*, which is irregular in the imperfect.

I was	**io ero**
When I was a child . . .	**Quando ero bambino . . .**
you were	**tu eri**
That year you were always in Rome.	**Quell'anno eri sempre a Roma.**
you were	**Lei era**
Were you on the phone?	**Lei era al telefono?**
we used to be	**noi eravamo**
We used to be very good friends.	**Noi eravamo molto amici.**
you were	**voi eravate**
Were you in Italy last month?	**Eravate in Italia il mese scorso?**
they were	**loro erano**
They were always glad to see him.	**Erano sempre contenti di vederlo.**

Avere is regular in the imperfect.

I had	**io avevo**
As a child, I was afraid of the dark.	**Da piccolo, avevo paura del buio.**
you had	**tu avevi**
You were always in a hurry.	**Tu avevi sempre fretta.**
he had	**lui aveva**
He had many friends in Italy.	**Lui aveva molti amici in Italia.**

267

we had	noi avevamo
We always used to have the same hotel room.	Avevamo sempre la stessa camera d'hotel.
you had	voi avevate
When you were ten years old ...	Quando avevate dieci anni ...
they had	loro avevano
At one time they had more money.	Una volta avevano più soldi.

21.B.

Listen to the following dialogue.

> SIGNOR MARTIN: *A Bologna, eravamo in giro dalla mattina alla sera.*
>
> SIGNORA GABRIELE: *Avevate una pianta della città?*
>
> SIGNOR MARTIN: *Sì, ma andavamo a destra e a sinistra un po' a caso ... E poi la gente era così gentile ...*
>
> SIGNORA GABRIELE: *Ah, sì? Vi sono piaciuti gli italiani?*
>
> SIGNOR MARTIN: *Sì, certo. Avevano molta pazienza con noi.*

Now please repeat.

In Bologna, we were sight-seeing from morning until evening.	A Bologna, eravamo in giro dalla mattina alla sera.
Did you have a map of the city?	Avevate una pianta della città?
Yes, but we were wandering around by chance ...	Sì, ma andavamo a destra e a sinistra un po' a caso ...
And the people were so nice.	E poi la gente era così gentile ...
Is that so?	Ah, sì?

You liked the Italians?	**Vi sono piaciuti gli italiani?**
Certainly.	**Sì, certo.**
They were very patient with us.	**Avevano molta pazienza con noi.**

21.C.

Answer the following questions.

Quando eri in Italia avevi molti amici? (sì)	☞ *Sì, quando ero in Italia avevo molti amici.*
Dov'eri ieri pomeriggio? (dal medico)	☞ *Ieri pomeriggio ero dal medico.*
Eravate in vacanza in Grecia? (sì)	☞ *Sì, eravamo in vacanza in Grecia.*
I bambini avevano paura del buio? (sì)	☞ *Sì, i bambini avevano paura del buio.*

LESSON 22: THE IMPERFECT OF REGULAR AND IRREGULAR VERBS

22.A.

To form the imperfect tense of regular verbs, drop the *-re* ending from the infinitive and replace it with the appropriate imperfect endings, which are the same for all three verb groups: *-vo, -vi, -va, -vamo, -vate, -vano*. Let's begin with an *-are* verb: *parlare*.

I was speaking	**io parlavo**
you were speaking	**tu parlavi**
he was speaking	**lui parlava**
we were speaking	**noi parlavamo**
you were speaking	**voi parlavate**
they were speaking	**loro parlavano**

Here are some example sentences.

I was speaking in Italian every day.	**Parlavo in italiano ogni giorno.**
They used to speak constantly.	**Parlavano in continuazione.**

Now let's try an *-ere* verb: *vivere* "to live."

I was living	**io vivevo**
you were living	**tu vivevi**
she was living	**lei viveva**
we were living	**noi vivevamo**
you were living	**voi vivevate**
they were living	**loro vivevano**

Repeat the following example sentences.

You used to live in Italy.	**Vivevi in Italia.**
We were living alone.	**Vivevamo da soli.**

Finally let's do an *-ire* verb: *dormire*.

I was sleeping	**io dormivo**
you were sleeping	**tu dormivi**
you were sleeping	**Lei dormiva**
we were sleeping	**noi dormivamo**
you were sleeping	**voi dormivate**
they were sleeping	**loro dormivano**

Here are some more example sentences.

On Mondays you used to sleep until seven.	**Il lunedì dormivate fino alle sette.**
Marta was sleeping on the beach.	**Marta dormiva sulla spiaggia.**

Many of the irregular verbs we studied in previous lessons are regular in the imperfect. For example:

We used to go to Florence by train every month.	**Andavamo a Firenze in treno ogni mese.**
They were staying in that hotel.	**Stavano in quell'hotel.**
I could not go to the post office.	**Non potevo andare all'ufficio postale.**

Now let's turn to verbs that are irregular in the imperfect. They have irregular imperfect stems but take regular imperfect endings. We'll demonstrate with *bere* "to drink," whose imperfect stem is *beve-*.

I used to drink mineral water.	**Bevevo acqua minerale.**
We used to drink white wine at dinner.	**A cena bevevamo vino bianco.**

Fare has the imperfect stem *face-*.

| I used to take many trips. | **Facevo molti viaggi.** |

Dire has the imperfect stem *dice-*.

| They always told the truth. | **Dicevano sempre la verità.** |

22.B.

Listen to the following dialogue.

> LA NONNA: *Da bambina venivi spesso a casa mia di sabato. . . . Dormivi fino a tardi.*
> LA NIPOTE: *Mi ricordo . . . e tu preparavi delle ottime colazioni. . . .*
> LA NONNA: *E tu non ti potevi fermare la domenica perché dovevi studiare.*
> LA NIPOTE: *E vero, ma molte volte invece andavo in piscina a nuotare.*

Listen and repeat.

As a little girl, you used to come to my house on Saturday. . . .	**Da bambina venivi spesso a casa mia di sabato. . . .**
You used to sleep late.	**Dormivi fino a tardi.**
I remember . . . and you used to make wonderful breakfasts.	**Mi ricordo . . . e tu preparavi delle ottime colazioni.**
And you couldn't stay on Sunday because you had to study.	**E tu non ti potevi fermare la domenica perché dovevi studiare.**
It's true, but many times I would go to the pool to swim instead.	**È vero, ma molte volte invece andavo in piscina a nuotare.**

22.C.

Answer the following questions.

Signore, di solito cosa beveva? (spremuta d'arancia)   ☞ *Di solito bevevo spremuta d'arancia.*

Facevate molte vacanze da ragazzi? (sì)   ☞ *Sì, facevamo molte vacanze da ragazzi.*

Dove andavano Francesca e Paolo al mare? (in Sardegna)   ☞ *Francesca e Paolo andavano al mare in Sardegna.*

Lui viveva a Venezia da bambino? (sì)   ☞ *Sì, lui viveva a Venezia da bambino.*

LESSON 23: USAGE OF THE IMPERFECT

23.A.

The imperfect is a much used tense in Italian. It has three main uses.

It indicates a habitual or repeated action in the past.

We used to go to the movies every Saturday.	**Andavamo al cinema ogni sabato.**
We would come home at seven every night.	**Tornavamo a casa alle sette ogni sera.**

It describes ongoing actions in the past.

He was talking and laughing.	**Parlava e rideva.**
While I was watching TV, the children were sleeping.	**Mentre io guardavo la TV, i bambini dormivano.**

It describes physical conditions and emotional states in the past. This includes weather, age, and time.

It was a silent, hot day in August.	**Era una silenziosa calda giornata d'agosto.**
It was around five in the afternoon.	**Erano circa le cinque di pomeriggio.**
When you were young, you were very happy.	**Quando eravate giovani eravate molto allegri.**
When you were ten years old, I was thirty.	**Quando tu avevi dieci anni io ne avevo trenta.**

The preposition *da* plus a time expression and a verb in the imperfect express the duration of an action in the past.

How long had you been working in Rome?	**Da quanto tempo lavoravi a Roma?**

| I had been going to the opera for ten years. | **Andavo all'opera da dieci anni.** |

In addition, the imperfect may be used instead of the present conditional to make a request more polite,

| I would like a kilo of peaches. | **Volevo un chilo di pesche.** |
| We would like to rent a car. | **Volevamo noleggiare una macchina.** |

and instead of the past conditional to express a desire or possibility in the past.

| I wanted to talk to you, but you were never at home. | **Volevo parlare con te, ma non eri mai a casa.** |
| You could have thought of it earlier. | **Potevi pensarci prima.** |

23.B.

Listen to the following dialogue.

> GIOVANNA: *Ieri era una giornata molto bella.*
> MARIO: *Sì, però faceva troppo caldo. Erano le sette di sera ed il sole scottava ancora.*
> GIOVANNA: *È vero, ma dopo un inverno lungo, ero molto felice di vedere il sole.*
> MARIO: *Amavi l'estate anche quando avevi dieci anni.*
> GIOVANNA: *Certo. Andavamo alla spiaggia quasi ogni giorno.*

Now please repeat.

| Yesterday was a very beautiful day. | **Ieri era una giornata molto bella.** |

Yes, but it was too hot.	Sì, però faceva troppo caldo.
It was 7 P.M. and the sun was still burning.	Erano le sette di sera ed il sole scottava ancora.
That's true, but after a long winter, I was very happy to see the sun.	È vero, ma dopo un inverno lungo, ero molto felice di vedere il sole.
Even when you were ten years old, you loved the summer.	Amavi l'estate anche quando avevi dieci anni.
Of course.	Certo.
We would go to the beach almost every day.	Andavamo alla spiaggia quasi ogni giorno.

23.C.

Now answer the following questions.

L'estate scorsa faceva caldo a Roma? (sì, molto)	☞*Sì, l'estate scorsa faceva molto caldo a Roma.*
Da quanto tempo abitava Massimo a Firenze? (due anni)	☞*Massimo abitava a Firenze da due anni.*
Eravate contenti di essere in Italia? (sì)	☞*Sì, eravamo contenti di essere in Italia.*
In che lingua parlava Marta di solito? (inglese)	☞*Di solito, Marta parlava in inglese.*

LESSON 24: THE PAST PERFECT

24.A.

The past perfect indicates an action that took place prior to another action in the past. It also implies the idea of repetition in the distant past. It is a compound tense formed with the imperfect of *essere* or *avere* and the past participle of the main verb and translates into English as "I had spoken."

I had been	**io ero stato**
I had never been in Italy.	**Non ero mai stato in Italia.**
you had had	**tu avevi avuto**
You had had many problems.	**Avevi avuto molti problemi.**
you had left	**Lei era partito**
You had left before dinner.	**Era partito prima di cena.**
we had been	**noi eravamo stati**
We had never been so happy.	**Non eravamo mai stati così contenti.**
you had written	**voi avevate scritto**
You had written to him before leaving.	**Avevate scritto a lui prima di partire.**
they had spoken	**loro avevano parlato**
They had spoken for two hours.	**Avevano parlato per due ore.**

24.B.

Listen to the following dialogue.

SIGNORA GATTO: *Eravate stati altre volte in questa città?*

SIGNOR ROSSI: *Sì, eravamo venuti l'anno scorso. E voi?*

SIGNORA GATTO: *No, noi non eravamo mai stati qui prima d'ora.*

SIGNOR ROSSI: *Vi avevamo detto che era un posto da visitare.*

SIGNORA GATTO: *Avevamo sempre pensato di venire, prima o poi.*

And now repeat.

Had you ever been in this city before?	**Eravate stati altre volte in questa città?**
Yes, we had come last year.	**Sì, eravamo venuti l'anno scorso.**
And you?	**E voi?**
No, we had not been here before now.	**No, noi non eravamo mai stati qui prima d'ora.**
We had told you that it was a place to visit.	**Vi avevamo detto che era un posto da visitare.**
We had always thought about coming sooner or later.	**Avevamo sempre pensato di venire, prima o poi.**

24.C.

Answer the following questions.

Eravate andati anche voi al cinema? (sì)	☞*Sì, eravamo andati anche noi al cinema.*
Chi aveva parlato per primo? (il professore)	☞*Il professore aveva parlato per primo.*
Quante lettere avevi scritto? (due)	☞*Avevo scritto due lettere.*
Erano usciti prima di voi? (no)	☞*No, non erano usciti prima di noi.*

LESSON 25: THE ABSOLUTE PAST

25.A.

The absolute past expresses an action that happened and was completed in the past, with no relation to the present. It is a tense used primarily in written Italian. In spoken Italian, the present perfect takes its place, except in regions of southern Italy, where the absolute past is used in daily speech. Let's conjugate *parlare*.

I spoke	io parlai
you spoke	tu parlasti
he spoke	lui parlò
we spoke	noi parlammo
you spoke	voi parlaste
they spoke	loro parlarono

And now *credere*.

I believed	io credetti
you believed	tu credesti
she believed	lei credette
we believed	noi credemmo
you believed	voi credeste
they believed	loro credettero

And finally *dormire*.

I slept	io dormii
you slept	tu dormisti
she slept	lei dormì
we slept	noi dormimmo
you slept	voi dormiste
they slept	loro dormirono

The absolute past is, unfortunately, very rich in irregular forms. Here are the full conjugations of *essere* and *avere* and example sentences with the more important irregular verbs. For the full conjugations, please refer to the verb charts. Listen carefully and repeat.

I was	**io fui**
you were	**tu fosti**
he was	**lui fu**
we were	**noi fummo**
you were	**voi foste**
they were	**loro furono**
I had	**io ebbi**
you had	**tu avesti**
she had	**lei ebbe**
we had	**noi avemmo**
you had	**voi aveste**
they had	**loro ebbero**

Italo gave Livia his ticket.	**Italo diede il suo biglietto a Livia.**
We gave him good advice.	**Noi gli demmo un buon consiglio.**
He played the role of Othello.	**Lui fece la parte di Otello.**
You made great progress that year.	**Quell'anno faceste molti progressi.**
You were sick for a long time.	**Stesti male per molto tempo.**
I had to leave early.	**Io dovetti partire presto.**
Caravaggio was born in 1573.	**Caravaggio nacque nel mille cinquecento settantatré.**
You were born in the suburbs.	**Nasceste in periferia.**
You lost control.	**Tu perdesti il controllo.**
They lost the esteem of everyone.	**Persero la stima di tutti.**

I liked that idea a lot.	**Mi piacque molto quella idea.**
The poet lived in Venice.	**Il poeta visse a Venezia.**
We wanted to move.	**Noi volemmo traslocare.**

25.B.

Listen to the following dialogue.

> LUCIA: *Questo scrittore fu una mia grande passione giovanile!*
> MARCO: *Scrisse molti romanzi, vero?*
> LUCIA: *Sì! Ebbe un gran talento! Cercò di creare un nuovo stile.*
> MARCO: *Sì, ma non piacque molto ai suoi contemporanei.*
> LUCIA: *Naturalmente fu poi riconosciuto dai posteri.*
> MARCO: *Come al solito.*

Now repeat.

This writer was one of the great passions of my youth!	**Questo scrittore fu una mia grande passione giovanile!**
He wrote many novels, right?	**Scrisse molti romanzi, vero?**
Yes.	**Sì!**
He had great talent.	**Ebbe un gran talento!**
He tried to create a new style.	**Cercò di creare un nuovo stile.**
Yes, but he wasn't well liked by his contemporaries.	**Sì, ma non piacque ai suoi contemporanei.**
Of course, he was later recognized by posterity.	**Naturalmente fu poi riconosciuto dai posteri.**
As usual.	**Come al solito.**

25.C.

Respond using the cues provided.

Avesti molti problemi con lui? (sì)

☞ Sì, ebbi molti problemi con lui.

Chi fu presente alla riunione? (tutti)

☞ Tutti furono presenti alla riunione.

Dove dormiste quella notte? (a casa di amici)

☞ Quella notte dormimmo a casa di amici.

Dove nacque Raffaello? (ad Urbino)

☞ Raffaello nacque ad Urbino.

LESSON 26: THE SEQUENCE OF TENSES

26.A.

Many students of Italian find it difficult to choose the appropriate past tense. Here is a brief overview:

The imperfect expresses what was going on in the past over a period of time, without any specific reference to the beginning or end of the action. It generally expresses actions beginning but not finishing in the past, as well as past conditions.

The present perfect and the absolute past, on the other hand, both express what took place at a specific moment in time. However, actions expressed with the present perfect happened in the recent past and usually relate to the present, while actions expressed in the absolute past fully belong to the past: It is a historical tense predominantly used in writing. Compare:

My brother was born in 1960.	**Mio fratello è nato nel mille novecento sessanta.**
Dante was born in 1265.	**Dante nacque nel mille duecento sessantacinque.**

The past perfect expresses an action that occurred prior to another action in the past.

I had left when Laura came in.	**Ero partito quando Laura è entrata.**
He had already bought the book I gave him.	**Aveva già comprato il libro che gli ho dato.**

When two actions occur at the same time and both express an ongoing action or condition, both verbs should be in the imperfect.

I was reading and writing.	**Leggevo e scrivevo.**
They were singing and dancing.	**Cantavano e ballavano.**

When two actions occur at the same time, but one is interrupted by another, the ongoing, or background, action should be in the imperfect; the other, in the present perfect or absolute past.

I was reading when you arrived.	**Leggevo quando tu sei arrivato.**
It was raining when Dante was born.	**Pioveva quando Dante nacque.**
Giovanni left while we were having lunch.	**Giovanni è andato via mentre pranzavamo.**

26.B.

Listen to the dialogue.

> MARIA: *Cosa facevi quando è arrivato Paolo?*
> FRANCESCO: *Facevo colazione e leggevo il giornale.*
> MARIA: *Facevi colazione così tardi?*
> FRANCESCO: *Sì, ma mi ero già lavato quando è venuto.*

Now repeat.

What were you doing when Paolo arrived?	**Cosa facevi quando è arrivato Paolo?**
I was having breakfast and reading the paper.	**Facevo colazione e leggevo il giornale.**
You were having breakfast that late?	**Facevi colazione così tardi?**

284

| Yes, but I had already washed when he came. | **Sì, ma mi ero già lavato quando è venuto.** |

26.C.

Change the verb in the infinitive to the imperfect or the present perfect, according to the context. First listen to the example.

| *La domenica [NOI ANDARE] sempre al mare.* | *La domenica andavamo sempre al mare.* |

Now it's your turn.

Quando [TU ARRIVARE] ieri?	☞*Quando sei arrivato ieri?*
[NOI ANDARE] al mare tutte le estati.	☞*Andavamo al mare tutte le estati.*
[IO GUARDARE] la televisione quando Andrea [ENTRARE].	☞*Guardavo la televisione quando Andrea è entrato.*
Anna [SCRIVERE] una lettera quando la madre la [CHIAMARE].	☞*Anna scriveva una lettera quando la madre l'ha chiamata.*

PART III: TALKING ABOUT THE FUTURE

LESSON 27: THE FUTURE TENSE OF REGULAR VERBS

27.A.

The future tense of all regular verbs is formed by dropping the final -e from the infinitive and replacing it with the appropriate future endings: -ò, -ai, à, -emo, -ete, -anno. -Are verbs also change the -a in the infinitive ending to an -e. Let's conjugate *parlare* in the future tense.

I will speak	**io parlerò**
I will speak Italian during the trip.	**Parlerò in italiano durante il viaggio.**
you will speak	**tu parlerai**
You will speak fluently within a year.	**Tu parlerai correntemente tra un anno.**
he will speak	**lui parlerà**
The professor will speak tomorrow.	**Il professore parlerà domani.**
we will speak	**noi parleremo**
We will speak about that topic.	**Parleremo di quell'argomento.**
you will talk	**voi parlerete**
You won't talk to them, right?	**Non parlerete con loro, vero?**
they will talk	**loro parleranno**
They will talk on the train.	**Loro parleranno in treno.**

Now let's do an *-ere* verb: *scrivere*.

I will write	**io scriverò**
I will write to my friend.	**Scriverò al mio amico.**
you will write	**tu scriverai**

Are you going to write the article?	**Scriverai tu l'articolo?**
she will write	**lei scriverà**
She will write a novel soon.	**Scriverà presto un romanzo.**
we will write	**noi scriveremo**
We will write some postcards.	**Noi scriveremo delle cartoline.**
you will write	**voi scriverete**
You will type the application.	**Voi scriverete la domanda a macchina.**
they will write	**loro scriveranno**
They are going to write a journal of their trip.	**Scriveranno un diario del loro viaggio.**

Finally, let's conjugate an *-ire* verb: *partire*.

I will leave	**io partirò**
I will leave tomorrow morning.	**Partirò domani mattina.**
you will leave	**tu partirai**
Will you leave with them?	**Partirai con loro?**
you will leave	**Lei partirà**
You are going to leave on a cruise in two days.	**Partirà per una crociera tra due giorni.**
we will leave	**noi partiremo**
We will leave within a few days.	**Partiremo tra pochi giorni.**
you will leave	**voi partirete**
You won't leave because of the weather.	**Voi non partirete a causa del tempo.**
they will leave	**loro partiranno**
They will leave on time.	**Partiranno in orario.**

27.B.

Now listen to the following dialogue.

FEDERICO: *Allora, quando partirete?*

MARTINA:	*Partiremo domani mattina molto presto.*
FEDERICO:	*E quando tornerete?*
MARTINA:	*Torneremo tra due mesi.*
FEDERICO:	*Scriverete qualche cartolina, vero?*
MARTINA:	*Certo, invieremo almeno una cartolina a tutti.*

And now, please repeat.

So, when are you going to leave?	**Allora, quando partirete?**
We are going to leave tomorrow morning, very early.	**Partiremo domani mattina molto presto.**
And when are you going to come back?	**E quando tornerete?**
We will be back in two months.	**Torneremo tra due mesi.**
You will write some postcards, right?	**Scriverete qualche cartolina, vero?**
Yes, we'll send at least one postcard to everyone.	**Certo, invieremo almeno una cartolina a tutti.**

27.C.

Respond using the cues provided.

Quando partirete? (domani mattina)	☞*Partiremo domani mattina.*
Quale lingua parleranno alla conferenza? (francese)	☞*Parleranno francese alla conferenza.*
Signora, quando vedrà suo figlio? (fra due mesi)	☞*Vedrò mio figlio fra due mesi.*
Chi crederà a questa storia? (nessuno)	☞*Nessuno crederà a questa storia.*

LESSON 28: THE FUTURE TENSE OF
IRREGULAR VERBS

28.A.

Irregular verbs in the future tense have irregular stems but take the regular future endings. Let's begin with *essere*.

I will be	**io sarò**
you will be	**tu sarai**
she will be	**lei sarà**
we will be	**noi saremo**
you will be	**voi sarete**
they will be	**loro saranno**

And now let's conjugate *avere*.

I will have	**io avrò**
you will have	**tu avrai**
he will have	**lui avrà**
we will have	**noi avremo**
you will have	**voi avrete**
they will have	**loro avranno**

And now let's try a few more example sentences with common irregular verbs.

I will go to the country next week.	**Andrò in campagna la settimana prossima.**
You'll have to renew the visa next month.	**Il mese prossimo dovrà rinnovare il visto.**
We will only be able to see you tomorrow.	**Noi potremo vederti solo domani.**
Tomorrow you will know the departure time.	**Domani saprete l'ora della partenza.**
I will see the play tomorrow night.	**Vedrò la commedia domani sera.**

She will keep the keys in her purse.	**Lei terrà le chiavi in borsa.**
They will come tomorrow.	**Loro verranno domani.**
Luigi will always want to see you.	**Luigi vorrà sempre vederti.**
Will you always live in Italy?	**Vivrete sempre in Italia?**

28.B.

Listen to the dialogue.

> TOMASINA: *Andrete al cinema domani sera?*
> SALVATORE: *No, andremo dopodomani sera, venerdì.*
> TOMASINA: *Avete già i biglietti?*
> SALVATORE: *No, compreremo i biglietti domani, quando avremo i soldi.*
> TOMASINA: *Ci sarà molta gente, dovrete fare la fila.*
> SALVATORE: *Verrai anche tu?*
> TOMASINA: *Verrò se mi terrete un posto a sedere vicino a voi.*

Now repeat.

Are you going to the movies tomorrow night?	**Andrete al cinema domani sera?**
No, we'll go the day after tomorrow, on Friday.	**No, andremo dopodomani sera, venerdì.**
Do you have the tickets already?	**Avete già i biglietti?**
No, we're going to buy the tickets tomorrow, when we have the money.	**No, compreremo i biglietti domani, quando avremo i soldi.**
There will be a lot of people, you will have to wait in line.	**Ci sarà molta gente, dovrete fare la fila.**
Are you going to come, too?	**Verrai anche tu?**
I'll come if you save me a seat near you.	**Verrò se mi terrete un posto a sedere vicino a voi.**

28.C.

Answer the following questions.

Dove andrai la settimana prossima? (al mare)

☞ *La settimana prossima andrò al mare.*

Quando dovrò rinnovare il visto? (fra una settimana)

☞ *Dovrà rinnovare il visto fra una settimana.*

Mi terrete un posto a sedere alla conferenza? (sì)

☞ *Sì, ti terremo un posto a sedere alla conferenza.*

Vivranno sempre in Italia? (sì)

☞ *Sì, vivranno sempre in Italia.*

PART IV: THE SUBJUNCTIVE AND THE CONDITIONAL

LESSON 29: THE PRESENT SUBJUNCTIVE OF REGULAR VERBS

29.A.

While the indicative mood expresses objectivity and certainty, the subjunctive mood expresses possibility, doubt, and uncertainty. It refers to an event that may be possible, desirable, or feared.

In independent clauses it is used to express:

doubt,

Do you think that it might rain?	**Che stia per piovere?**

a polite request,

Please, be nice.	**Per favore, sia gentile.**

or a command.

Go out immediately.	**Esca immediatamente.**

The subjunctive is most often used in dependent clauses that are governed by a main clause expressing doubt, uncertainty, hope, desire, the opinion of the subject, or an absolute superlative.

I believe that Alberto is happy.	**Credo che Alberto sia felice.**
It seems to me that Laura is leaving tomorrow.	**Mi sembra che Laura parta domani.**

The present subjunctive of regular verbs is formed by dropping the infinitive endings, *-are, -ere,* and *-ire,* and replacing them with the appropriate subjunctive endings. The endings for all three singular forms in each group are identical. *-Ire* verbs that insert an *-isc-* in the present indicative do so in the subjunctive as well, in all but the first and second persons plural. Let's first conjugate an *-are* verb: *parlare.* The subjunctive endings are: *-i* for the singular forms, *-iamo, -iate,* and *-ino* for the plural.

that I speak	**che io parli**
that you speak	**che tu parli**
that you speak	**che Lei parli**
that we speak	**che noi parliamo**
that you speak	**che voi parliate**
that they speak	**che loro parlino**

Let's do an *-ere* verb: *vivere.* The singular ending is: *-a,* and the plural endings are: *-iamo, -iate, -ano.*

that I live	**che io viva**
that you live	**che tu viva**
that he live	**che lui viva**
that we live	**che noi viviamo**
that you live	**che voi viviate**
that they live	**che loro vivano**

Finally let's conjugate *partire,* an *-ire* verb. The endings are the same as for *-ere* verbs.

that I leave	**che io parta**
that you leave	**che tu parta**
that she leave	**che lei parta**
that we leave	**che noi partiamo**
that you leave	**che voi partiate**
that they leave	**che loro partano**

29.B.

Listen to the following dialogue.

MARTA: *Credi che parlino l'italiano?*
RICARDO: *Non credo.*
MARTA: *Che peccato! Sembra che siano molto simpatici.*
RICARDO: *Sì, è anche un peccato che noi parliamo male l'inglese.*
MARTA: *È possibile che vivano qui in Italia?*
RICARDO: *No. Sono turisti. Credo che partano tra due settimane.*

Now it's your turn. Listen and repeat.

Do you think that they speak Italian?	**Credi che parlino l'italiano?**
I don't think so.	**Non credo.**
What a pity!	**Che peccato!**
It seems they're very nice.	**Sembra che siano molto simpatici.**
Yes, it's also a pity that we speak English poorly.	**Sì, è anche un peccato che noi parliamo male l'inglese.**
Is it possible that they live here, in Italy?	**È possibile che vivano qui, in Italia?**
No. They're tourists.	**No. Sono turisti.**
I believe they're leaving in two weeks.	**Credo che partano tra due settimane.**

29.C.

Answer the following questions.

Credi che vivano in Italia? (sì)   ☞*Sì, credo che vivano in Italia.*

È meglio che lei telefoni più
tardi? (sì)

☞ Sì, è meglio che lei telefoni
più tardi.

Desiderate che noi restiamo
qui? (sì)

☞ Sì, desideriamo che voi
restiate qui.

Credi che Anna capisca quando
parlo? (no)

☞ No, non credo che Anna
capisca quando parli.

LESSON 30: THE PRESENT SUBJUNCTIVE OF *ESSERE* AND *AVERE*

30.A.

Now let's conjugate *essere*, which is irregular in the present subjunctive.

that I be	**che io sia**
Do you think that I am the only one who knows Gianni?	**Credi che io sia l'unica a conoscere Gianni?**
that you be	**che tu sia**
It's essential that you be stronger.	**Bisogna che tu sia più forte.**
that he be	**che lui sia**
Do you think that he's Italian?	**Pensi che lui sia italiano?**
that we be	**che noi siamo**
It's essential that we not be late.	**È essenziale che noi non siamo in ritardo.**
that you be	**che voi siate**
It's important that you be sincere.	**È importante che voi siate sinceri.**
that they be	**che loro siano**
We want them to be happy.	**Desideriamo che loro siano contenti.**

Now let's do *avere*, which is also irregular.

that I have	**che io abbia**
He believes that I am twenty-three.	**Lui crede che io abbia ventitrè anni.**
that you have	**che tu abbia**
It's important that you have patience.	**È importante che tu abbia pazienza.**
that she have	**che lei abbia**
It's essential that she take more care of herself.	**Bisogna che lei abbia più cura di sé.**

that we have	che noi abbiamo
It's impossible that we don't have the keys.	È impossibile che noi non abbiamo le chiavi.
that you have	che voi abbiate
It's important that you have a map of the city.	È importante che voi abbiate una pianta della città.
that they have	che loro abbiano
Do you think that they need help?	Pensi che abbiano bisogno di aiuto?

30.B.

Now listen to the dialogue.

PIETRO: *Credi che Massimo abbia molta fretta?*
ANNA: *Sì, credo che sia in ritardo. Penso che abbia un appuntamento tra un'ora.*
PIETRO: *Spero che sia al corrente di tutti i problemi!*
ANNA: *Lo spero anch'io, ma penso che sia bene informato.*

And now repeat.

Do you think Massimo is in a hurry?	**Credi che Massimo abbia molta fretta?**
Yes, I think he is late.	**Sì, credo che sia in ritardo.**
I think he has an appointment within one hour.	**Penso che abbia un appuntamento tra un'ora.**
I hope he's up to date on all the problems!	**Spero che sia al corrente di tutti i problemi!**
I hope so, too, but I think he's well informed.	**Lo spero anch'io, ma penso che sia bene informato.**

30.C.

Respond using the cues provided.

Pensi che abbiano fretta? (sì) ☞*Sì, penso che abbiano fretta.*

Quanti anni credi che abbia Alberto? (trenta) ☞*Credo che Alberto abbia trent'anni.*

È importante che Marina sia al corrente di questo problema? (no, non) ☞*No, non è importante che Marina sia al corrente di questo problema.*

Bisogna che noi siamo in orario? (sì, voi) ☞*Sì, bisogna che voi siate in orario.*

LESSON 31: THE PRESENT SUBJUNCTIVE OF IRREGULAR VERBS

31.A.

Many common verbs are irregular in the present subjunctive. Let's begin with *andare*.

that I go	**che io vada**
It's better that I go.	**È meglio che io vada.**
that we go	**che noi andiamo**
They think that we are going away.	**Credono che noi andiamo via.**
that you go	**che voi andiate**
I hope that you are going to see that movie.	**Spero che voi andiate a vedere quel film.**
that they go	**che loro vadano**
I don't think that they are going to Italy.	**Non credo che loro vadano in Italia.**

Here are examples of other common irregular verbs.

It's necessary for you to give an example.	**Bisogna che tu dia un esempio.**
It seems that he does everything.	**Sembra che faccia tutto lui.**
I hope you are well.	**Spero che stiate bene.**
I think that they say interesting things.	**Penso che loro dicano cose interessanti.**
She believes that I have to leave now.	**Crede che io debba partire ora.**
I think we have to go on foot.	**Penso che dobbiamo andare a piedi.**
Do you think that he can leave at 8:00?	**Credi che lui possa partire alle otto?**
I think that they are going out, too.	**Penso che escano anche loro.**

It's necessary for me to come, too.	**Bisogna che venga anch'io.**
I hope that you are coming for dinner.	**Spero che veniate a cena.**
I think they want something to drink.	**Credo che vogliano qualcosa da bere.**

31.B.

Listen to the dialogue.

> NICOLA: *Pensi che Alberto vada in Italia?*
> ALFREDO: *Sì, credo che voglia seguire un corso all'Università di Bologna.*
> NICOLA: *Per quanto tempo?*
> ALFREDO: *Penso che stia in Italia per un anno.*

Repeat after the native speakers.

Do you think that Alberto is going to Italy?	**Pensi che Alberto vada in Italia?**
Yes, I think he wants to take a course at the University of Bologna.	**Sì, credo che voglia seguire un corso all'Università di Bologna.**
For how long?	**Per quanto tempo?**
I think he is going to stay in Italy for one year.	**Penso che stia in Italia per un anno.**

31.C.

Answer the following questions.

Credi che Maria dica la verità? (sì)	☞*Sì, credo che Maria dica la verità.*
Bisogna proprio che tu vada via stasera? (sì)	☞*Sì, bisogna proprio che io vada via stasera.*

300

È necessario che loro escano
con noi domani? (no)
Pensi che vengano a cena? (sì)

☞No, non è necessario che loro
escano con noi domani.
☞Sì, penso che vengano a
cena.

LESSON 32: THE PAST SUBJUNCTIVE

32.A.

The past subjunctive is formed with the present subjunctive of *essere* or *avere* and the past participle of the main verb. Use of the past versus the present subjunctive is determined by the sequence of events in a given sentence. If the action in the dependent clause occurred prior to the action in the main clause, the past subjunctive should be used.

I believe that you have already been to this restaurant.	**Credo che tu sia già stato in questo ristorante.**
Anna will think that you didn't want to talk to her.	**Anna penserà che tu non abbia voluto parlarle.**

Let's now conjugate *essere* in the past subjunctive.

that I was	**che io sia stato**
that you were	**che tu sia stato**
that you were	**che Lei sia stato**
that we were	**che noi siamo stati**
that you were	**che voi siate stati**
that they were	**che loro siano stati**

Now let's try *avere*.

that I had	**che io abbia avuto**
that you had	**che tu abbia avuto**
that he had	**che lui abbia avuto**
that we had	**che noi abbiamo avuto**
that you had	**che voi abbiate avuto**
that they had	**che loro abbiano avuto**

If the subject of both clauses is the same, the past infinitive is used in place of the past subjunctive. The past infinitive is formed with the infinitive of *essere* or *avere* and the past participle of the main verb. Here's how it works:

I think I talked too much.	**Credo di aver parlato troppo.**
They don't think they made many mistakes.	**Non pensano di aver fatto molti errori.**

The past infinitive can also be used instead of the present perfect and the simple past. It then often follows expressions such as *dopo,* and *dopo di.*

After having written the letter, he went to the post office.	**Dopo aver scritto la lettera, è andato all'ufficio postale.**
Having told the story, he left.	**Dopo aver raccontato la storia, andò via.**
After getting up, he had breakfast.	**Dopo essersi alzato, ha fatto colazione.**

32.B.

Listen to the dialogue.

MASSIMO: *Sembra che Paolo non sia mai stato molto onesto.*
ROSANNA: *Davvero?*
MASSIMO: *Sì, e sembra che abbia avuto anche molti debiti.*
ROSANNA: *Ah, sì: dicono che sia andato all'estero per quella ragione.*
MASSIMO: *Credo di essermi sbagliato sul suo conto.*

Now please repeat.

It seems that Paolo never was very honest.	**Sembra che Paolo non sia mai stato molto onesto.**

Really?	**Davvero?**
Yes, and it seems that he also had many debts.	**Sì, e sembra che abbia avuto anche molti debiti.**
Oh, yes: They say that he went abroad for that reason.	**Ah, sì: dicono che sia andato all'estero per quella ragione.**
I think I was wrong in my opinion of him.	**Credo di essermi sbagliato sul suo conto.**

32.C.

Now answer the following questions.

Pensi che Maria abbia scritto la lettera? (sì)	☞*Sì, penso che Maria abbia scritto la lettera.*
Quando credi che siano stati a Venezia? (un mese fa)	☞*Credo che siano stati a Venezia un mese fa.*
Pensano che siamo partiti per Roma? (sì)	☞*Sì, pensano che siamo partiti per Roma.*
Credi di aver parlato troppo? (sì)	☞*Sì, credo di aver parlato troppo.*

304

LESSON 33: THE IMPERFECT SUBJUNCTIVE OF REGULAR VERBS

33.A.

In an independent clause, the imperfect subjunctive expresses an impossible wish or an unlikely event.

If Emanuela would only ask me to go out with her!	**Se Emanuela mi chiedesse di uscire con lei!**
If only we would win the game!	**Magari vincessimo la partita!**

In a dependent clause, it expresses an action that occurs simultaneously with or precedes the action in the main clause. Usually the verb in the main clause is either in the present or imperfect indicative.

I thought she was still living in Paris.	**Credevo che abitasse ancora a Parigi.**
I think that she was living in Paris then.	**Credo che allora abitasse a Parigi.**

To form the imperfect subjunctive of regular verbs, drop the final *-re* from the infinitive in all three verb groups, and replace it with the appropriate endings: *-ssi, -ssi, -sse, -ssimo, -ste, -ssero.*

Let's begin with an *-are* verb: *parlare.*

that I was speaking	**che io parlassi**
that you were speaking	**che tu parlassi**
that he was speaking	**che lui parlasse**
that we were speaking	**che noi parlassimo**
that you were speaking	**che voi parlaste**
that they were speaking	**che loro parlassero**

| I thought that they were talking about literature. | **Credevo che parlassero di letteratura.** |
| He thought that I was speaking Italian. | **Credeva che io parlassi l'italiano.** |

And an *-ere* verb: *scrivere*.

that I was writing	**che io scrivessi**
that you were writing	**che tu scrivessi**
that you were writing	**che Lei scrivesse**
that we were writing	**che noi scrivessimo**
that you were writing	**che voi scriveste**
that they were writing	**che loro scrivessero**

| He thought that I was going to write more often. | **Pensava che io scrivessi più spesso.** |
| She believed that you were writing in Italian. | **Credeva che voi scriveste in italiano.** |

And finally an *-ire* verb: *partire*.

that I was leaving	**che io partissi**
that you were leaving	**che tu partissi**
that she was leaving	**che lei partisse**
that we were leaving	**che noi partissimo**
that you were leaving	**che voi partiste**
that they were leaving	**che loro partissero**

| I didn't know that you were leaving, too. | **Non sapevo che partissi anche tu.** |
| He thought we were leaving together. | **Pensava che partissimo insieme.** |

33.B.

Listen to the following dialogue.

Tommaso: *Non sapevo che Andrew parlasse l'italiano.*

ELIZABETH: *Io non credevo che lo scrivesse così bene.*
TOMMASO: *E pure Margaret, non sapevo che anche lei studiasse l'italiano.*
ELIZABETH: *Ah, se io parlassi l'italiano un po' di più . . .*

Now please repeat.

I didn't know that Andrew spoke Italian.	**Non sapevo che Andrew parlasse l'italiano.**
I didn't realize that he wrote it so well.	**Io non credevo che lo scrivesse così bene.**
Margaret, too, but I didn't know she was also studying Italian.	**È pure Margaret, non sapevo che anche lei studiasse l'italiano.**
Ah, if I only spoke Italian a little more. . .	**Ah, se io parlassi l'italiano un po' di più . . .**

33.C.

Respond using the cues provided.

Speravi che ti scrivesse? (sì)	☞*Sì, speravo che mi scrivesse.*
Maria pensava che parlassimo di te? (no)	☞*No, Maria non pensava che parlaste di me.*
Sapevi che lui scrivesse così bene? (no)	☞*No, non sapevo che scrivesse così bene.*
Pensavate che Gabriele ed io partissimo insieme? (sì, voi)	☞*Sì, pensavamo che voi partiste insieme.*

307

LESSON 34: THE IMPERFECT SUBJUNCTIVE
OF IRREGULAR VERBS

34.A.

Now let's conjugate some irregular verbs in the imperfect subjunctive. These verbs have irregular stems but use the regular endings. Let's begin with *essere*.

that I was	**che io fossi**
that you were	**che tu fossi**
that he was	**che lui fosse**
that we were	**che noi fossimo**
that you were	**che voi foste**
that they were	**che loro fossero**

I thought you were American.	**Pensavo che fossi americano.**
We seemed to be tired.	**Sembrava che fossimo stanchi.**

Now let's do *avere*.

that I had	**che io avessi**
that you had	**che tu avessi**
that you had	**che Lei avesse**
that we had	**che noi avessimo**
that you had	**che voi aveste**
that they had	**che loro avessero**

He thought that I was twenty-five.	**Credeva che io avessi venticinque anni.**
I think that they didn't have their passports.	**Penso che non avessero il passaporto.**

Here are some more examples of irregular verbs.

He thought that I would give him a kiss.	**Pensava che io gli dessi un bacio.**
They thought we were going to take pictures.	**Pensava che noi facessimo le fotografie.**
He thought that I was drinking water.	**Pensava che io bevessi l'acqua.**
He believed that I was staying at your house.	**Pensava che io stessi a casa vostra.**
I thought they were telling the truth.	**Pensavo che loro dicessero la verità.**

Some verbs that are usually irregular are regular in the imperfect subjunctive.

If only I could leave now!	**Ah, se potessi partire ora!**
I thought that he knew the truth.	**Pensavo che lui sapesse la verità.**
He hoped that you wanted to come, too.	**Sperava che volessi venire anche tu.**

34.B.

Listen to the following conversation.

> MANUELA: *Se tu sapessi quante volte ti ho pensato...*
> MICHELE: *Davvero?*
> MANUELA: *Speravo che tu stessi qualche giorno con me.*
> MICHELE: *Purtroppo ho molti impegni.*
> MANUELA: *Credevo che facessi un po' di vacanza.*
> MICHELE: *Magari potessi stare qui in vacanza con te!*

Now repeat.

If you knew how many times I thought of you ...	**Se tu sapessi quante volte ti ho pensato ...**

Really?	**Davvero?**
I was hoping you'd stay with me for a few days.	**Speravo che tu stessi qualche giorno con me.**
Unfortunately I have a lot of engagements.	**Purtroppo ho molti impegni.**
I thought you would take a little vacation.	**Credevo che facessi un po' di vacanza.**
I wish I could be here on vacation with you!	**Magari potessi stare qui in vacanza con te!**

34.C.

Respond using the cues provided.

Pensavi che io dessi ragione a lui? (sì)	☞*Sì, pensavo che tu dessi ragione a lui.*
Credeva che tu dicessi la verità? (sì)	☞*Sì, credeva che io dicessi la verità.*
Speravate che noi stessimo più a lungo? (sì)	☞*Sì, speravamo che voi steste più a lungo.*
Pensavi che fossero americani? (no)	☞*No, non pensavo che fossero americani.*

LESSON 35: THE PAST PERFECT SUBJUNCTIVE

35.A.

In an independent clause, the past perfect subjunctive expresses an unfulfilled possibility or a wish referring to the past.

If I had only been more careful!	**Fossi stato più attento!**

In a dependent clause, the past perfect subjunctive expresses an action that might have occurred before the action in the main clause, but probably didn't.

I thought that you had eaten already.	**Credevo che tu avessi già mangiato.**

The past perfect subjunctive is formed with the imperfect subjunctive of *essere* or *avere* and the past participle of the main verb. Let's see how it works with both regular and irregular verbs.

I thought you were at the beach.	**Pensavo che voi foste stati alla spiaggia.**
I thought he was in a hurry.	**Pensavo che lui avesse avuto fretta.**
He thought that I had already spoken with them.	**Pensava che avessi già parlato con loro.**
I thought that you had written the letter.	**Pensavo che tu avessi scritto la lettera.**
I thought that they would have left from the office.	**Pensavo che fossero partiti dall'ufficio.**
I was hoping they had read the newspaper.	**Speravo che avessero letto il giornale.**
I thought you had already gotten dressed.	**Credevo che tu ti fossi già vestita.**

311

35.B.

Listen to the dialogue.

ANNA: *Non mi rendevo conto che avessimo ancora molta strada da percorrere.*

FRANCESCO: *Credevi che fossimo quasi arrivati?*

ANNA: *Sì, credevo che avessimo passato abbastanza tempo in macchina.*

FRANCESCO: *Ah, se fossi uscito dall'autostrada un'ora fa . . .*

Now please repeat.

I didn't realize that we still had many miles to go.	**Non mi rendevo conto che avessimo ancora molta strada da percorrere.**
Did you think that we had almost arrived?	**Credevi che fossimo quasi arrivati?**
Yes, I thought that we had already spent enough time in the car.	**Sì, credevo che avessimo passato abbastanza tempo in macchina.**
Oh, if I only had exited the highway one hour ago . . .	**Ah, se fossi uscito dall'auto-strada un'ora fa . . .**

35.C.

Answer with *sì* or *no*, as indicated.

Credevi che lui fosse stato in vacanza con noi? (no, non)	☞*No, non credevo che lui fosse stato in vacanza con voi.*
Pensavate che Alberto ed io avessimo avuto qualche problema? (sì)	☞*Sì, pensavamo che voi aveste avuto qualche problema.*
Pensavate che fossero partiti? (no, non)	☞*No, non pensavamo che fossero partiti.*
Credevi che io avessi letto quel romanzo? (no, non)	☞*No, non credevo che tu avessi letto quel romanzo.*

312

LESSON 36: THE PRESENT CONDITIONAL

36.A.

The Italian present conditional corresponds to the English form "would" plus another verb. It is used in polite requests,

Would you give me a hand?	**Mi daresti una mano?**

or to express the consequences of a given situation.

I would go to the movies if I had money.	**Andrei al cinema se avessi soldi.**

The present conditional is formed using the future stems and conditional endings: *-ei, -esti, -ebbe, -emmo, -este, -ebbero.* Therefore, the verbs that are irregular in the future tense are also irregular in the present conditional. Let's begin with *essere*.

I would be	**io sarei**
you would be	**tu saresti**
he would be	**lui sarebbe**
we would be	**noi saremmo**
you would be	**voi sareste**
they would be	**loro sarebbero**

I would be sad without you at the party.	**Sarei triste senza di te alla festa.**
We would be more than happy to see you.	**Noi saremmo più che contenti di vederti.**

Now let's conjugate *avere*.

I would have	**io avrei**
you would have	**tu avresti**

313

she would have	lei avrebbe
we would have	noi avremmo
you would have	voi avreste
they would have	loro avrebbero

| Do you have a light? | Avrebbe da accendere? |
| Would you happen to have white wine? | Avreste del vino bianco? |

Now let's practice some more verbs, both regular and irregular.

I would gladly talk to him.	Parlerei volentieri con lui.
He would write all day long.	Scriverebbe tutto il giorno.
We would leave earlier, but it isn't possible.	Partiremmo più presto, ma non è possibile.
I would drink water if I had some.	Berrei un po' d'acqua se ne avessi.
What time would you leave?	A che ora andresti via?
He should leave earlier.	Dovrebbe partire prima.
Couldn't they go out?	Non potrebbero uscire?
Would you like to come?	Vorreste venire?
You would see much better with glasses.	Vedresti molto meglio con gli occhiali.
I would come, too.	Verrei anch'io.

36.B.

Listen to the dialogue.

> FEDERICO: *Verresti con me a fare benzina?*
> LIVIA: *Sì, certo.*
> FEDERICO: *Sapresti dove si trova un distributore di benzina?*
> LIVIA: *Dovrebbe essere a cinque minuti da qui.*

314

Now repeat.

Would you come with me to get gas?	**Verresti con me a fare benzina?**
Yes, of course.	**Sì, certo.**
Would you know where a gas station is?	**Sapresti dove si trova un distributore di benzina?**
It should be five minutes from here.	**Dovrebbe essere a cinque minuti da qui.**

36.C.

Answer the following questions.

A che ora partirebbe Anna? (alle otto di sera)   ☞*Partirebbe alle otto di sera.*

Verresti anche tu? (sì)   ☞*Sì, verrei anch'io.*

Andreste in vacanza con loro? (no, non)   ☞*No, non andremmo in vacanza con loro.*

LESSON 37: THE PAST CONDITIONAL

37.A.

In an independent clause, the past conditional expresses an opinion or doubt about the past.

You shouldn't have done it.   **Non avresti dovuto farlo.**

In a dependent clause, it expresses an action that could or should have occurred in the past, simultaneously or prior to the event in the main clause.

He said he would have left.   **Ha detto che sarebbe partito.**

The past conditional is formed with the present conditional of *essere* or *avere* and the past participle of the main verb. Let's practice with some example sentences containing various verb forms.

I would have been happier with Livia.	**Sarei stato più contento con Livia.**
With them we would have had many problems.	**Con loro avremmo avuto molti problemi.**
Would you have talked about that topic?	**Avreste parlato voi di quell'argomento?**
We would have left this morning, but it was raining.	**Saremmo partiti questa mattina, ma pioveva.**
They would gladly have drunk a cup of tea.	**Avrebbero bevuto volentieri una tazza di tè.**
I would have read that book, but I lost it.	**Avrei letto quel libro, ma l'ho perso.**
You wouldn't have done anything without their help.	**Non avresti fatto nulla senza il loro aiuto.**

37.B.

Listen to the dialogue.

CARLO: *Avrei dovuto domandare se questa era la direzione giusta per il museo.*

VINCENZO: *Se tu avessi domandato, saresti già arrivato da mezz'ora.*

CARLO: *Lo so, ma non parlo bene l'italiano.*

VINCENZO: *Non sarebbe stato un problema.*

Now repeat.

I should have asked if this was the right way to the museum.

Avrei dovuto domandare se questa era la direzione giusta per il museo.

If you had asked, you would have been here half an hour ago.

Se tu avessi domandato, saresti già arrivato da mezz'ora.

I know, but I don't speak Italian well.

Lo so, ma non parlo bene l'italiano.

It wouldn't have been a problem.

Non sarebbe stato un problema.

37.C.

Answer the questions using the cues provided.

Avresti letto quel libro? (no) ☞*No, non avrei letto quel libro.*

Sareste venuti anche voi? (sì) ☞*Sì, saremmo venuti anche noi.*

Avrebbero parlato di quell'argomento? (no) ☞*No, non avrebbero parlato di quell'argomento.*

Signor Ranieri, avrebbe bevuto un cappuccino? (no) ☞*No, non avrei bevuto un cappuccino.*

LESSON 38: THE SUBJUNCTIVE AND THE CONDITIONAL WITH "IF" CLAUSES

38.A.

The subjunctive and the conditional often appear together. The conditional can be found in the main clause of a sentence, while the subjunctive appears in the "if" clause which expresses a highly improbable condition. When a sentence of this type refers to the present, use the present conditional in the main clause and the imperfect subjunctive in the dependent, or "if," clause.

If it were warm, I would go swimming.	**Se facesse caldo, andrei a nuotare.**

When, on the other hand, the sentence refers to the past, use the past conditional and the past perfect subjunctive instead.

If it had been warm, I would have gone swimming.	**Se fosse stato caldo, sarei andata a nuotare.**

Compare the usage in the following series of examples.

If it were snowing, I wouldn't go out.	**Se nevicasse, non uscirei.**
If it had snowed, I wouldn't have gone out.	**Se fosse nevicato, non sarei uscita.**
If you were to come, you would have fun.	**Se venissi, ti divertiresti.**
If you had come, you would have had fun.	**Se fossi venuto, ti saresti divertito.**
If I had more time, I would read that book.	**Se avessi più tempo, leggerei quel libro.**
If I had had more time, I would have read the book.	**Se avessi avuto più tempo, avrei letto il libro.**

38.B.

Listen to the following conversation.

GRAZIANA: *Se fosse stato più caldo, sarei andata al mare.*
ANTONIO: *Anch'io, se sapessi nuotare.*
GRAZIANA: *Se fossi in te, imparerei a nuotare.*
ANTONIO: *Se avessi più tempo, lo farei.*

And now repeat.

If it had been warmer, I would have gone to the shore.	**Se fosse stato più caldo, sarei andata al mare.**
Me too, if I knew how to swim.	**Anch'io, se sapessi nuotare.**
If I were you, I would learn how to swim.	**Se fossi in te, imparerei a nuotare.**
If I had more time, I would do it.	**Se avessi più tempo, lo farei.**

38.C.

In the following exercises, if a sentence refers to the present, change it to the past; if, on the other hand, it refers to the past, change it to the present. For example:

Se fosse piovuto, non sarebbero venuti.   *Se piovesse, non verrebbero.*

Now it's your turn.

Se tu partissi, sarebbe triste.   ☞*Se tu fossi partito, sarebbe stato triste.*

Se avessero più tempo, verrebbero più spesso.   ☞*Se avessero avuto più tempo, sarebbero venuti più spesso.*

Se veniste, vi divertireste.   ☞*Se foste venuti, vi sareste divertiti.*

PART V: THE IMPERATIVE AND THE GERUND

LESSON 39: THE IMPERATIVE MOOD

39.A.

The imperative mood expresses commands, suggestions, invitations, or prohibitions. It exists in all but the first person singular form. The third persons singular and plural use their present subjunctive forms. The others use their present indicative forms. The only exception is the second person singular of *-are* verbs, which is formed by dropping the *-are* ending and replacing it with *-a*. Let's see how it works. First an *-are* verb: *parlare*.

the *tu* form:	**Parla!**	Speak!
the *Lei* form:	**Parli!**	Speak!
the *noi* form:	**Parliamo!**	Let's talk!
the *voi* form:	**Parlate!**	Speak!
and the *loro* form:	**Parlino!**	Let them speak! or Speak!

Now let's do an *-ere* verb: *scrivere* "to write." Only the Italian forms will be given, following the same order as above.

Scrivi!
Scriva!
Scriviamo!
Scrivete!
Scrivano!

And now an *-ire* verb: *sentire* "to listen."

Senti!
Senta!
Sentiamo!
Sentite!
Sentano!

Let's hear it in context.

Speak more loudly!	**Parla a voce più alta!**
Let's write a postcard!	**Scriviamo una cartolina!**
Listen, are you all ready?	**Sentite, siete pronti?**

Now let's try *essere*. The forms will again follow this order: *tu, Lei, noi, voi, loro.*

Sii!
Sia!
Siamo!
Siate!
Siano!

And now *avere*.

Abbi!
Abbia!
Abbiamo!
Abbiate!
Abbiano!

Here are a few more examples.

Be nice!	**Sii gentile!**
Have patience!	**Abbiate pazienza!**
Give your sister a hand!	**Da' una mano a tua sorella!**
Let's do all the exercises!	**Facciamo tutti gli esercizi!**
Stay quiet!	**State fermi!**

To form the negative imperative, simply add *non* before the verb.

Don't talk!	**Non parlate!**

The *tu* form changes to the infinitive in the negative.

Don't listen!	**Non ascoltare!**
Don't be afraid!	**Non avere paura!**

In order to be more polite when making a request, the conditional should be used instead of the imperative.

Would you give me the pen, please?	**Mi darebbe la penna, per favore?**

Object pronouns are attached as suffixes to the second person singular, and first and second persons plural, but they precede the third person singular and plural forms.

Write it!	**Scrivilo!**
Write it, Miss!	**Lo scriva, signorina!**
Let's write it!	**Scriviamolo!**
You all write it!	**Scrivetelo!**
Let them write it!	**Lo scrivano!**

39.B.

Listen to the following dialogue.

> GIANNI: *Per favore, portami il libro che è sul tavolo.*
> MARIANNA: *Sì, subito. Leggi attentamente.*
> GIANNI: *Mi spiegheresti, per favore, il secondo capitolo?*
> MARIANNA: *Volentieri, ma dammi un po' di tempo!*

Now it's your turn. Listen and repeat.

Please bring me the book that's on the table.	**Per favore, portami il libro che è sul tavolo.**
Yes, right away.	**Sì, subito.**
Read carefully.	**Leggi attentamente.**

| Would you please explain the second chapter to me? | **Mi spiegheresti, per favore, il secondo capitolo?** |
| Gladly, but give me a little time! | **Volentieri, ma dammi un po' di tempo!** |

39.C.

Change the following sentences from affirmative to negative, or from negative to affirmative.

For example:

Non parlare con loro.   *Parla con loro.*

Now it's your turn.

Scrivetelo subito.	☞*Non scrivetelo subito.*
Vieni a casa stasera.	☞*Non venire a casa stasera.*
Non andare a piedi.	☞*Va' a piedi.*

LESSON 40: THE GERUND

40.A.

The gerund is an invariable verbal form. It always appears in
dependent clauses and shares the subject of the main verb.
The present gerund expresses an action that is or was going
on simultaneously with the action of the main verb. Its English equivalent is the "-ing" form of a verb, often introduced
by the prepositions "while" or "by." To form the present ger-
und, drop the infinitive ending of a verb, and replace it with
the appropriate gerund ending: *-ando* for *-are* verbs, and
-endo for *-ere* and *-ire* verbs. Here are a few examples:

He comes in running.	**Entra correndo.**
We met Nicola while walking in the park.	**Abbiamo incontrato Nicola camminando nel parco.**
She learned the verbs by repeating them.	**Ha imparato i verbi ripeten-doli.**
By leaving at 5:00 we will arrive at 8:00.	**Partendo alle cinque arri-veremo alle otto.**

The past gerund expresses an action that occurred prior
to the one of the main verb. It is formed with the gerund of
essere or *avere* and the past participle of the verb.

Anna having left, I remained alone.	**Essendo partita Anna, sono rimasta sola.**
Having had coffee, I couldn't sleep.	**Avendo bevuto un caffè, non ho potuto dormire.**

An important construction with the gerund is the Progressive Tense, which is formed with *stare* and the gerund
of the main verb. To indicate an action in progress in the
present, *stare* should be used in the present indicative.

I'm joking.	**Sto scherzando.**
Paola is reading.	**Paola sta leggendo.**

To indicate an action in progress in the past, *stare* should be in the imperfect.

When Marco called, Paola was reading.

Quando Marco ha telefonato, Paola stava leggendo.

40.B.

Listen to the following dialogue.

SIGNORA ANTONELLI: *Ti hanno salutato uscendo.*
SIGNOR ANTONELLI: *Ah, sì? Non ho sentito.*
SIGNORA ANTONELLI: *Andando via, hanno detto arrivederci.*
SIGNOR ANTONELLI: *Perché sono andati via così presto?*
SIGNORA ANTONELLI: *Perché partendo alle quattro, arriveranno a casa alle otto.*

Now, please repeat.

They said good-bye on their way out.	**Ti hanno salutato uscendo.**
Oh, yes?	**Ah, sì?**
I didn't hear.	**Non ho sentito.**
While leaving, they said "See you."	**Andando via, hanno detto arrivederci.**
Why did they leave so early?	**Perché sono andati via così presto?**
Because by leaving at four, they will arrive home at eight.	**Perché partendo alle quattro, arriveranno a casa alle otto.**

40.C.

Change the verb in the infinitive to the present or past gerund, as indicated. Listen first to the example.

[CAMMINARE] nel parco, ho incontrato Elisabetta. (presente)

Camminando nel parco, ho incontrato Elisabetta.

Now it's your turn.

[USCIRE] ho salutato tutti. (presente)

☞*Uscendo ho salutato tutti.*

[CORRERE] per due ore, mi sono stancato. (passato)

☞*Avendo corso per due ore, mi sono stancato.*

[PARTIRE] alle due, arriveremo alle otto. (presente)

☞*Partendo alle due, arriveremo alle otto.*

[CAMMINARE] nel parco, hanno incontrato Nicola. (presente)

☞*Camminando nel parco, hanno incontrato Nicola.*

Congratulations! You have mastered the treacherous essentials of Italian verbs! And more—you know how to use them in everyday conversations. Practice your Italian as often as possible. If you cannot manage a trip abroad, watch Italian movies, read Italian magazines, and talk to Italian-speaking friends as often as possible, in order to reinforce what you have learned with *Living Language™ Italian 2: A Conversational Approach to Verbs.*

Index

abitare	*to inhabit, to reside*	C1 M3 M11 M23
accompagnare	*to accompany, to escort*	C2
aiutare	*to help, to aid*	C3 M7
allarmare	*to alarm*	C4
alzarsi	*to stand up, to get up*	C5 M15 M19 M33
amare	*to love*	C6 M2 M23
andare	*to go*	C7 M6 M7 M13 M17 M18 M19 M21 M22 M23 M24 M26 M27 M29 M32 M33 M37 M39 M40
aprire	*to open, to unlock*	C8
arrivare	*to arrive*	C9 M3 M19 M26 M27 M36 M38
ascoltare	*to listen*	C10 M7 M18
aspettare	*to wait (for)*	C11 M15
assistere	*to assist, to help*	C12
attaccare	*to attack, to stick*	C13
avere	*to have*	C14 M2 M20 M21 M24 M28 M29 M30 M33 M36 M37 M38 M39 M40
avvertire	*to warn*	C15
avviare	*to start, to begin*	C16
baciare	*to kiss*	C17 M3 M16
ballare	*to dance*	C18
bastare	*to suffice*	C19 M18
bere	*to drink*	C20 M4 M9 M20 M22 M27 M35 M38
cambiare	*to change, to exchange*	C21 M25
camminare	*to walk*	C22 M27
cantare	*to sing*	C23 M26
capire	*to understand*	C24 M7 M12 M16 M18 M20
cenare	*to have dinner*	C25 M3
cercare	*to look for, to seek*	C26
chiamare	*to name, to call*	C27 M26
chiarire	*to clarify*	C28 M12
chiedere	*to ask*	C29 M4 M20 M34
chiudere	*to close*	C30

cogliere	to gather, to plock	C31 M11
colpire	to hit, to harm	C32
cominciare	to begin	C33 M3 M14
comprare	to buy	C34 M3 M18 M20 M26 M29
confondere	to confuse	C35
conoscere	to know	C36 M8 M31
contare	to count	C37
continuare	to continue	C38
copiare	to copy	C39
correre	to run	C40 M27
costare	to cost, to be worth	C41
costruire	to construct, to build	C42
credere	to believe	C43 M25 M28 M30 M31 M32 M33 M34 M35 M36
crescere	to grow	C44 M8
cucinare	to cook	C45
dare	to give	C46 M6 M37 M40 M26
denunciare	to denounce	C47
dimenticare	to forget	C48 M3 M9
dire	to say	C49 M13 M22 M32 M33 M35
discendere	to descend, to go down	C50
discutere	to discuss, to debate	C51
diventare	to become	C52 M19
divertirsi	to enjoy oneself	C53 M39
domandare	to ask for, to inquire	C54 M38
dormire	to sleep	C55 M5 M19 M22 M25 M26
dovere	must, to have to	C56 M7 M22 M25 M29 M37 M38
entrare	to enter	C57 M7 M19 M26 M27
essere	to be	C58 M1 M19 M21 M24 M29 M30 M33 M36 M37 M38 M39 M40
fare	to do, to make	C59 M6 M7 M11 M20 M22 M23 M25 M26 M29 M32 M33 M35 M37 M38 M39 M40
favorire	to favor	C60 M12
fermare	to stop, to hold	C61 M22
finire	to finish, to end	C62 M12
firmare	to sign	C63
fornire	to supply	C64
fumare	to smoke	C65
giocare	to play	C66

332

guardare	*to look at*	C67 M23 M26
guarire	*to cure, to heal, to recover*	C68 M12
guidare	*to guide, to lead; to drive*	C69
gustare	*to taste; to enjoy*	C70
imparare	*to learn*	C71 M3 M27 M39
incontrare	*to meet*	C72 M3 M16 M19 M27
insegnare	*to teach*	C73
insultare	*to insult*	C74
inviare	*to send*	C75 M3 M18 M20 M28
invidiare	*to envy*	C76
lasciare	*to leave*	C77 M3
laurearsi	*to graduate*	C78
lavarsi	*to wash oneself*	C79 M15 M26
lavorare	*to work*	C80 M3 M7 M10 M14 M23 M35
leggere	*to read*	C81 M4 M20 M26 M27 M39 M40
mancare	*to miss*	C82 M3
mandare	*to send*	C83
mangiare	*to eat*	C84 M3 M17 M36
mantenere	*to keep*	C85
mettere	*to put, to place*	C86 M15 M20
morire	*to die*	C87 M13
mostrare	*to show*	C88
nascere	*to originate, to be born*	C89 M19 M25 M20
nascondere	*to hide*	C90
nevicare	*to snow*	C91 M18 M19 M39
occorrere	*to be necessary*	C92 M18
offrire	*to offer*	C93 M5
organizzare	*to organize*	C94
pagare	*to pay*	C95 M3
parlare	*to speak*	C96 M3 M8 M10 M16 M19 M20 M22 M23 M24 M25 M28 M30 M33 M34 M36 M37 M38 M40
partire	*to leave, to depart*	C97 M5 M7 M10 M19 M20 M24 M25 M26 M27 M28 M30 M32 M34 M35 M36 M37 M38 M40
passare	*to pass, to elapse, to spend*	C98 M36
pensare	*to think*	C99 M23 M31 M32 M33 M34 M35 M36 M37
perdere	*to lose*	C100 M25
permettere	*to let, to permit*	C101

pettinarsi	*to comb oneself*	C102 M15
piacere	*to like*	C103 M8 M17 M21 M25
piangere	*to cry, to weep*	C104
piovere	*to rain*	C105 M18 M19 M26 M30 M38 M39
portare	*to wear, to carry*	C106 M20 M40
potere	*can, to be able*	C107 M7 M20 M22 M23 M27 M29 M35 M37
pranzare	*to dine*	C108 M3 M26
preferire	*to prefer*	C109 M12
pregare	*to pray*	C110
prendere	*to take, to fetch, to catch*	C111 M4 M7 M17 M18 M20
preparare	*to prepare*	C112 M22
presentare	*to present, to introduce*	C113 M25
prestare	*to lend, to loan*	C114
provare	*to try, to test*	C115
pulire	*to clean*	C116
raccontare	*to tell, to narrate*	C117 M33
regalare	*to present*	C118
restare	*to stay, to remain*	C119 M30
restituire	*to return, to give back*	C120
ricevere	*to receive*	C121 M4 M19
ricompensare	*to compensate*	C122
ricordare	*to remember*	C123 M11 M22
ridere	*to laugh*	C124 M23
rimanere	*to remain*	C125 M10
rispondere	*to answer*	C126 M4 M20
ritornare	*to return, to come back*	C127 M19
rivoltare	*to turn inside out*	C128
rompere	*to break*	C129
rubare	*to steal*	C130
salvare	*to save*	C131
sapere	*to know*	C132 M7 M8 M29 M34 M35 M37 M39
scegliere	*to choose*	C133 M11
scherzare	*to mock, to joke*	C134 M27
sciare	*to ski*	C135 M3
scoprire	*to discover*	C136
scrivere	*to write*	C137 M4 M8 M16 M20 M24 M25 M26 M28 M33 M34 M36 M37 M40
sedersi	*to sit down*	C138 M15 M16 M19 M29
sembrare	*to seem, to appear*	C139 M30 M32 M33 M35
sentire	*to hear, to feel*	C140 M5 M7 M16 M27 M40

servire	*to serve*	C141 M5
sgridare	*to scold, to chide*	C142
sognare	*to dream, to imagine*	C143
spegnere	*to extinguish, to turn off*	C144 M10
sporcare	*to dirty, to soil*	C145
sposarsi	*to get married*	C146
spostare	*to move, to shift*	C147
stare	*to stay, to be located, to be*	C148 M6 M7 M12 M13 M19 M22 M27 M32 M35 M40
studiare	*to study*	C149 M3 M6 M22 M34
succedere	*to happen, to follow*	C150
svegliarsi	*to wake up*	C151 M10 M15
telefonare	*to telephone, to call*	C152 M4 M27 M31
tenere	*to hold, to keep*	C153 M10
tornare	*to return, to go back*	C154 M19 M23 M28
tradurre	*to translate*	C155 M9
tremare	*to shake, to tremble, to quiver*	C156
trovare	*to find*	C157 M16 M37
usare	*to use*	C158
uscire	*to go out*	C159 M7 M14 M18 M19 M24 M27 M34 M36 M37 M39
vantarsi	*to brag, to boast*	C160
vedere	*to see*	C161 M4 M13 M16 M20 M21 M23 M28 M29 M32 M37
vendere	*to sell*	C162
venire	*to come*	C163 M7 M14 M19 M22 M24 M26 M32 M35 M37 M39 M40
vestirsi	*to dress oneself*	C164 M15
viaggiare	*to travel*	C165 M5 M6 M17
visitare	*to visit*	C166 M24
vivere	*to live*	C167 M22 M29 M30 M34
volere	*to want*	C168 M7 M20 M23 M25 M33 M35

NOTES

NOTES